教师发展力丛书

丛书总主编　武丽志　孟繁胜

从优秀到卓越

教师领导力的12项修炼

许占权　王海波　李文送　冯宇红　张妙龄／著

中国人民大学出版社
·北京·

百校千课共享联盟理事会

百校千课共享联盟融媒体系列教材——教师发展力丛书编委会

卢子洲　　华中师范大学

冯宇红　　湛江市赤坎区教师发展中心

冯健文　　韩山师范学院

任广卉　　山东省邹城市第一实验小学教育集团

庄建华　　山东省邹城市第一实验小学教育集团

刘　静　　北京教育学院

刘海星　　华南师范大学

齐小梅　　北京教育学院

闫寒冰　　华东师范大学

许　力　　广东省教育技术中心

许　蔚　　复旦大学

孙传远　　上海开放大学

李文送　　岭南师范学院附属中学

李立君　　广东财经大学

李记旭　　韩山师范学院

李爱铭　　上海开放大学

李智平　　湛江市赤坎区教师发展中心

杨　丽　　四川仕途名师堂教育科技有限公司

杨　洪　　四川民族学院

杨芳芳　　上海市嘉定区南翔中学

杨晓丽　　国家教育行政学院

邱晓婷　　苏州大学

余致晓　　深圳市罗湖教育科学研究院

宋海英　　吉林省教育学院

张　瑾　　上海开放大学

张　震　　北京网梯科技发展有限公司

张二虎　　北京市第二中学通州校区

张妙龄　　岭南师范学院

张佳伟　　苏州大学

张学波	华南师范大学
张轶斌	上海开放大学
张福生	北京教育学院
陈玉娟	湛江第八中学
陈圣德	岭南师范学院附属中学
欧阳慧玲	广东省教育技术中心
罗建新	首都师范大学
罗朝明	西南大学
孟　欣	北京教育学院
赵志峰	人民教育出版社
侯　荔	邹城市教体局
洪　越	苏州市相城区教育发展中心
洪彦龙	上海开放大学
贾汇亮	广东第二师范学院
夏金良	河北省廊坊市大厂第一回民中学
翁朱华	上海开放大学
梁　业	广东省惠州市龙门县教育局
梁富华	邹城市教体局
董丽敏	上海开放大学
蒋凤春	河北师范大学
蒋帮民	山东省邹城市第一实验小学教育集团
惠　兰	苏州市姑苏区教师发展中心
曾维义	重庆市江北区教师进修学院
缪世林	苏州大学
薛东前	陕西师范大学
魏　芸	山东省邹城市第一实验小学教育集团

丛书序言

百年大计，教育为本；教育大计，教师为本！没有好的教师，就没有高质量的教育。教师作为教育发展的第一资源，是国家富强、民族振兴、人民幸福的重要基石，承担着传播知识、传播思想、传播真理的历史使命，肩负着塑造灵魂、塑造生命、塑造人的时代重任。中共中央、国务院高度重视教师队伍建设，2018 年出台了新中国成立以来第一个专门面向教师队伍建设的里程碑式政策文件——《关于全面深化新时代教师队伍建设改革的意见》，确立了教师队伍建设的“极端重要性”战略地位。

“兴国必先强师”已然成为共识。那么，具体到教师个体及群体的专业发展实践，好教师是如何养成（炼成）的呢？名师的成长、成功又是否有“规律”可循，有“秘籍”可学呢？由华南师范大学武丽志博士和东北师范大学孟繁胜博士任丛书主编，国家教育行政学院、华南师范大学、苏州大学、首都师范大学、上海开放大学、岭南师范学院等高校以及奥鹏教育的九支教师培训专家团队共同撰写的“教师发展力丛书”较好地回答了这一问题，并给出了一系列切实可行的策略。

“教师发展力丛书”共九本，特色鲜明，是我们百校千课共享联盟推出的第一套非学历融媒体教材，开了一个好头，形成了很好的示范效应。本丛书创意非常好、内容非常实，既可用于教师以自我提升、自我发展为目的的自学，亦可用于教师培训组织（院校、机构）开展相关主题的教师培训。本丛书有利于教师培训工作的内涵建设与质量提升，有利于教师培训工作实施的标准化与科学化，也有利于教师培训的品牌建设与模式推广。具体来说，这套丛书的特色主要包括如下方面：

一、强调立德树人，弘扬传统文化。本丛书中，《立德树人：师德涵养之道》和《中华传统文化核心经典选读：教师读本》围绕师德师风展开，具有十分重要的基础和核心地位。“德”是教师专业发展必须坚守的“根本”。作为新时代的一名合格教师，要真正做到“有理想信念、有道德情操、有扎实学识、有仁爱之心”，就必须厚植中华优秀传统文化底蕴，夯实高尚师德师风，坚持立德树人、育人为本，努力以德立身、以德立学、以德施教、以德育德。这是打造新时代中国高素质教师队伍的内在要求和重要保证。

二、构建完整体系，打造“六脉神剑”。本丛书中有六本书的名字非常相似，分别是《从优秀到卓越：教师创新力的12项修炼》《从优秀到卓越：教师信息力的12项修炼》《从优秀到卓越：教师学习力的12项修炼》《从优秀到卓越：教师领导力的12项修炼》《从优秀到卓越：教师研究力的12项修炼》《从优秀到卓越：教师文化力的12项修炼》。这是教师专业发展的六个关键维度，也是本丛书主编基于多年教师培训实践提出的“六脉神剑”，分别是：以教学改革为核心的创新力；“互联网+”时代的信息力；面向终身学习、数字化学习的学习力；立足学生和课程，强化管理、引领价值的领导力；推动教学质量不断提升的研究力；成长为名师所必备的厚积薄发的文化力。这六个维度并行不悖，相互融合，共同支持并成就着教师个体及群体的专业发展。

三、关注青年教师，推进教师进阶。人的一生虽然漫长，但关键的只有那么几步。对于教师来说，走上讲台的头几年最为关键。如何有效推动新手教师尽快完成从学习者到传授者的转变，从追随者到引领者的转变，从职场外到职场内的转变呢？本丛书专门拿出一本《新教师的进阶之路》来讨论并回答这一问题，瞄准教师从教之初的痛点和难点，帮助新教师尽快“站稳讲台”并成为“教学能手”，规范“外在行为”并塑造“内在品德”，朝着“优秀教师”“卓越教师”甚至“未来教育家”的方向努力。

四、内容直击痛点，力求深入浅出。本丛书的主编及所有单本的作者均来自教师培训的第一线，很多作者既是教师培训的授课专家，又是管理者，因此了解教师专业发展的困境和问题，深谙教师专业发展的实际需求和痛点、难点。每一本书的内容组织都是有的放矢，且不绕弯子，既做到了深入浅出，又结合了丰富的生动案例，整套书的可读性非常强。可以这么说，本丛书是作者们多年培训授课经验的总结积累、提炼升华，是培训师们在自己授课领域的智慧结晶，且经过了培训课堂的反复实践检验，因此内容非常实、干货非常多。

五、创新出版模式，扬融媒体特色。百校千课共享联盟一直在组织开发并极力推广的都是基于互联网的融媒体教材，本丛书也不例外。融媒体教材以知识点为中心，“学、测、评、导”一体化，每个知识点配有二维码，支持读者通过扫码随时随地学习，既助力了出版社教材建设的创新转型，又促进了基于融媒体的在线教学。具体到本丛书，每一本都通过封底二维码链接到专家团队的完整在线课程。本丛书不仅仅是纸介的培训教材、教师读物，还是适用于在线培训的完整网络培训课程，其培训目标明确、内容体系完整、线上线下资源建设齐备，因此适用面极广，极具推广价值。与此同时，融媒体也赋予了本丛书不断更新、不断完善、不断发展的可能。

六、立足网络时代，提升信息素养。信息化、网络化、智能化是本丛书撰写的时代大背景，因此其中的每一本书都有“互联网+”的基因，都是在新技术环境下对教师专业发展的思考和探索。提升教师信息素养，推动教师在互联网生态中发展，是本丛书的设计理念之一。比如《从优秀到卓越：教师研究力的12项修炼》基于网络的文献检索、调查访谈、成果撰写与传播等，《从优秀到卓越：教师创新力的12项修炼》基于网络的直播课堂、翻转课堂、融合创新、智慧教育等，《从优秀到卓越：教师学习力的12项修炼》基于网络的信息获取、加工，以及数字化学习、终身学习，等等。

以上六个特色是本丛书价值的集中体现。教师专业发展的道路是漫长的，每一个教师从“新手”到“成熟”，从“骨干”到“名师”，从“优秀”到“卓越”，本无固定的章法和套路，但本丛书，特别是其中的“六脉神剑”，应当能够给老师们积极的启示和指引。希望大家都能喜欢，并从中受益！

百校千课共享联盟　理事长
全国高校现代远程教育协作组　秘书长
2020年7月于北京清华园

前言

从优秀走向卓越既是国家师资队伍建设的需要，也是教师自身发展的需求。教师是一个需要不断成长的职业，教师的专业发展从新手阶段起步，经历胜任阶段、熟练阶段，走向专家阶段。从新手教师发展到教育专家，要经过很多历练和修炼，每位教师都有可能成为教育专家。首先，教师自身要有成为卓越教师的动力，树立成为教育专家的理想，明确成为卓越教师的目标；其次，教师要为实现这个目标而努力修炼。各级各类教师培训、校本研修等由上级教育行政部门或学校组织的教师专业发展活动，是教师专业成长的重要途径，但是一位卓越教师的成长离不开自身的修炼。修炼要练功与修德同步，修心与炼身合一。《周易》中讲道："形而上者谓之道，形而下者谓之器。"修炼是"道"与"器"兼修的过程。

教师在专业成长过程中要修炼的内容很多，其中有一项非常重要的内容不能忽视，这就是教师领导力。管理学大师彼得·德鲁克把领导力解释为："世界上任何人都是影响别人和被别人影响的。影响别人行为的行为，谓之'领导'；影响别人行为的能力，则谓之'领导力'。"领导力不仅仅是在高层职位上的管理者应具有的，组织中任何一个层级的人都需要领导力。真正的领导力来自一个人的影响力，而影响力是无须被委任的，必须靠自己去赢得。无论是具有学科组长、年级长等职务的教师还是不具有任何职务的普通教师，都非常需要具备良好的领导力。教师的天职是教书育人，教书育人的使命就是引领学生健康成长。教书育人的效果取决于教师的影响力，而影响力是领导力的核心要素。教师领导力是对同行发展、学校发展乃至社会发展的影响力、促进力、引领力。

基于以上的理念，我们研究了教师领导力的构成。我们认为，教师领导力由思想引领力、示范感召力、课程领导力、教学领导力、班级领导力、社会影响力六个方面构成。在此基础上，我们结合中小学教师，特别是骨干教师教育教学实践，把这六个方面分成12项专题（即12项修炼）：厚植自身思想力、发挥育人引领力、绽放人格感召力、提升对话沟通力、修炼教师课程领导力、淬炼课程文化创生力、磨炼教学组织力、增强教学诊断力、提高班级组织力、发展心理领导力、活化家长指导力、扩大社会辐射力。我们从以上12个方面，在领导科学、教师专业发展等理论基础上，结合中小学教师教育教学实践，讲述中小学教师如何进行领导力修炼。

这本书是集体智慧的结晶，是高校教授和中小学老师共同研究实践的成果。由大学教授、中小学教研员和中学教师组成研究团队，撰写本书。本书由许占权教授负责策划和统稿，具体编写分工为：导论、No.3、No.4由许占权编写；No.1、No.7、No.8由李文送编写；No.2、No.11、No.12由王海波编写；No.5、No.6由冯宇红编写；No.9、No.10由张妙龄编写。

本书是“教师发展力丛书”之一。感谢武丽志教授及中国人民大学出版社李丽虹副社长的策划和指导！本书在编写过程中参考了大量中外文献和中小学教师的案例，向各位学者和老师致敬并感谢！由于水平有限，书中难免存在不足及尚待深入研究并完善的地方，敬请各位读者批评指正！

许占权

2020年10月8日

目 录

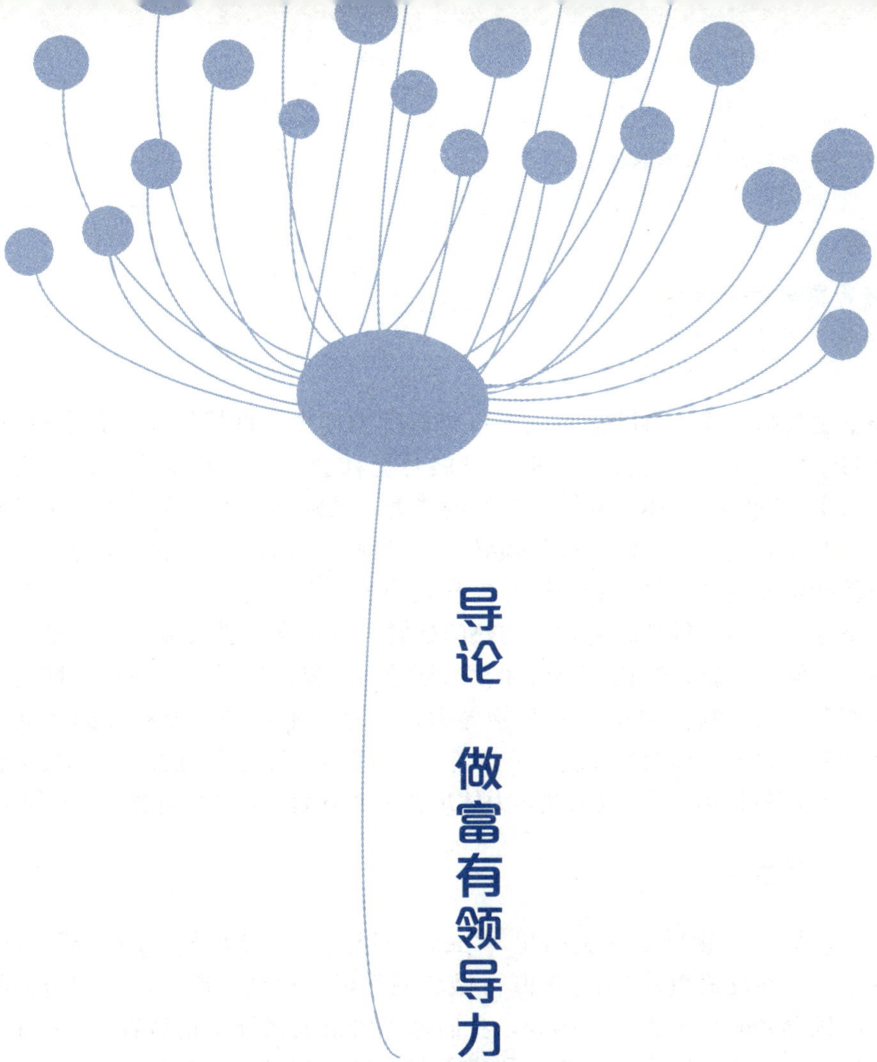

导论　做富有领导力的卓越教师

静心思考

1. 普通教师需要领导力吗？
2. 教师修炼领导力有何意义？

国家需要卓越教师，我们自己也有成为卓越教师的理想。卓越教师必备卓越领导力。教师领导力是对学生成长、同行发展、学校发展乃至社会发展的影响力、促进力、引领力；教师领导力是一种影响个体、群体和组织的能力，教师领导力的大小决定了教师水平的高低，教师专业发展过程亦即修炼教师领导力的过程。如何成为学生、同行、家长和社会认可的卓越教师？答案是必须不断修炼并提升教师领导力。

领导力是企业界和领导科学研究领域的热门话题，近年来，教育领域也开始不断关注领导力的话题，人们开始研究校长领导力和教师领导力。提到领导力，我们可能首先想到的是具有领导职务的人才需要修炼并提升领导力，而对于不具备领导职务的普通老师来说，有必要修炼领导力吗？你会给出怎样的回答？要想回答好这个问题，我们要弄清楚什么是领导力、什么是教师领导力、教师领导力体现在哪些方面、教师修炼领导力有何意义。

人人皆可成为领导

领导力的上位概念是领导，在英语里，“leadership”（领导）与“leader”（领导者）是两个不同的单词。在汉语里，“领导”既可做名词又可做动词。通常，人们习惯把领导者称为领导，把领导者的行为也称为领导，我们这里所讲的领导是指后者。“领导”是领导学研究的逻辑起点，几乎所有领导学的研究者都试图给出“领导”的定义。概括起来，学者们主要从以下几个方面进行解释：

（1）领导是行为过程。例如，泰瑞（G. B. Terry）认为：“领导是影响人们自动地达成群体目标而努力的一种行为。”

（2）领导是影响力。例如，阿吉里斯（Argyris）指出：“领导即有效的影响。”

（3）领导是权力。例如，科·杨（K. Young）认为：“领导是一种统治形式，其下属或多或少地愿意接受其指挥和控制。”

（4）领导是艺术。例如，孔兹（H. Koontz）认为：“领导是一门促使其部属充满信心、满怀热情来完成他们任务的艺术。”①

综合以上学者们的观点，我们可以把领导表述为：领导是在一定条件下，指引和影响个人或组织实现某种目标的行动过程。其特点是：第一，领导在组织中具有一定的指引性和影响力；第二，领导行为是一个动态的过程，这个过程由三方面相关的因素所构成，即领导者、被领导者和环境，领导的本质是人与人之间的一种互动过程；第三，领导是有目的的活动，领导行为的目的是领导者指引和影响被领导者实现团体或组织的目标。

从学者们对领导的解释及社会实践来看，领导作为一种影响他人或组织的行为，不仅仅发生在具有领导职务的领导者身上，而是所有人，无论其是否有具体领导职务，皆能

---

① 刘永芳．管理心理学．北京：清华大学出版社，2008.

领导。

什么是领导力

回过头来，我们再说说到底什么是领导力。同样，关于领导力，学者们有着各自的不同解释，从不同侧面揭示了领导力的实质。领导力是一种能够激发组织成员的信心并赢得他们的支持，以实现组织目标的能力；领导力是一种行动引领力，促使其他人向一个共同方向行动或者反应；领导力是一种影响他人的能力，通过说服或者示范使他人遵循一系列的行为；领导力是一种激励和协调组织以实现目标的主要动力；领导力是一种敢于承担责任的意愿。目前，人们普遍接受“领导力即影响力”这一观点，强调每个人身上都具有潜在的和现实的领导力。美国著名领导力学者沃伦·本尼斯（Warren Bennis）指出，领导力在本质上是一种影响力，是领导者将愿景转化为现实的能力。

领导力不仅是在高层职位上的管理者才应具有的，组织中任何一个层级的人都需要领导力。真正的领导力来自一个人的影响力，而影响力是无须被委任的，必须靠自己去赢得。衡量领导力的真正尺度是影响力，不可能是其他因素。一个人要成为领导者，他不仅要走在前面，还要有人愿意跟着他走，愿意服从他的领导，并且愿意采取行动去实现他描绘的愿景。

每位教师都扮演领导角色

最初，人们主要研究具有领导职务的人如何提升领导力，后来，研究者们发现“领导力是每个人的事”①。对教师而言，也需要具备领导力。无论是具有学科组长、年级组长等职务的教师，还是不具有任何职务的普通教师，都需要具备良好的领导力。因为每位教师都扮演着领导角色，就像科瓦舍尔（Crowthor）等学者的观点，当教师在专业学习共同体中，发挥作用去影响学生学习、贡献于学校发展、激励教师实践、帮助校长提高学校水平时，我们认为他们就是领导。

教师的天职是教书育人，教书育人就是影响并引领学生健康成长，教书育人的效果取决于教师的影响力，而影响力是领导力的核心要素。正如管理学大师彼得·德鲁克（Peter Drucker）对领导力的解释：“世界上任何人都是影响别人和被别人影响的。影响别人行为的行为，谓之‘领导’；影响别人行为的能力，则谓之‘领导力’。”

笔者大四参加教育实习的时候，负责班主任工作，实习学校的一位老教师对笔者说：“能当好班主任的人就能当好市长。”当时，笔者对这句话将信将疑，心想，管理一座城市和管理一个班级不可能一样，班主任干得再好，也不一定能当好市长。在教师岗位工作了多年后，笔者已经认同这位老教师的观点了。管理一座城市和领导一个班级虽然不一样，但是市长和班主任的工作有很大的共性，那就是要影响人、引领人、组织人。市长需要很强的领导力，班主任同样也需要很强的领导力。一位优秀的领导一定是一位优秀的教师，

---

① [美] 詹姆斯·M. 库泽斯，巴里·Z. 波斯纳. 领导力——如何在组织中成就卓越. 6版. 徐中，沈小滨，译. 北京：电子工业出版社，2018.

因为他要把他的管理理念和奋斗目标讲给下属听，让下属接受并认同，从而形成共同的愿景。一位优秀的教师也一定是一位优秀的领导，因为他要影响并引领学生成长，也会影响并引领同行发展，促进学校发展。

国外学者的研究表明，通过教师领导力的开发，赋予教师领导权，能够提高教师的自我效能感，从而更好地致力于教导学生。教师的期望与学生的成绩直接相关，因此加强教师的自我效能感，是开发教师领导力的重要促成因素。担任领导者的角色会对教师产生积极的影响，会使他们在课堂上更加勇于创新，进而对学生的学习成绩产生积极的影响。

教师领导力的大小决定了教师水平的高低，卓越的教师必备卓越的领导力。教师专业发展过程亦即修炼教师领导力的过程。教师领导力也是教师自身具备的，并不需要校长等行政人员赋予。同时，学校在教师领导力的培养及发挥教师领导力作用方面是有责任的。教师领导力对教师个人和学校的发展都是有益的，教师领导力早已进入教育领域的研究视野。

拓展阅读

领导力是每个人的事

我们一直关注的是日常生活中的领导者，领导力与地位或头衔无关，与组织权力和权威无关，与名气和财富无关，与个人出身和家庭背景无关，与是否是总裁、总经理、首相甚至英雄无关。领导力与人际关系有关，与信誉有关，最终与你的所作所为有关。

你不需要到高层领导者那里去寻找领导力，也不需要到外界去寻找领导力，你唯一要做的事情是向内看。你有能力带领你的追随者到达他们从来没有到达过的地方。在你能够领导他人之前，你得相信你能够对他人产生积极的影响；你得相信你的价值观是对的，你做的事情是有意义的；你得相信你说的话会激励他人，你的行动会感动他人，同时你还得说服人们相信你。在这个多变的时代里，从来不缺少领导的机会，这个世界需要更多相信自己可以改变世界并且愿意去改变世界的人。

资料来源：詹姆斯·M. 库泽斯，巴里·Z. 波斯纳. 领导力——如何在组织中成就卓越 . 6 版 . 徐中，沈小滨，译 . 北京：电子工业出版社，2018：259－260.

什么是教师领导力

20 世纪 80 年代，美国在“教育改革运动”和“学校重建运动”背景下提出了“教师领导力（teacher leadership）”这一概念，经过三十多年的发展，教师领导力的理论与实践研究逐渐成为世界各国教育学者关注学校变革发展和教师专业发展的重要焦点，国内最早研究教师领导力的文献出现在 2007 年。

我们认为，教师领导力是对学生成长、同行发展、学校发展乃至社会发展的影响力、促进力、引领力；教师领导力是一种影响个体、群体和组织的能力，这种能力包括设定目标、激励、沟通、指导、创建团队文化等。教师领导力由思想引领力、示范感召力、课程领导力、教学领导力、班级领导力、社会影响力六个方面构成。

思想引领力：思想力是领导力之源。思想是客观存在反映在人的意识中经过思维活动而产生的结果，是人们一切行为的基础。思想是一系列的信息输入人的大脑后，经历一个包括采集、整理、汇总、分析、判断等细节得出一个成型结论的复杂过程，形成的一种可以用来指导人的行为的意识。思想关系着一个人的行为方式，是情感方法的重要体现，思想有多远，人就能走多远。教师的“三观”、政治思想、理想信念、道德情操、教育理念都是构成教师思想引领力的重要因素，这些不仅是教师自身教育行为特点的决定性因素，也是影响学生成长、同行发展、学校改进、社会发展的不可忽视要素。一个富有领导力的教师，一定是富有思想引领力的教师，一定是有着自己的教育信仰、信念或信条，有着自己独特见解的教育思想和教学主张的教师。

示范感召力：示范感召力是领导力的构成要素之一，也是优秀教师必备的品质，身教胜于言教。清代学者唐彪说过：“师者，范也，言行动静，皆可为式。”教师的理想信念、道德操守、人格品质、学识才能、对话沟通能力等均有强大的示范感召力。教师的示范感召力不仅是影响学生成长的重要因素，也会影响教师同行的成长发展，甚至影响学生家长及社会。

课程领导力：教师的课程领导力即教师个体或群体在课程实践活动中表现出的感召、示范、推动等积极影响力，我们可将教师课程领导力界定为：为了实现课程愿景，提升学生学习品质，教师在课程设计、开发、实施和评价等课程事务过程中，对课程活动相关成员进行引领和指导的能力。它是由教师课程设计领导力、教师课程开发领导力、教师课程实施领导力、教师课程评价领导力构成。发挥课程领导力，是优秀教师专业素养的更高体现。骨干教师不仅具有良好的课程实践能力，更懂得从课程实践示范能力、课程创新能力、课程价值引领能力、课程团队领导能力等方面进行修炼与提升，促进教师专业能力得到飞跃性发展，从而成为课程领导者。

教学领导力：教师的教学领导力，是指教师在教学工作或活动中体现出来的一种对学生的学习与成长的引领力，以及对其他教师的示范力。这种力量是教师的价值观念、教育思想、个性特征、人格修养、课程理念、教学主张、才华学识等在教学过程中形成的一种对他人的影响力。富有教学领导力的教师常常以精致的教学设计、精细的教学组织、精湛的教学能力、精彩的课堂教学、精妙的教学方法、精美的教学艺术、精准的教学诊断和精诚的教学评价等形式体现，让课堂教学充满活力、张力、吸引力、指引力和辐射力。

班级领导力：班级是教师教书育人的一个重要舞台，班主任工作是教师教书育人的核心工作之一，班主任工作本身就具有重要的组织管理色彩，班级领导力的提出是对班主任专业地位的肯定，是教师领导力在班级管理这个特定领域的表现。班级领导力是班主任在带班过程中所发挥出来的人际影响力，是由班主任的行政权力、专业能力和精神影响力三部分组成的综合能力，是权力影响力和非权力影响力的综合体，其中班主任的非权力影响力更为重要。

社会影响力：优秀教师的影响力不局限在学校，具有卓越领导力的教师一定会对家庭和社会产生很大的影响力。教育不仅仅发生在学校，为获得良好的教育成效，为促进学生身心的全面发展，需要构建学校、家庭、社会三位一体的教育模式。在学校、家庭、社会三位一体的教育体系中，学校是专业机构，教师是教育专业人员，教师的影响力会渗透扩展到家庭和社会。

教师领导力的来源

教师领导力的来源有两个方面：权力性影响力与非权力性影响力。教师的权力性影响力来自组织授权，主要是由学校赋予具有一定职务或者特殊身份的教师，例如教研组长、年级组长、班主任、专家组成员等。教师的权力性影响力主要表现为教师参与学校决策的权力、教师参与教研的权力、教师参与评估的权力和参与学校管理的权力。教师的非权力性影响力是由教师自身素质形成的一种自然性影响力，它既不遵循正式的规定，没有上下授予形式，也没有合法权力那种形式的命令与服从的约束力，但其影响力却比权力性影响力广泛、持久得多。非权力性影响力是由教师的品德修养、人格特质、知识水平、专业能力、实践智慧、生活态度、情感魅力以及自己的工作实绩和表率作用等素质和行为所形成，其感召力、吸引力是非常巨大的。

教师领导力的结构如图 1－1 所示。

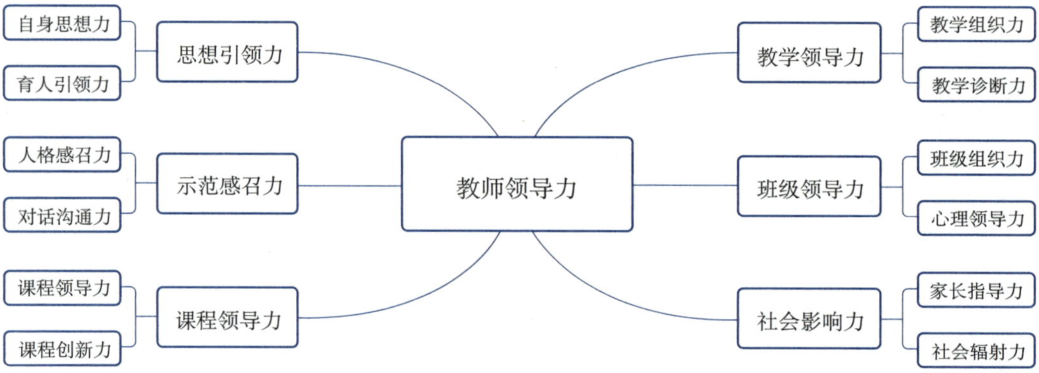

图 1－1 教师领导力的结构

教师领导力有何用

领导力发生在人与人、人与组织、人与社会之间。教师扮演了六个关键领导角色：(1) 学生学习的引领者，实施有效班级管理和教学，改善学生学习状况；(2) 同行的促进者，积极开展工作，促进同行改善教学实务，从而促进教师专业发展；(3) 学习共同体的构建者，搭建平台，建构学习共同体；(4) 团队合作者，积极开展团队工作，协助团队成员共同成长；(5) 学校参与者，积极参与学校管理，促进学校发展变革；(6) 家长的引领者，引导家长参与学校教育。[①] 第 (1) 点发生在教师和学生之间，第 (2) ～ (4) 点发生在教师与教师之间，第 (5) 点发生在教师与学校之间，第 (6) 点发生在教师与家长之间。因此，根据以上教师领导角色，教师领导力发挥作用体现在以下四个方面：

① 周建平．教师领导内涵、角色及其实施策略．中国教育学刊，2009 (7).

第一，引领和促进学生成长。教师的领导力首先体现在教师对学生成长的影响，在学生的成长过程中，教师是影响学生成长的重要人物之一。无论是在课堂教学、班级管理还是在各种教育教学活动中，教师扮演着学生成长发展的引领者、促进者、辅导者角色，对学生的全面发展产生重要影响。正如学者哈里斯所说，教师领导力是“教师在课堂内外对自身的教学及学生的学习实施领导的能力”。教师领导力是改变学生命运的重要因素之一，教师领导力对学生学习成绩的提高有着重要的影响。

第二，引领和促进自身与同行专业发展。教师领导力是教师专业素养的综合体现，提升教师领导力是教师专业发展的必然要求。修炼教师领导力，有利于改变教师在教育教学中被动接受的现状，使教师充分、深度参与课程设置、学校管理、教育评价，能够意识到个人专业知识的不足。相关研究结果表明，授予教师权力并让他承担领导角色，能够增强教师的自尊心，提高对工作的满意度，教师的工作又因此变得更加动力十足。领导经验有助于提升教师对个人能力的自信，并且让教师学会如何激励、领导和鼓舞他人。

国外大量研究结果表明，教师领导力有助于提高教师的专业化水平。美国学者韦斯利将教师领导力视为“影响和吸引同事，迈向实践的改善”。教师领导还对新教师具有非常积极的影响，因为他们能够与新教师一起分享教学经验、学校的文化。具有良好领导力的优秀教师能够发挥他们示范、引领、辐射的作用，在提升自身的同时，引领促进同行专业发展。

第三，影响和促进学校改进。20 世纪 80 年代，教师领导力这一概念的提出就是为了更好地促进学校改进。欧美很多国家在当时的经济、社会和政治背景下，公众期待教育改革，从而给学校施加了前所未有的巨大压力，这使学校在重围之下不断地进行改进，提高学校效能成为一股国际浪潮。

研究者认为，成功的学校改进需要全校教职员工一起共同努力，这种领导力被称为“建构主义的领导力”。这种领导力注重组织成员之间相互学习和相互协作，以共同构建集体的价值目标并达成共识。通过建构的方式形成的领导力具有极大的优越性，它使组织中的个体学会调节自我和主动超越自我，从而探索和创造出共同的信念，并在追求共同的信念和获取新知的过程中不断地对自己所做的工作进行反思，更深刻地理解工作的价值，以指导新的行动。实质上，教师领导力正是体现在行动当中。关于领导力的“新观念”认为，领导力分布于课堂教学第一线的人身上，应该授予他们权力，让他们承担领导的任务并付诸行动。领导力的研究者曾一度强调共同参与决策制定、分布式领导、建构主义领导、关注价值实现的领导以及情感型领导的重要性。学校发展和改革的研究者开始强烈地呼吁，要求教师的角色发生巨大的转变，包括不断地增加教师的领导角色。教师开始为从事科研的专业人员提供咨询，或者担任新教师的顾问，以及开展促进教师专业化发展的活动。他们还是学校领导小组的成员和学校改革行动的带头人。[①] 开发教师领导力的核心——构建共同的目标和价值观，对建设高效的学校而言也是至关重要的。

第四，影响和促进家长及社会变化。一位优秀教师的影响力不会仅仅发生在校园之

---

① 阿尔玛·哈里斯，丹尼尔·缪伊斯．教师领导力与学校发展．许联，吴合文，译．北京：北京师范大学出版社，2007：1，13，17.

内，一定会影响社会。教师领导力对于帮助学校建立良好的家长和社区的关系，从而更好地促进学校发展和学生发展有直接的密切关系。具有卓越领导力的教师会影响家长的教育理念和家庭教育方法，引领社会文化的发展。

何为修炼，为何是修炼

现在“修炼”一词用得比较多，很多书名中出现了“修炼”一词。本书书名也用了“修炼”一词，为何我们用这个词？为何不用“培养”“提升”“提高”等？因为我们认为“修炼”一词更为恰当，更为精准地表达了我们的意图。那么，道理何在？

现实生活中，“修炼”通常指为实现某种理想、信念或达到技术、技能目标而进行修养和锻炼的过程。《现代汉语词典》对“修炼”的解释是：“指道家修养练功、炼丹等活动。”其实，《现代汉语词典》的这种解释有点局限。“修炼”一词在古代虽然多见于道家的典籍，但其他教派或学派也在用这一概念。在古代，修炼通常包含修道和修行。修道源于对生命真理的渴望，是一种通过修正自己行为的方式来达到提升精神力量的目的。修道，至春秋时期形成了儒家和道家两大派。儒家以“存心养性”为功夫，以格物、致知、诚意、正心、修身、齐家、治国、平天下为入世之法。道家以“炼心炼性”为功夫，追求天人合一，即修“真”，寻找真我，境界有炼精化气、炼气化神、炼神返虚、炼虚合道之说。佛教、伊斯兰教、基督教等教派都强调修炼，都有一套修炼之法。尽管各家教派的修炼理念和做法有所不同，但共同点是练功与修德同步，修心炼身合一。现今，人们无论是否有宗教信仰，在很多场合也都喜欢用“修炼”一词。

我们之所以用“修炼”一词来追求和定义卓越教师的成长之道，正是看中了修心修身合一、炼行炼德同步的理念和精神。《易经》中讲道：“形而上者为之道，形而下者为之器。”教师领导力修炼是“道”“器”兼修的过程，是内外兼炼的历程。高超的领导力一定是内秀于心，外毓于行。修炼更强调自省、自觉。“如何升华人格、重塑灵魂呢？你要自省，并且向往。自省，是发现自己的不足；向往，就是敬仰并效仿比自己更伟大的存在。这个存在不一定是神，可能是人，可能是一种精神，也可能是一种艺术。希望自己和那伟大的存在达成一体、接近它，并付诸行动，而不仅仅是想想而已，这样的行为就叫修炼。”① 知识是学来的，能力是培养出来的，能量是修炼出来的。教师领导力体现在教师对学生、同行及家长等社会人员的影响力，影响力是一种能量，需要修炼。卓越的教师不仅要有丰富的知识，高超的育人能力，还具备影响人的正能量，这种正能量需要不断修炼。

《中共中央 国务院关于全面深化新时代教师队伍建设改革的意见》明确指出，“到 2035 年，教师综合素质、专业化水平和创新能力大幅提升，培养造就数以百万计的骨干教师、数以十万计的卓越教师、数以万计的教育家型教师。”国家需要卓越教师，我们自己也有成为卓越教师的理想。卓越教师必备卓越领导力。卓越领导者不是自我标榜的，不是上级任命的，不是继承就可得到的。同理，真正的卓越教师也不是学校或政府部门授予的，更不是自我标榜的，而是学生、同行、家长和社会认可的。如何成为学生、同行、家

① 雪漠．世界是心的倒影．海口：海南出版社，2012.

长和社会认可的卓越教师？答案是必须不断修炼并提升教师领导力。

只有养成以身作则、共启愿景、挑战现状、使众人行和激励人心这五种习惯行为，才会形成卓越领导力，成为卓越领导者。接下来，我们一起按照这几个原则，从厚植自身思想力、发挥育人引领力、绽放人格感召力、提升对话沟通力、修炼教师课程领导力、淬炼课程文化创生力、磨炼教学组织力、增强教学诊断力、提高班级组织力、发展心理领导力、活化家长指导力、扩大社会辐射力 12 个方面进行领导力的修炼。

领导力自我评估测试

领导角色准备程度

请表明你在多大程度上同意以下陈述，使用下列评定方法：1＝非常不同意；2＝不同意；3＝中立；4＝同意；5＝非常同意。

1. 我喜欢让别人听我的意见和建议。
2. 我很明确地在激励其他人。
3. 向别人提一些激励性意见，帮助他人改进工作的感觉很好。
4. 对我来说，赞扬他人很容易。
5. 在工作场合，和大多数人相比，我的朋友和追随者更多一些。
6. 即使我情绪不佳，我也喜欢为别人喝彩。
7. 我的团队成绩比我个人的辉煌更重要。
8. 许多人模仿我的想法。
9. 对我来说，建立团队精神很重要。
10. 我很乐于指导其他的团队成员。
11. 对我来说，意识到其他人的成就很重要。
12. 我很乐于招待公司的访客，即使这会妨碍我个人绩效的获得。
13. 对我来说，在其他场合代表我的团队是很有乐趣的事。
14. 我的团队成员的问题也是我的问题。
15. 我乐于解决冲突。
16. 我会和组织的其他部门合作，即使我不赞同那个部门成员的立场。
17. 在工作中，我有很多想法。
18. 只要有机会，我就喜欢与别人谈判。
19. 当我发言的时候，团队成员总会倾听。
20. 在生活中，人们经常让我担任活动的负责人。
21. 我一直是一个很能说服别人的人。
22. 我很乐意想象我的团队有光明的未来。
23. 有些人告诉我，我有顾全大局的能力。
24. 我乐于听别人哭诉他们的工作。
25. 我喜欢与那些来自不同文化的人共事。

把你对每个陈述的评分加起来，得到总分。分数解释如下：

90～100 分：对领导角色高度准备就绪。

60～89 分：对领导角色中度准备就绪。

40～59 分：对领导角色缺乏一定准备。

39 分及以下：对领导角色准备很少。

如果你已经是一个成功的领导者，但是测试所得的分数很低，请忽略你的分数。如果你还不是领导者或者不是一位好的领导者，并且你的分数很低，请仔细研究题目，考虑改变你的态度或行为，以便让自己对每个陈述的评分可以达到 4～5 分。

资料来源：安德鲁·杜布林．领导力．7 版．冯云霞，范锐，译．北京：中国人民大学出版社，2017.

深度反思

阅读本部分后我收获了什么？

我还需要进一步修炼什么？

我将怎样修炼？

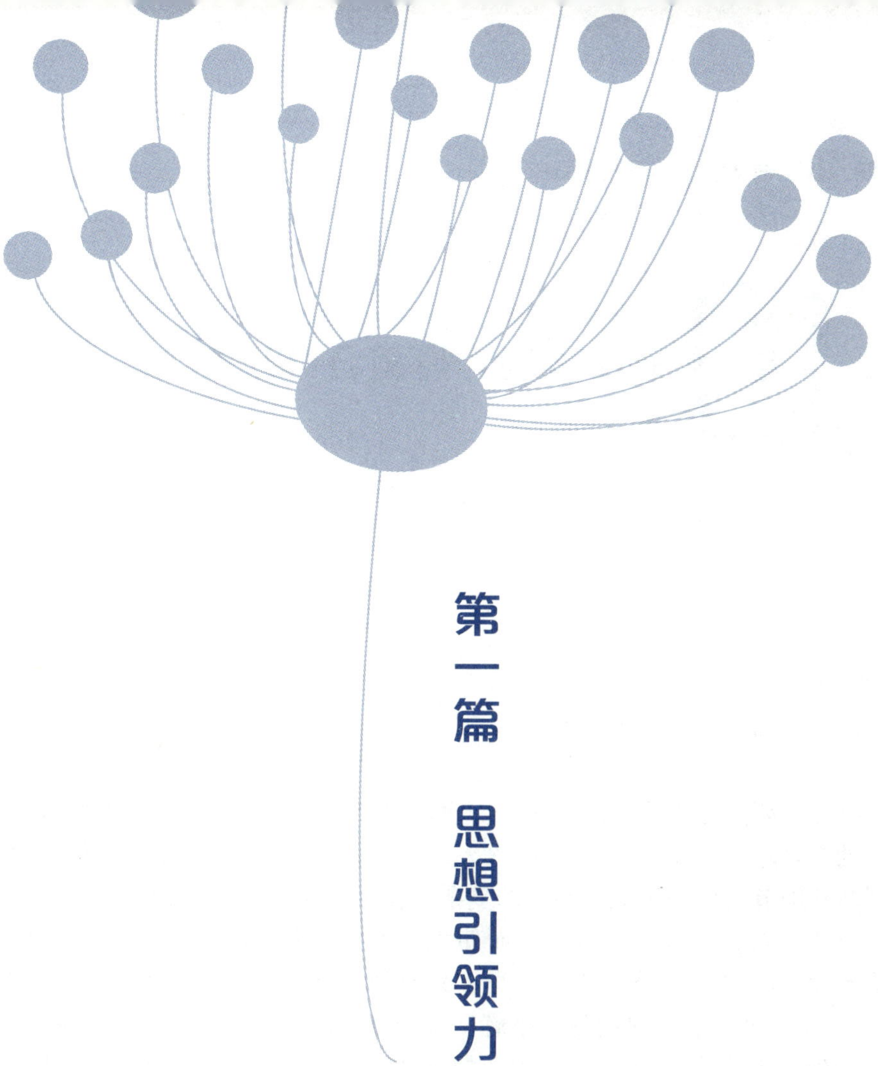

第一篇 思想引领力

一个有思想的人才真正是一个有力量的人。

巴尔扎克

正如德国作家歌德所说：“我们的生活就像旅行，思想是导游者；没有导游者，一切都会停止。目标会丧失，力量也会化为乌有。”思想是人的灵魂，人因思想而伟大。思想是行动的指南，是一种能够引领自己和他人成长的至柔至刚的力量。让我们一起走进本篇，在行思读写中厚植自身思想力，在立德树人中发挥育人引领力，从而成长为有思想引领力的教师。

No. 1 行思读写，厚植自身思想力

静心思考

1. 你有自己的思想吗？
2. 你现在的思想力有多大？
3. 你想知道如何提升自身思想力吗？

思想乃领导力之源。思想是客观存在人的意识中经过思维活动而产生的结果，是人们一切行为的基础。思想是一系列的信息输入人的大脑后，经历一个包括采集、整理、汇总、分析、判断等细节得出一个成型结论的复杂过程，进而形成的一种可以用来指导人的行为的意识。思想是人的灵魂，人因思想而伟大。思想是行动的指南，正如托尔斯泰所说，思想就是推动自己和全人类生活的力量。只有思想才能滋养丰富的心灵和厚重的人格。“在教育世界中，倘若有丰富的思想生辉，倘若有丰富的思想相互碰撞，倘若有高尚、丰富、独到、深刻的思想来鼓舞人心，我们的事业，我们的人生，才更有趣味、更有魅力，我们才真正无愧于上苍给予我们的——不可重复，不可替代，无比珍贵的生命。”① 一个富有领导力的教师，一定是富有思想引领力的教师，一定是有着自己的教育信仰、信念或信条，形成自己独特见解的教育思想和教学主张的教师。

老师，您有自己的思想吗

古希腊哲学家苏格拉底说：“人之所以为人，就是因为他有思想。”法国思想家帕斯卡尔说：“人是一支有思想的芦苇。”当你读懂了苏格拉底和帕斯卡尔上述两句话的时候，或者当你读出我们撰写此书的意旨时，我们可以很负责任地告诉你：你是有思想的！

也许，有的老师可能会有点惊讶或疑惑：“我也是有思想的老师？”其实，不只是你，你的同事、你的学生、你的家人、你的亲戚朋友……人人都是有思想的人。但是，我们要清楚的是，这里的“有思想”就是通俗意义上的“有想法”或“有看法”。试问，谁没有“想法”？下面是一个关于一岁多的小女孩坚持不要爸爸抱而要自己爬上八层楼的真实故事：

有一天，爸爸和一岁多的小女孩走楼梯，本来爸爸想抱着小女孩走上去，但是小

① 肖川．教育的理想与信念．长沙：岳麓书社，2002.

女孩挣扎着要下来自己走。让孩子锻炼一下也好，于是，爸爸就让小女孩自己走，只是用手牵着她的手。小女孩摇摇晃晃地上楼梯，看起来有点艰难，心疼孩子的爸爸询问道："要不要爸爸抱你上去？""不要，我自己走。"小女孩回答。好不容易上到了三楼，爸爸觉得锻炼得差不多了，但是小女孩并没有要爸爸抱的意思。爸爸只好一边抓紧小女孩的手，一边小心翼翼地继续走楼梯："你累不累？要不要休息一下？爸爸抱你上去。""不累！我要自己走！"小女孩有点不耐烦地说。当走到六楼时，爸爸担心小女孩太辛苦了，毕竟她才一岁多，爸爸加重语气说："妹妹累了！爸爸抱你上去。""妹妹不累！不要你抱！"小女孩生气地说。爸爸无奈，只好继续牵着小女孩的手，一直走回八楼的家。"妈妈，我是自己走上楼梯的！我不用抱。"见到妈妈的小女孩自豪地说。"妹妹真棒！"妈妈惊讶道。当然，惊讶的还有一路心疼女儿的爸爸。

通过这个故事，我们可以看到：小女孩是非常有个性的，有自己的想法。面对爸爸的关爱，她不仅拒绝，而且还从"不耐烦"变为"生气"。为什么这么小的孩子就有这样的行为表现呢？爸爸抱上去不好吗？为什么还生气呢？这是因为小女孩有着朴素的思想或想法：我就是要自己走上去，不用爸爸帮忙，我可以！我很厉害！我很棒！爸爸一路的询问，在小女孩看来，就是不相信她，就是在影响她。虽然心疼女儿，但是爸爸一路上都非常尊重孩子，没有强行抱她，而是小心翼翼地陪伴孩子一步一步地蹒跚而上。分享这个故事，重点不在那位爸爸，而在于那个只有一岁多的小女孩。这么小的孩子都有思想，何况已是成年人的教师。因此，我们要认识到自己和自己任教的学生都是有思想的人。

严格来说，在有思想的教师和有自己思想的教师之间，我们还是不能简单地画上等号，因为有思想的教师和有自己思想的教师是有区别的。比如，你有房子和你有自己的房子是有很大不同的，前者只是强调你有房子住，但房子可以是你的，也可以是他人的，后者则反映出你不仅有房子，而且这房子是你的，你拥有房子的产权，你是房子的主人，不是仅使用房子的人。小时候，我们很多人基本上都是住在父母的房子里；刚参加工作时，我们多数还是租房子住，直到积攒了一定资本并购买了房子后，我们才真正拥有了自己的房子。与租房子相比，有了自己的房子后，我们往往才有了家的感觉。所以，教师既要"有房住"，更要有"自己的房子住"，即教师不但要有思想，而且还要有自己的思想。例如，人民教育家陶行知就是有着自己教育思想的大家，他曾师从美国实用主义教育家杜威，并在杜威"教育即生活""学校即社会"等思想的引领和启发下，提出"生活即教育""社会即学校"，从而形成了独树一帜的教育思想。

我们所说的有思想的教师，就是特指有自己思想的教师。这样的教师，意味着产生了自身思想力，是有着自己秉行的教育信仰、教育思想或教学主张的教师。这样的教师，通常都会根据自己的理解和见解，以及追求的教育信仰，坚守的教育信念或信条，为自己从事的教育或深耕的教学提炼出一个独特的名字，给出自己的定义，从而形成自己的教学主张，甚至教育思想。如儿童教育家李吉林老师的情境教学和情境教育、全国著名特级教师孙双金老师的情智教学和情智教育、全国著名特级教师王崧舟老师的诗意语文和新成功教育。

拓展阅读

思想力是什么？

心理学家们说，思想力是指个体为完成某种活动或任务而对各种要素进行分析、重组、整合的各种思维能力的总和。我更愿意通俗地说，思想力就是你对复杂事物的判断能力，是你对各种现象的分析能力，是你对各种似是而非的概念的辨析力，是你对各种假冒伪劣东西的批判质疑能力。

思想力一点都不复杂、抽象。它就在我们的生活中、课堂上、课程里，就在我们与学生的所有交往活动之中，就在教师自身的所作所为、所见所闻之中。

资料来源：程红兵．教师需要思想力．人民教育，2017（10）．

教师为何要有自己的思想

在回答这个问题前，你可以先问问自己，你想成为教育的奴隶吗？你想拥有教师的职业尊严吗？古希腊哲学家柏拉图说："奴隶之所以是奴隶，乃是因为他的行为并不代表自己的思想而是代表别人的思想。"德国思想家马克思认为："能给人以尊严的只有这样的职业，在从事这种职业时，我们不是作为奴隶般的工具，而是在自己的领域内独立地进行创造。"如果你不想成为教育的奴隶，同时又想拥有教师的尊严，那么你就要有自己的思想。

我们与其他动物的最大区别是思想。思想是人的灵魂，人因思想而伟大。法国作家巴尔扎克说："一个能思想的人，才真正是一个力量无边的人。"我们的生命，我们的生活，都不能没有力量，特别是思想的力量。于教师而言，思想就是推动那朵生命云的"云"，就是摇动那棵生命树的"树"，就是唤醒那个生命心灵的"心灵"。试问，谁的生命，谁的生活，能没有"云""树""心灵"？所以，每个人都应有自己的思想。

在影响人的成长因素中，有一种特殊的力量来自教师。教师是培养人的人，有别于其他生命。教师与一般人的差异在于，教师是教育事业的从业者，这就决定了教师的生命不仅仅是一个普通的生命，而且是拥有更加崇高的职业使命的生命①。法国启蒙思想家卢梭说："在敢于担当培养一个人的任务之前，自己必须造就成一个人，自己必须是一个值得推崇的模范。"这就意味着，我们要培育出有思想的学生，就应先成为有思想的教师。在日常的教育教学中，教师面对的是一个个具有鲜活生命的学生个体，他们不是机器，而是有着自己思想和意志的人。这就需要教师对教育教学有着自己独特的看法和思考，形成自己的教育观、课程观、教学观、学生观和学习观等，用思想去发现、唤醒、鼓舞、引领和滋养生命的成长，帮助学生树立正确的世界观、人生观和价值观。这就决定教师需要具备领导力，尤其是思想力。在领导力的视域里，思想最具力量，思想最高雅，思想最光亮，思想最化人，思想最致远。试想一下，如果没有自己的思想，你何以成为一个富有领导力的教师？可见，教师要有自己的思想。

---

① 王景．生命观视阈下的教师专业发展．教育探索，2010（9）．

为什么教师要有思想呢？北京师范大学肖川教授认为，原因主要有四：一是有思想会使我们兴趣广泛，内心鲜活，积极地捕捉各种有意味的信息，会使我们变得更有品位，使我们的生活特别是精神生活变得丰富，从而使我们从琐屑、无聊、单调、平庸的生存境遇中摆脱出来，有一种“一蓑烟雨任平生”的豪迈和超脱；二是有思想能够使我们更好地理解课程内容；三是有思想的教师，会对学生的心灵丰满和精神充实有一种自觉又自然的引领；四是有思想使我们不人云亦云，不简单化，使我们葆有自由的意志和独立的人格。①也就是说，思想可以塑造你的精气神，可以提升你的专业自信，可以扩大你的专业影响，可以锻造你的“金刚身”，可以炼造你的“金睛眼”，从而改变你的眼界、视野、思维和格局，让你见别人所未能见，想别人所未能想。有了思想的光亮，你会变得与众不同。正是因为有了自己的思想，让教育家苏霍姆林斯基体悟和发现：某一教育真理在这个情况下是正确的，而在另外一种情况下就可能不起作用，在第三种情况下甚至是荒谬的。倘若没有自己的思想，陶行知怎么敢挑战恩师杜威的论断“教育即生活”而提出“生活即教育”的新论？阿里巴巴创始人马云在湖畔大学的一次演讲中说过：“有些人为什么和其他人不一样？哪儿不一样？看问题的角度不一样，看问题的深度不一样，看问题的广度不一样。”可见思想的重要性。

可能有些人看过曾在微信朋友圈非常火的一条帖子，内容如下：

> 有一天下雨，一名学生要给老师打伞，老师急忙推开，学生着急了，非要打，老师语重心长地说：“孩子，还是老师给你打伞吧，我给你打伞能写成故事，你给我打伞就成了事故了！”
>
> 老师的话，很温暖，也很耐人寻味。
>
> 某日，一名学生为老师撑伞。路人看到后，愤愤不平，说：“现在的老师真没师德！”
>
> 于是，学生将伞撑到自己头上。又有路人说：“现在的小孩真不懂礼貌，老师怎么教的？”
>
> 老师听到后，拿过伞，帮学生撑起。
>
> 路人又说：“这孩子一定有来头，这个老师趋炎附势。”
>
> 老师想，算了，这把伞我还是自己用吧，于是自己给自己撑伞。
>
> 路人又说：“现在的老师真没爱心，自己打伞，不管学生。”
>
> 老师无奈，唉，把伞收了，谁都不用总行了吧？于是两个人谁都不用伞。
>
> 又有路人说：“瞧这对师生，有伞不用，老师越教越傻，学生越学越笨了。”
>
> 老师急了，干脆和学生一起撑伞。
>
> 路人窃窃私语：“看，师生恋！”

这条帖子源于当时发生在上海的一名男学生和一位女老师的“打伞事件”，显然也是受寓言故事《父子骑驴》的启发而写成的，有点调侃的味道，但从中我们也可以看到思想

---

① 肖川．成为有思想的教师．人民教育，2005（3-4）．

之于人、之于教师的重要性和必要性。如果没有思想为人生打底和导航，那么一点风浪就有可能改变你的航向，甚至一些闲话就能把你淹没。你是想被淹没，还是要在前行中用自己的光芒照人照己？

当有了自己的思想或教育智慧，在面对“打伞事件”或类似事件时，我们就会选择不跟风、不媚众、不随波逐流、不添油加醋、不煽风点火、不纠结谁对谁错。在众多的言论中，我们比较认同深圳的一名小学老师刘老师的观点——“打伞事件”考的是教育智慧！刘老师呼吁，教育人应心意禅定地为孩子好，对于为老师撑伞的小男生，不管是否自愿，我们都不该为一时之念、一己之私，或搏出名、搏出位而伤害无辜，大打口水仗；当看到伞下师生时，送一句“师生情深”如何？赞一个“最懂得感恩的小男生”怎样？学校来一场“绅士教育”行不行？倘若如此，是不是比口无遮拦地谩骂或嬉笑着撕扯无辜者伤口更充满人性之温暖、教育之善慧？

诚然，思想不是空洞的，也不是虚幻的，理论、理念、学说、观念、观点、主张、主见等都是思想的表现形式。总之，有思想的教师不能停留在一般意义的有想法上，而是要有自己的教育主见、教学主张，形成自己的教育思想、教学理念，乃至产生教育信仰、教育信念或信条，并坚守之、实践之、传播之。

然而，现今还是有不少教师认为教学主张或教育思想都是教育名师名家的“专利”，自己没有或不敢提炼教学主张或教学思想，更加不敢说自己要成为教育家。在北京四中原校长刘长铭看来，这种现象是“一种精神桎梏，它在一定程度上扼杀了教师创造的能力与热情，它使得教师的工作缺乏活力，生活缺乏趣味”。这也是为什么有些教师缺乏领导力的重要原因之一。

刘长铭曾语重心长地说：“一个教师应当确立自己的教育思想。教育思想是教师的生命。如果我们在从事了一生的领域中不能留下点什么的话，那么这将是一种生命的遗憾。我们不能将教育或教学仅仅理解成一种技术或者程序。如果一个教师只能娴熟地解释书本知识，只能将书本知识照搬给学生而没有融入自己的情感、态度和价值观，那么这种教学是没有生命的教学，这种教育是没有生命的教育。没有生命的教育不是真正的教育，或者说是不成功的教育。”① 换句话说，提炼教学主张或教育思想也是骨干教师或一般教师的权利，并不是名家名师的“专利”。你想想，名师名家不也是从一般教师、骨干教师成长起来的吗？他们之所以能成为名师名家，不就是因为形成了自己的教学主张或教育思想吗？成为富有领导力的教师，实质上就是要成为名师名家那样有感召力、凝聚力、引领力和影响力的教师。

综上可知，要做一个富有领导力的教师，不能没有自己的思想，尤其是要形成自己的教学主张和教育思想。

有思想的教师是什么样子的

在你的脑海里，有思想的教师是什么样子的？你可以先闭上眼睛，好好想一下，你想

① 刘长铭．教师要敢于确立自己的教育思想．中小学管理，2008（10）．

到了谁？为什么你会想到他（她）？你有没有想到自己？或者你有没有想到你学校里的老师？

此时，孔子、苏霍姆林斯基、陶行知、叶圣陶、于漪、李吉林、魏书生、窦桂梅、李希贵等古今中外教育名家名师常常被想起，却很少有人会想到自己或身边的老师。

名家名师通常都是著述等身，师德高尚，学识渊博，业务精湛，教人有术，育人有道，有教育情怀，有责任担当，形成自己的教育思想、教学主张和教学风格，如儒家学派创始人孔子的“有教无类”和“因材施教”思想、杜威的实用主义教育、陶行知的生活即教育思想、朱永新的新教育思想、李吉林的情境教育思想。他们的社会声望高，影响力大，深受教育界乃至社会各界人士的认可和敬佩，是大家公认的教育家。所以，老师们首先想到他们是再正常不过了。

我们都或多或少地听过有关他们的教育故事，拜读过他们的文章，研读过他们的著作，比如陶行知的“四块糖果的故事”、苏霍姆林斯基的《给教师的建议》、魏书生的《班主任工作漫谈》、李希贵的《面向个体的教育》等。在这个过程中，我们会受到他们人格魅力的感召、精神魅力的浸润、思想魅力的引领。

虽然不同名家名师的成长有别，但是通过研究有思想的教师，我们可以在他们身上找到一些共有特征：有思想的教师，具备独立的人格、自由的精神和独特的风格，对教育教学有着自己的主见，不会人云亦云，不会在“灯红酒绿”的花花世界或“明争暗斗”的名利场中迷失自我；有思想的教师，对课程和教学有着自己的见识、见解，不会成为教材和教参的搬运工，也不会钟情于灌输，更不会迷恋于照本宣科；有思想的教师，能体悟教师工作的价值，能感受教师职业的使命感和幸福感，能使自己和学生都体验到生命的快乐和享受教育的愉悦，从而不会出现职业的倦怠；有思想的教师，能领悟教育世界的精彩，他们的精神生活丰富，能成为学生身心发展和精神成长的引路人，而不是只会传授专业知识的教书匠。有思想的教师，是教育教学的主人，把教书当责任，视育人为生命；没有思想的教师，是教育教学的奴隶，把教学当任务，对教育应付了事。有思想的教师，眼中有学生，心中有生命；没有思想的教师，眼中只有教材，心中只有分数。有思想的教师，教学有激情、有艺术、有方法，且乐此不疲；没有思想的教师，教得空洞乏味，苦了自己，累了学生。有思想的教师，看见树木便看见了森林；没有思想的教师，只见树木不见森林。[①]

总之，有思想的教师，就是指有自己的教育思想和教学主张的教师。他们对教育教学的本质有深刻的体会，对学生成长规律有深切的体察，对生命的意义有深邃的体悟。

福建师范大学余文森教授领衔的团队多年的研究结果表明，要把优秀教师培养成为卓越教师，最核心的工作就是帮助他们提炼自己的教学主张，并围绕教学主张开展系统的理论和实践研究。[②] 在余文森教授看来，教学主张是专业影响力的核心，是迄今为止他们找到的培养卓越教师的一把“金钥匙”，即教师从优秀走向卓越的专业生长点。我们非常赞同这一观点。想成为有领导力的教师，我们得先拥有一把从优秀走向卓越的“金钥匙”。

---

① 李文送．新时代呼唤有教育思想的教师．教师教育论坛，2019（4）．

② 余文森．教学主张：打开专业成长的“天眼”．人民教育，2015（3）．

你有这样一把“金钥匙”吗？如果有，你的教学主张是什么？如果还没有，那么你想知道怎样提炼自己的教学主张吗？如果想，请你继续往下阅读，答案就在前方不远处等你，或许在书中，或许在书外，或许已在或将在你的心里。只要你沿着这条思路思考下去，教学主张的提炼方法将会如约而至。不过，与听到你找到提炼方法相比，我们更想、更希望听到或看到你的充满生命气息和思想力的教学主张。朋友，加油！我们期待你的分享，期待你也拥有一把金光闪闪的钥匙。

当然，每个人的一生中都不能只有一把钥匙，哪怕是一把金钥匙，因为我们需要打开的门远远不止一扇。这个时候，你可以看看自己的腰间，或者摸摸口袋、翻翻背包，看看自己有多少把钥匙，还可以看看你身边的人有多少把钥匙，从中你发现了什么？又领悟到了什么？

对教师来说，我们既要去打开一把又一把的锁、一扇又一扇的门，又要教授学生自己学会打开生活中一把又一把的锁、一扇又一扇的门。这是教师的使命。

拓展阅读

名师应当是思想者——谈教学主张与名师成长

教学主张，是名师成长中一个不可忽略的问题，它关乎名师的文化品质和教学品位，也关乎教师的专业发展。

1. 教学主张是名师“教育自觉”的关键性标志

名师应当是思想者，是反思性实践家。思想者、反思性实践家存在的价值之一就在于思想，而教学主张正是对教育教学深刻思考后所形成的一种见解、一种思想，不仅表达了对事业、对学生热爱的情感上的自愿，也表达了理智上的自觉。这种自愿与自觉，正是对理想教育的追求，表现为教育自觉和自由。具有教育自觉的教师才会有追求，也才会有行动；有理念，理念才会逐步成为信念；有实践，实践才会逐步成为实验。可以说，教学主张是从教育自觉的树上长出来的鲜亮的绿叶。一个缺乏教育自觉的教师，很难成长为优秀教师。

2. 教学主张是名师成熟、成功的核心因素

教学主张在很大程度上表达着教师成熟的程度和专业发展的深度；同时，教学主张的形成是教师长期历练和专业发展深化的过程。在形成的过程中，教师不断总结、提炼自己的经验，不断汇聚、提升自己的实践智慧，开发了自身生命的活力，积蓄着可贵的能量。这个过程，是教师不断成熟的过程，过程中积蓄的能量将成为教师持续发展的力量，提炼的经验和智慧，必然形成教师进一步发展的平台，促使其开始新的探索，最终走向成功。例如，年轻的小学数学教师张齐华，潜心研究数学文化，从“数学＋文化”到“用文化关照数学教学，在数学中开发文化元素”，这正是一个不断学习、思索、实验和提炼的过程，教学中充满着青春的活力和智慧的魅力，生动又深刻，活泼轻松又从容沉稳，表现出教学的成熟，他的教学主张正坚定地引领他走向更大的成功。

3. 教学主张是名师产生和保持影响力的重要原因，是具有影响力的名师与一般名师的显著区别

改革开放以来，中小学校中涌现了一批名师，如果稍加注意，我们就会发现一些名师现今已没有多少声音了，他们的影响已基本消失。而另一些名师则能持续地影响着现今的教学改革和教师的成长。当下的名师也大体如此。实际上，名师已分成了两类。之所以如此，其中一个重要原因就是因为有的名师缺少自己的见解，没有真正形成自己的教学主张，没有形成自己的教学风格。严格来说，他们是操作型的，甚至是技术性的，只是按规定要求执行得忠诚、实施得认真。说得严重些，他们还没有从根本上摆脱“教书匠”的桎梏。这类名师固然可敬，但并不是我们需要的真正的名师。真正的名师应当有自己的教学主张，不仅以他的教学经验、教学特色影响着教师，更应以他的教学主张，即个性化的教育思想影响着、改变着教师。即便是教学经验，也应是以教学主张为支撑的教学经验，这样才能真正影响其他教师。就名师本人而言，也因为其教学主张以及教学主张下的实践而获得持续的影响力，并使自己不断有新的发展和新的经验。这样，才能从深度上推进教学改革和教师的专业发展，“教育家办学”才是有可能的。

4. 教学主张是名师教学风格的内核

名师应当有自己的教学风格。但是，教学风格绝不是一张面具，也绝不是教学的炫技和表演，它有自己的内核，即思想。福楼拜说：“风格是思想的血液。”别林斯基则说，风格是“思想的浮雕”。思想，使风格具有深刻的内涵，使风格站到一块精神高地上。教学风格的这一思想内核，具体来说，应该是教学主张。教学主张是教育思想的具体化和个性化，教学主张的血液里流淌着思想。一方面，失去教学主张，教学风格就失去了灵魂，充其量只是一种可供一时观赏而无实质内容的、平庸的、苍白的教学表演。历史上的幽默型、典雅型等教学风格，其背后都有理论支撑，其内在总是活跃着一种思想。另一方面，教学主张也是形成教学风格的重要因素。从总体上说，教学主张贯穿名师成长的全过程，它不是一个环节，不是一个步骤，而像是发动机，提供着名师发展的动力。当下，大家对“名片”情有独钟，不过，我还是喜欢“通行证”。教学主张以及以教学主张为内核的教学风格，应该是名师成长道路上的通行证。这张通行证，引领名师走向教学改革的深处，走向特级教师，走向教育家，走向全国，走向世界，可以和国内外的教育专家们站在同一个平台上进行对话。总之，教学主张是名师发展中一个亟待重视的话题，也是当下课程改革、教师专业发展中一个亟待深度开发的领域。

5. 教学主张是一种个性化的教学见解，它坚定地指向教学改革的实践

教学主张是对教学、教学改革的一种坚定的见解。这种见解是个性化的、独特的、稳定的。它指向行动，坚持在教学实践中应用，不断被证明而得以发展。特级教师李庾南，在长期的初中数学教学中，总结、提炼出“自学·议论·引导”的教学方法和教学模式，实际上这就是她的教学主张。她始终认为，教学的核心是学生的学习，教师教学的使命在于让学生学会学习，让学生主动学习。她主张，应该让学生的

学走在教师的教的前面，并且贯穿于整个教学的全过程。唯此，才能真正确立教学过程中学生的主体地位，使他人的教育成为学生自己的教育。李庾南对“自学·议论·引导”这一主张坚持数十年，并在坚持中改善，在改善中发展，至今她还活跃在课堂上。

资料来源：成尚荣．名师应当是思想者——谈教学主张与名师成长．人民教育，2009（1）.

教师如何修炼自身思想力

为什么一般教师、骨干教师对教育教学没有名师名家的真知灼见、充满智慧的教育妙招或教学艺术？即使有些老师听了名师名家的课或讲座后进行模仿尝试，为什么效果还是不理想？这主要是因为一般教师、骨干教师和名师名家的思想境界根本不在同一水平上。如果一般教师、骨干教师的思想没有达到一定的高度，即使听了很多次名师名家的课或讲座，甚至阅读了不少他们的著作，大多数人还是要么一知半解，要么无法消化，东施效颦，收效甚微。这就告诉我们，不同教师的思想境界是不同的，即个人的思想力是存在不同层次的。

因此，我们要向名师名家看齐，走近他们，成为像他们那样富有领导力的人。要成为这样的自己，最重要的是不断修炼自身思想力。当你的思想力提高到一定水平的时候，你就能看见或发现原来未能看见或发现的东西，你就能读懂或领悟之前未能读懂或领悟的哲理。这就犹如只有登上了黄山才能目睹迎客松的英姿，只有到过成都才能亲身感受杜甫草堂的诗韵，只有飞上太空才能发现宇宙的浩瀚。

我们认为，思想的形成与提升，都离不开“行”“思”“读”“写”。换言之，“行”“思”“读”“写”是教师修炼自身思想力的四大路径，也是“四大法宝”。

行，使思想丰厚

行，有行动、行为、行走之意，这里主要是指行动，即实践。

教师修炼自身思想力，既要读万卷书，又要行万里路，即要秉行“知行合一”的实践哲学。道家创始人老子说：“九层之台，起于累土；千里之行，始于足下。”《荀子·劝学》一文中曰：“不登高山，不知天之高也；不临深溪，不知地之厚也。”宋代诗人陆游在《冬夜读书示子聿》写道：“纸上得来终觉浅，绝知此事要躬行。”俄国作家克雷洛夫说：“现实是此岸，理想是彼岸，中间夹着湍急的河流，行动则是架在河上的桥梁。”

关于行动的重要性，请看下面这个故事：

四川有一穷一富两个和尚，穷和尚对富和尚说：“我想去南海，你看怎么样？”富和尚问：“你凭借什么去呢？”穷和尚回答说：“我带一瓶一钵就足够了。”富和尚说：“几年来，我想雇船去都还未能实现呢，你凭什么去得了！”第二年，穷和尚从南海回来了，富和尚深感惭愧。

这个故事生动扼要地论述了“天下事有难易乎？为之，则难者亦易矣；不为，则易者亦难矣。人之为学有难易乎？学之，则难者亦易矣；不学，则易者亦难矣”的为学之道。

崇尚“为”，推崇“行”，不仅是为学之道，而且是为师之道、为教之道。“为者常成，行者常至”说的也是这个道理。

在教育领域，真正有思想的名师名家无不推崇“行”，注重实践，并在实践中不断丰富自己的思想。他们以实践为乐，以实践为荣，以实践为追求本真教育和生命价值的有效途径；他们坚信：实践出真知，“实践是检验真理的唯一标准”，在实践中形成的思想比“纸上谈兵”式的理论更具有生命力。例如，教育家陶行知先生不仅主张“行是知之始，知是行之成”，而且把自己的名字都改为“行知”。陶行知原来并不叫这个名字，而是叫陶文濬。在大学期间，由于推崇明代哲学家王阳明的“知行合一”学说，故取名“行知”。1937 年，他在《生活教育》上发表了《行知行》一文，提出“行是知之始，知是行之成”，自此改名为陶行知。

拓展阅读

行知行（节选）

谢育华先生看了《古庙敲钟录》之后对我说：“你的理论，我明白了，是‘知行知’。知行底下这个知字是安得何等有力！很少的人能喊出这样生动的口号。”我向他表示钦佩之意之后，对他说：“恰恰相反。我的理论是，‘行知行。’”他说：“有了电的知识，才去开电灯厂；开了电灯厂，电的知识更能进步。这不是知行知吗？”我说：“那最初的电的知识是从哪里来的？是像雨一样从天下落下来的吗？不是。是法拉第、爱迪生几个人从把戏中玩出来的。说得庄重些，电的知识是从实验中找出来的。其实，实验就是一种有目的、有计划、有组织、有步骤、有创意的把戏。把戏或实验都是一种行动。故最初的电的知识是由行动中来。那么，它的进程是‘行知行’，而不是‘知行知’。”

行不仅是知之始，而且是思想丰厚的实践基础。思想只有根植于实践，并作用于实践，才能具有强大的生命力和影响力。在某种意义上来说，教书育人的工作就是一种实践的哲学。所以，教师要坚持行走在教育、教学、教研等一线，用心耕耘，才能收获思想和成长的芳香。儿童教育家李吉林老师说：“从此我像农民忠实地守着自己的园地，不断地耕耘，不断地播种，不断地收获。泥土般的气息，稻谷似的芳香，仿佛又有清粼粼的河水流淌，让我享受着田园诗人般的纯净与甜美。”

对教师来说，实践主要是指教育、教学和教研等工作。教育、教学和教研工作三者相辅相成，共同组成教师实践的整体。做一个有思想的教师，应依托教学的基点，通过有效的途径、适合的方法和适宜的资源等教育学生成长，并通过教研工作让教学更有效，让教育更优质，从而更好地让学生得到全面且充满个性的发展。

总之，我们认为，做一个有思想力的教师，应坚守教育教学第一线，努力创造条件成就学生，即尽心尽力帮助学生更好地成长和发展，同时在成就学生的同时自己也获得成长。做一个有思想力教师，应坚持理论指导实践，在实践中不断提升综合能力和教师的修养，寻找教育教学的本真规律，逐渐形成自己的教育思想。

思，使思想丰润

思，有思考、思想、思维之意，这里特指思考。

苏霍姆林斯基在《给教师的建议》中说："我们依靠思考，也只有依靠思考，才能驾驭年轻的心灵。我们的思考能点燃学生的学习愿望；我们的思考能激发学生对书籍不可遏止的向往。"全国著名特级教师李镇西说："对一个教师来说，推动其教育事业发展的应该有两个轮子，一个叫作'情感'，一个叫作'思考'。"孟子在《孟子·告子上》中指出："心之官则思，思则得之，不思则不得也。"古希腊哲学家亚里士多德曾说："人生最终的价值在于觉醒和思考的能力，而不只在于生存。"可以说，思考是通往思想的必经之路和必由之路，教师也只有通过思考才能登上思想之船。

一个人思考力的高低往往决定了他思想力的强弱。一个有思想力的教师，通常是热爱思考且善于思考的教师。这样的教师，具有独立思考的能力和反思的习惯。对他们来说，思考是生命的常态，是生活方式，是行为习惯，是解决问题的不二法宝。他们不仅在阅读学习中思考，而且在实践工作中反思。他们正是通过不断地思考或反思，让自己的思想变得更加有力而丰润，从而泽人泽己。

假如一个教师不会独立思考，他会变成什么样呢？我们先来看看下面这则寓言故事：

> 有一天，父子俩赶驴去集市，途中听见有人说："看那两个傻瓜，他们本可以舒舒服服地骑驴，却自己走路。"父亲听后觉得有道理，便让儿子骑到驴上，自己走路。过了一会儿，又听到一些人说："这儿子太不孝顺了，让父亲走路，自己骑驴，太不像话了。"父亲听后也觉得有道理，赶紧让儿子下来，自己骑到驴上，儿子牵着驴走。父子俩又路过一个地方，路边的行人见状，议论说："这父亲身体还不错呀，为何自己骑驴，却让儿子走路，太没有爱心了。"父亲觉得有道理，便干脆把儿子拉上来一起骑驴。过了一会儿，旁边的路人又说："这父子俩太没人性了，看看，都要把驴累死了。"于是父子俩决定两人抬着驴走，这时正好走过一座小桥，驴子看到桥下的水，惊慌失措，掉到河里淹死了。

这则寓言故事中的父子俩真是既可悲又可笑，他们正是由于缺乏独立的思考而失去了自我，故而成为众人的谈资笑料。如果一个教师不会自己思考，那么就不可能形成独立的思想。一个有思想的教师必定是一个善于思考的教师，因为有思考才有想法，有想法才有做法，有做法才有说法，有说法才会生成思想之花。①

想成为富有领导力的教师，不仅要思考，而且要有深度而广阔的思考。即富有领导力的教师，格局要大，视野要宽，境界要高，思想要远。正如深圳市明德实验学校原校长程红兵所说："教师肩负的使命不仅仅是传承，传承传统的优秀文化，我们更需要严肃而认真的思考，思考并解决当下的问题；教师肩负的使命不仅仅是传播，传播外来的优秀文

① 李文送．新时代呼唤有教育思想的教师．教师教育论坛，2019（4）.

化，我们更需要扎根本土、面向未来、面向世界做严谨的思考，思考现实的教育生态，分辨发展的方向、路径和策略，带领学生走向美好的明天。”①

读，使思想丰盈

英国哲学家培根说：“书籍是在时代的波涛中航行的思想之船，它小心翼翼地把珍贵的货物运送给一代又一代。”如果你想登上这艘船，去穿越不同的时空，去领略不同的风景，去对话不同的生命，乃至建造一艘有自己生命气息的船，那么你首先需要把书打开，阅读起来。阅读，是人们接受思想最直接、最简单的方法，是丰盈思想和生命智慧最常用、最有效的途径。中国教育学会副会长朱永新教授指出：“勤于学习，充实自我，这是成为一名优秀教师的基础。一个理想的教师，一个要成为大家的教师，一个想成为教育家的教师，他必须从最基础的做起，扎扎实实多读一些书。”无数的名师成长案例证明：阅读可以增长教师的知识和才智，开阔教师的眼界和心胸，滋养教师的精神和气质，丰盈教师的思想和智慧，促进教师的成长和发展，拓宽教师的阅历和生命。

比如，北京十一学校联盟校总校校长李希贵的成功就离不开持之以恒的、广泛的阅读。他读陶行知，读苏霍姆林斯基，读雷夫·艾斯奎斯的《第 56 号教室的奇迹》，读尼尔的《夏山学校》，读黑柳彻子的《窗边的小豆豆》，读玛丽·凯的《掌握人性的管理》，读马斯洛的《自我实现的人》，读佐藤学的《静悄悄的革命》，读克里希那穆提的《人生中不可不想的事》，读埃德蒙·金的《别国的学校与我们的学校》，读罗素的《教育与美好生活》，读佐藤正夫的《教学原理》，读彼得·德鲁克的《卓有成效的管理者》，读戴尔·卡耐基的《人性的弱点》……内容涵盖教育学、心理学和管理学等。他读自己成长所需，读师生和学校发展所要，既广采博取，又读而化之。如《窗边的小豆豆》和《夏山学校》等描绘学生心灵成长的书让他读懂了学生，能够理解和宽容学生，并和学生一起成长；《掌握人性的管理》让他领悟了“管理的最高境界就是让每一个被管理的人都感到自己重要”意蕴；《人性的弱点》让他参透了“要赢得人，先理解人”的义理。

李希贵校长在《为了自由呼吸的教育》一书中写道：我真正的学习生活是从读书开始的，我真正的教育人生也是从读书开始的。读书，使我顿悟了教育；教育，使我顿悟了人生。阅读不但可以改变教师匮乏、劳累、烦琐的人生状态，而且阅读积累得越多，给孩子们攀爬的阶梯就搭建得越结实、越长远。

有的老师也许会说，平时我都这么忙了，哪有时间阅读？2019 年 7 月在四川成都举行的一次读书论坛上，《读书——教师的第一修炼》一书的作者徐飞老师如是说：“越忙越不读书，越不读书越忙。越忙越要读书，越读书越悠闲。”徐飞何许人也？他的话可信吗？他实现了“从偏远的农村被调到南通的名牌高中任教，从苏北偏远的乡镇来到美丽的苏州，从一线教师到语文教研员，从苏州市首届十佳班主任到《中国教育报》2014 年度全国推动读书十大人物……”等一次又一次的“蝶变”。是什么让他发生这样的“蝶变”，并从优秀走向卓越？是读书！这不仅是他自己的体悟和心声，而且是熟悉他的人给予的评价。

---

① 程红兵．教师需要思想力．人民教育，2017（10）．

在徐飞老师家里，珍藏着七八千本图书，有教育书籍，有文学经典，有科普读物，有小说，有诗歌，有小人书，有工具书……内容涉及哲学、美学、教育学、心理学、社会学、管理学、脑科学、人工智能等众多领域。英国哲学家培根说："读史使人明智，读诗使人灵秀，数学使人周密，科学使人深刻，伦理学使人庄重，逻辑修辞学使人善辩。"正是这些图书滋养了他的成长岁月，丰厚了他的精神底蕴，拓宽了他的教育视野，丰盈了他的育人思想，从而塑造了他的读书人气质。他说："读书是一种朝向自我的运动，读书可以一步步祛除遮蔽与狭隘，让我们遇见越来越好的自己，从这个意义上说，读书是一种人道主义行为，是自我教育、自我成全的最佳方式。读书已成为我的生活方式，它像呼吸一样自然，如蚕食桑叶一般为我本能的需求。"

徐飞老师不但酷爱阅读，而且喜欢带笔耕读，常常会写一些读书笔记，他觉得要把所读的书和人生联系在一起，学会从书中提炼出自己的观点，他称为这是在书中寻找到属于自己的智慧。比如，2012 年的暑假，他就装了一箱有四五十本的图书回江苏南通老家"闭关"阅读。尽管那年他只是读了《人间随喜》《半生为人》《通往奴役之路》《快乐的科学》《开放社会及其敌人》《伟大作品的隐秘结构》等二三十本书，但却写了六七万字的读书笔记。《读书——教师的第一修炼》一书，实际上就是他的一本读书感悟集。正是因为体悟到读书的魅力和对自身成长的引领，徐飞老师不仅自己坚持阅读，而且带动学生和其他老师阅读，并牵头成立了"玖玖雅集"书友会，从而奏响"为学生读书，为自己读书"的"大合唱"。在全国优秀教师高万祥老师看来，徐飞老师就是"十足的读书人"。

在这里，我们想强调一点的是：真正会阅读的人，不仅读书，而且读人、读心、读社会、读动植物、读世间万物，既读纸质书，又读电子书，更读人类社会和大自然甚至宇宙等无字之书；然后根据自己的体悟，形成自己的看法、想法和思想。

写，使思想丰亮

写，就是写作的意思，于教师，是指教育写作。

纵观古今中外富有影响力的教学名师或教育名家，你就可以发现，思想深远且深邃的他们，不仅热爱教育事业，而且热爱教育写作，并通过写作传播教育思想或教学主张。写作既可以帮助教师积累经验、锻炼思维和提升阅读品质，又可以促进教师深化思想认识，提高自身能力和锤炼自我思想。

在我们看来，写作能使你的思想丰亮，能让更多的人发现和分享你的光芒。试问，如果别人没有发现你，没有被你照亮，那么你如何领导他人，如果更好地发挥自己的领导力？也许有老师会反问，孔子和苏格拉底也没有写过什么啊？但是，他们都有弟子记载和传播他们的思想，比如《论语》就是由孔子的弟子及再传弟子编写而成的一本关于孔子及其弟子的语录结集，较为集中地体现了孔子的政治主张、伦理思想、道德观念和教育原则等。

关于教师的写作，如写论文，有些人就质疑和反对，甚至抨击职称评审对教师论文的要求。教师与其将写作看作是要求，不如将其看作是助力自身成长的手段。全国优秀教师高万祥老师说："写作，是平庸教师与卓越教师的分水岭。"从陶行知、顾明远、叶澜、于漪、李吉林、魏书生、李希贵、程红兵、钱梦龙、吴举宏等人的成长经历，我们不难发现这样一条教师成长的规律——写作是教师成为名师名家的基石。写作既需要实践和思考的沃土，也需要阅读提供的营养。古希腊哲学家苏格拉底说："没有经过省察的生活是不值得过的。"我国教育学者许锡良说："这个经过省察的生活过程，就是培育思想，拥有灵魂的过程。"省察的生活即反思性生活，而写作本身就是一种反思性生活。因此，一个有思想的教师，不仅不会拒绝写作，而且会写作不止；反之，思想贫乏的教师往往害怕写作，不想写作，甚至拒绝写作。

写作对教师来说，其实并不是很难。李镇西老师说："其实，我和大家是一样的——对学生的爱是一样的，对教育的执着是一样的，所遇到的困难是一样的，所感受到的幸福也是一样的，甚至了解的许多教育教学方法或者说技巧都是一样的。如果硬要说我和大家有什么不一样的话，那就是我对体现教育的爱、执着、困惑、幸福、方法、技巧的故事进行了思考，并把它们一点一滴地记载下来，还写成了书，仅此而已。"这番话给我们的启发是：多点思考，多点积累，多写下所思考的东西，教师就能撰写出自己的文章甚至著作。

显然，教师写作不单单是指写论文，写论文只是写作的一种形式，教师写作的形式有很多，比如可以写教育叙事、教学反思、教育随笔、教育案例或教学设计，也可以写小说、散文和诗歌等文学作品，还可以写成功的经验与失败的教训。只要觉得是有价值的内容，都可以写。无论哪种形式，只要你坚持写，一定会收获多多。在《我怎样写教育日记》中，苏霍姆林斯基说："凡是引起你的注意的，甚至引起你一些模糊的猜想的每一个事实，你都把它记入记事簿里。积累事实，善于从具体事物中看出共性的东西——这是一种智力基础，有了这个基础，就必然会有那么一个时刻，你会顿然醒悟，那长久躲闪着你的真理和实质，会突然在你面前打开。"

如果你坚持写作，你就能收获在其他地方无法得到的自由，这种自由仿佛让人拥有了雄鹰的翅膀一样，可以自由自在地翱翔在文字编织的世界里，让人享受其中、陶醉其中，慢慢地，这种感觉就成为生命中的一种使命、一种需要。

如果"行""思""读""写"是四束光，那么就是这四束光，帮助北京第二实验小学华应龙老师不仅发现了"错若花开，成长自来"的奥秘，而且找到了"容错""融错""荣错"在教育教学中的奥妙，还让他体悟了"我就是数学"和"我不只是数学"的教育人生境界。如果"行""思""读""写"是四座桥梁，那么就是这四座桥梁，让江苏省南通师范第二附属小学李吉林老师找到了情境教学、情境教育、情境课程和情境学习的联系，从而书写了中国情境教育思想的华丽篇章。如果"行""思""读""写"是一条河流，那么就是这条河流，助推北京十一学校联盟总校校长李希贵在追求"为了自由呼吸的教育"的道路上，收获了从"学生第二"到"学生第一"的甘甜，并看见了"面向个体的教育"大海。

总而言之，一个富有领导力的教师，需要不断修炼自身思想力。在修炼的路上，"行""思""读""写"就是指引你的光，就是为你铺路的桥梁，就是让你找到活水的江河甚至大海。这就意味着，教师在修炼自身思想力的过程中，既要"知行合一"（实践），也要"面壁参禅"（思考），更要"坐而论道"（阅读）和"身体力行"（写作）。只有这样，教师才能立教于天下，光照于人间。也就是说，你要有"想法"，成为有信念的思者；继而把

"想法"变成"做法"，成为"知行合一"的行者；然后把自己的"做法"变成"说法"，成为作者；最后把"说法"提炼并形成"思想"，成为慧者。

拓展阅读

教学主张形成的两条路径

1. 归纳的路径

归纳的特点是实践导向、"兴趣"驱动、做事逻辑。所谓实践导向，有两层意思：其一是基于实践，指的是名师的教学主张是从其经验中萌生出来的，慢慢形成的，并被实践证明是正确的、有效的理论或观点；其二是为了实践，指的是教学主张的形成或提出是为了更好地解释、促进和改善实践，使教学水平和境界不断得到提升。

所谓"兴趣"驱动，指的是教师教学是凭其兴趣、爱好、感觉进行的，说到底也就是他们喜欢这样教，这样教他们感到自在、开心、快乐。当然，他们的兴趣一定也是建立在学生兴趣的基础上，即学生认可、肯定、欣赏他们的教学。不少教学主张实际上也就是名师的兴趣点或教学的长处。

做事逻辑是相对于学理逻辑的，我们知道教学是一门实践性很强的学科（专业），它遵循的基本上是做事的逻辑，正如一位很有造诣的高中教师在访谈时坦言："做事就是事先就有一种朦朦胧胧的感觉，大概往这方面去做，总不会太差，然后去做。做了以后，发现挺好，就继续往下做。有时候做不下去了，就反思调整一下，然后再做。"这就是做事的逻辑，其本质是做中学。

2. 演绎的路径

演绎的特点是理论导向、"课题"驱动、学理逻辑。所谓理论导向，也有两层意思：其一是基于理论，即名师的教学主张是从现成的理论中演绎、借鉴过来的，或者说名师的教学实践验证了某个理论，当然也有的是名师们特别欣赏、信服某个理论，以至于将其作为自己的教学信念和教学主张；其二是为了理论，即名师通过基于教学主张的实践去拓展、丰富、完善相应的教学理论。

所谓"课题"驱动，指的是教师为了解决某个问题或参加某个课题而进行某项教学改革实践活动，从中提炼和形成自己的教学主张。我们在指导名师时，发现不少名师都有类似的经历，因为要做课题，他们阅读和学习了相关理论，并参加了相关培训，从而有了一定的理论储备。如果围绕课题的改革实践进展顺利、成绩明显，他们就会把课题研究持续下去，甚至作为自己的主攻方向。不少名师的教学主张就是来自课题的假设和相关的理论。

所谓学理逻辑，其内涵有二：其一，理论是先在的、外在的，不是自己慢慢琢磨出来的；其二，教师事先就有清晰的理论导向，而不是朦朦胧胧的感觉。教师的教学是理论引领下的实践探索。实际上，人的所有活动都存在先定假设（信念、经验、理论、学说），关键在于这种先定假设的内容和性质：是经验还是理论？是清晰还是模糊？是自觉（有意识）还是不自觉（无意识）？这便是学理逻辑和做事逻辑的根本区别。

打个不恰当的比喻，归纳的路径是先恋爱后结婚，演绎的路径是先结婚后恋爱。就教学主张的形成而言，归纳的路径是一条缓慢积累、滴水穿石、内力积聚的发展道路；演绎的路径是一条自觉、激进、短平快的发展道路。就教师的专业发展而言，既需要在平淡、平实的教学生涯中被孕育、被滋养，又需要在头脑风暴的思维碰撞中被激发、被提升。从研究的范式来说，归纳是内生式的，演绎是外缘式的。实际上，两条路径并不是截然分开的、独立的，它们之间是你中有我、我中有你的关系。多数名师教学主张的形成走的是综合路径，既有演绎又有归纳，关键在于适合各自的发展特点。

资料来源：余文森．教学主张：打开专业成长的“天眼”．人民教育，2015（3）.

深度反思

阅读本部分后我收获了什么？

我还需要进一步修炼什么？

我将怎样修炼？

No. 2 德情智行，发挥育人引领力

静心思考

1. 我们该如何理解教师的育人引领力？
2. 请自我评估一下你的育人引领力。
3. 如何进一步提升自己的育人引领力？

2014年4月，教育部颁布了《关于全面深化课程改革 落实立德树人根本任务的意见》，这是落实“立德树人”根本任务的一项重大举措。2019年教育部等七部门印发《关于加强和改进新时代师德师风建设的意见》指出：“以习近平新时代中国特色社会主义思想为指导，深入学习贯彻习近平总书记关于教育的重要论述和全国教育大会精神，把立德树人的成效作为检验学校一切工作的根本标准”。2014年5月4日，习近平总书记在北京大学师生座谈会上的讲话中强调，教师要时刻铭记教书育人的使命，甘当人梯，甘当铺路石，以人格魅力引导学生心灵，以学术造诣开启学生的智慧之门。这些举措的最终目的就是要解决育什么人、给谁育人、怎么育人的问题。育人，在我国被提高到前所未有的重要地位，成为学校教育的首要任务，也是根本任务。教师务必认清并完成这个任务。雅思贝尔斯在《什么是教育》一书中论述到，教育“是人与人精神相契合，是文化得以传承的活动，是人与人的主体间灵肉交流活动，包括知识内容的传授、生命内涵的领悟、意志行为的规范，并通过文化传递功能将文化遗产教给年轻一代，使他们自由地成长，并启迪其自由天性。”育人，需要教师以“德、情、智、行”来引领。我们认为，教师的育人引领力体现在能否以高尚的品德、真挚的情感、灵动的智慧、切实的行动来践行育人的使命和责任，培养学生完满的个性，促进学生健康、和谐地发展。修炼高超的育人引领力将成为优秀乃至卓越教师必备的重要能力。

育人能力的重要性

教师育人能力的高低，对实现育人目标，对教师自身的专业发展，对学生的成长成才，都有着不可替代的作用。只有在有着较高育人能力的教师的指导下，教师才能为国家和社会培养德才兼备的优秀人才。习近平总书记在与北京师范大学师生代表座谈时深刻指出：“教师重要，就在于教师的工作是塑造灵魂、塑造生命、塑造人的工作。”教师的根本任务是教书育人，培养和提升教师的育人智慧，应该以育人能力为核心。

教师的育人能力充分反映了教师的专业化程度，表现为在教师之间通过发挥自身的专

业素养去影响周边学生，产生目标共识后，共同努力向着目标发展的理念。教师只有人格魅力，不见得就能够让学生在学业上有所成就；教师只有教学技巧和优秀的行为能力，也不见得就能够让学生成为一个健康向上的人。所以，结合与教学相关的教师育人能力作用于学生显得尤其重要。被誉为“教育思想泰斗”的苏霍姆林斯基说：“情感如同肥沃的土地，知识的种子就播种在这个土壤中。”因此，教师育人能力的形成，有利于教师根据学生的心理和生理特点，发挥自身的知识水平、专业素养、行为能力以及人格魅力等来吸引与感染学生、激发学生的学习兴趣，让学生主动地学习，从而提高教育效果。

有句哲理名言说：“播下一种思想，收获一种行为；播下一种行为，收获一种习惯；播下一种习惯，收获一种性格；播下一种性格，收获一种命运。”有什么样的思想，就有什么样的观念；有什么样的观念，就有什么样的人生。大量教育理论、实践和研究充分表明，教师的育人能力直接关系到学生能否健康成长、成才。国家义务教育质量监测几年来的结果显示，教师积极的育人行为能显著提升中小学生的主观幸福感、亲社会行为、学业成绩，并明显降低他们的抑郁水平、孤独感、攻击行为和违法行为。与此同时，教师良好的育人行为还有助于调节、修正不良家庭背景对学生发展的消极影响，缩小城乡教育差异。因此，提升教师育人智慧和能力不仅能有效解决学生发展的各类问题、促进学生全面健康发展，也是促进教育公平与社会和谐发展的重要举措。实践证明，每一位卓越的教师都具有很强的育人能力。

我们该如何理解教师的育人引领力

对教师育人引领力的理解，可以从我国传统文化中去寻找。被誉为“万世师表”的孔子，充分肯定了教育的作用，认为教育在促进社会的发展和人的发展中起着关键作用。在“育”方面，孔子强调重视教师自身的道德修养，“学而不厌，诲人不倦”，以身作则等。在教学过程中十分关注学生的主体意识，善于激发学生的主观能动性，“不愤不启，不悱不发，举一隅不以三隅反，则不复也”。孔子对学生的情况了如指掌，“柴也愚，参也鲁，师也辟，由也喭”，善于启发诱导，因材施教。孟子认为教育的作用在于通过扩充“四心”，“求其放心”，寻找失落的心灵，使这种可能性变成现实。可见，传统教育理念中对于教师育人的启发能力、感召能力、教育智慧都有着深刻的阐述。

对教师育人引领力的理解，我们再从现代教育中去寻找。我们节选中央电视台新闻频道《面对面》节目主持人董倩采访李镇西实录《我没有“逆流而行”，我只是觉得教育本来就应该是这个样子！》片段，从现代教育杰出代表、素有“北魏南李”称号的李镇西的育人观中寻到些启发。

教育本来的样子

董：你为什么能够持续几十年地进行教育改革和创新？

李：我没有改革，也没有创新，我只是觉得我做的不过是教育本来的样子。

董：你为什么喜欢带着学生去玩，还搞了那么多的活动？

李：教育本来就应该充满情趣，富于浪漫，有着童话的美丽，这不是教育以外的东西，而是教育本身就应该有的。

董：可这些活动不会影响高考成绩吗？比如高90届那个班的高考成绩就不太理想。

李：是的，高90届1班学生高考没考好，不只是我班高考没有考好，当时整个乐山市高考成绩都滑坡，这个原因很复杂，但绝对不是因为搞了丰富多彩的活动。但我对学生充满愧疚，多次在文章和书里写过这届高三的情况，并表达我的愧疚。

董：如果换一个人，也许会放弃那些活动，从此专心致志地搞应试教育，是吧？

李：是的，但我不会。如果我也那样，我可能会很快成为应试高手，但那不是我要的生活。只教学生一遍遍地做题，渐渐变成做题机器，这是在折磨学生，当然也是折磨我自己。关键是我坚信我多搞活动没有错！所以后来在成都又带高三，我依然“不吸取教训”，搞了更多的活动，结果这次我带的学生高考成绩非常辉煌，有人说我创造了“高考神话”。离开乐山一中十多年后，我应邀回去做报告，不少当年的同事说：“你在刚工作的八十年代，就开始搞素质教育了。”我说：“没想那么多，只是觉得教育本来就应该是这个样子！”

教育还要培养合格的公民

董：你为什么不只是教知识，而且还要给学生们那么多的精神培养呢？

李：知识当然重要，但这不是教育的全部，也不是人格的全部。苏霍姆林斯基有个比喻，说智育只是教育这朵花中的一个花瓣，我们不能用一个花瓣取代整个花。而我们现在的教育，就是只有分数的花瓣，而没有完整的花儿。

董：你为什么要让学生自我管理班级？

李：因为我要培养公民。让学生自己管理班级，在这过程中体验民主、平等、尊重以及对“班级法律”的尊重，这都是公民应该具有的品质。

董：你的班规为什么还要把老师包括进去？

李：因为老师也是班集体的一员。如果一个国家的法律只管老百姓，而不管官员，那么这个“法律”就是很虚假的，这显然不是法治。一个班级也是如此。学生犯了错，会按班规惩罚，老师犯了错，当然也应接受班规的惩罚。比如，班规规定，我下课拖堂一分钟，或每月发火超过一次，等等，都要接受惩罚。我特别要说明的是，我多次接受班规的惩罚，最严重的是一个人罚扫教室一天，这不是为了给学生做一个尊重班规的榜样，不是以身作则，不是“苦肉计”，而是我不小心犯了错而不得不接受班规的处罚。如果我们老师有意犯错然后接受班规处罚，以此让学生明白：连老师都要接受班规的约束，何况你们呢？这种“连……何况……”的句式就意味着师生不平等。所以，民主管理本身就是民主启蒙，同时也是民主训练。

西方教育理论也为我们认识教师育人领引力的内涵开阔了视野。马克思说：人是一切社会关系的总和。人有了关系，才会建立联系；有了联系，人就会产生情感。苏霍姆林斯基提出育人的过程是从道德概念到道德信念。从道德概念的开端到最终道德信念的形成的过程是评定个人的德育素养的最主要因素。他还认为，让学生不断做好事，与不良行为坚持斗争，可以强化正确的道德习惯，为形成正确的道德信念打下基础。通过对学生道德实践的强化，学生可形成道德信念。苏霍姆林斯基所强调的道德实践过程，就需要教师在道德教育中具备很好的行动能力。

对从传统到现代、从东方到西方比较重要的育人观进行简单的梳理，不难发现，随着生产力的发展和社会的进步，人们对教育的认识也逐渐丰富和完善。纵观教育的历史发展可以发现，不同地域、不同时代的教育虽然都带有当时社会的烙印，教育内容和教育方法也都有所差别，但是它们都以自己独有的形式体现着教育的基本问题——育人。

一个有育人引领力的教师是怎样的

美国当代教育哲学家乔治·奈勒在其《教育哲学导论》中说："那些不应用哲学去思考问题的教育工作者必然是肤浅的。一个肤浅的教育工作者，可能是好的教育工作者，也可能是坏的教育工作者——但是好也好得有限，而坏则每况愈下。"[①] 我们所说的教师个人教育哲学，"是指把个人的体验、感悟、价值观融于一定的教育教学实践之中，并内化为个人的教育思想观念，成为教师个人主观世界不可分割的有机组成部分，对教师而言，它是教育理论和教育实践结合的产物"[②]。

教师的育人引领力是一种影响力，主要体现在如下几个方面：

道德感召力：主要指教师通过自己的人格魅力和高尚的职业道德，让学生感到教师的可亲近感，从而对教师产生信赖感、崇拜感并进行效仿，有助于教师与学生建立良好的师生关系。

专业吸引力：教师术业有专攻，在某个学科领域有较为丰富的学识，学生易被教师所拥有的学识影响和号召，从而服从于教师。

奖惩影响力：奖励是教师对学生努力结果的一种积极的反馈和强化，主要体现于学生行为的过程和结果符合课堂行为规范或者生活行为规范。这一奖励是对学生行为的正反馈，是对学生所表现行为的一种积极评价。当学生没有完成教师规定的任务，或是学生行为不符合课堂行为规范时，教师有对学生进行惩罚的权力，这一权力的出发点是预防下次类似事件的再次发生。

拓展阅读

不是学生没有优点

——帮他找到自信的切入点

在班主任工作中，怎样让学生获得更多的成功呢？首先要有意识地关注学生的表现，发现他们的优点，及时表扬。班主任的言行在班级中起着风向标的作用，班主任对一个学生的评价直接影响着其他学生对他的看法。把表扬放在人前，激起学生的自信；把批评摆到人后，维护学生的自尊。其次，引导学生善于发现同学的优点，学会对他说："你真行。"教育学生，欣赏他人等于欣赏自己。一个班级的同学，如果相互

① 陈有松．当代西方教育哲学．北京：教育科学出版社，1982：135.

② 陈建华．基础教育哲学．上海：文汇出版社，2003：291－292.

看到的是对方的优点，则大家愿意互相交往，同学之间也乐于相处，因被别人赞美，说明自己在别人心中有位置，也说明自己被别人认可，更能增加自豪感和自信心。指导学生善于发现自己的优点，在班级中推行“闪光本”制度，每个学生都为自己建一个闪光本，及时记录老师表扬的、同学称赞的和自己发现的闪光点。以闪光点为契机，鼓励学生，挑战自己，争取更大的成功。

除此之外，班主任还要善于运用赞美之词。美国人本主义心理学家马斯洛的“需要层次理论”认为，人的生理需要、安全需要得到基本满足之后，就会产生强烈的自尊需要，即渴望得到别人的肯定和尊重，甚至渴望得到他人的赞美和崇拜。古今中外，男女老少概莫能外，尤其青少年，这种受尊重、爱面子的需要更为强烈。

尊重学生，热爱学生，信任学生，是教育好他们的前提条件。尊重包括他尊和自尊。来自老师、同学们的热爱和尊重（他尊）与自尊是相互依存、相互作用的，自尊是他尊的前提条件，他尊又能激起更强烈的自尊。学生的自我评价通常是凭借老师和同学们的反映而做出的，他们的行为也受老师期待的影响。当老师和同学们对自己表示关心和尊重时，自尊心就会增强，就会努力约束自己以适应老师的期望。因此，班主任要力求通过表扬、肯定等强化激励，满足学生正确的心理需要，使他们增强自尊心，自觉地克服缺点，改正错误。

有的班主任担心，多用赞美之词会把学生“惯坏了”，这种担心是没有必要的，即使这种情况可能出现，也不能因噎废食。

我们主张不吝啬赞美之词，是诚心诚意的、发自内心的赞美，而不是廉价的、无原则的奉承。我们赞扬的是学生确实有值得赞扬的地方或可能有值得赞扬的地方，否则他们会觉得你的赞扬是虚伪的，甚至是用反语对他们进行讽刺，这样将会事与愿违。当然，有的赞扬实属一种策略，是对学生改正错误方向的暗示和正确的引导，这就更需要班主任深思熟虑，切不可滥用。另外，我们强调多用赞美之词并不意味着对学生的缺点、错误听之任之，放任自流，更不排斥使用批评。相反，当一些学生麻木，尊重和表扬对他们不起作用时，或因表扬使其忘乎所以、骄傲自满时，就应当利用批评这种负强化激励手段，使其清醒。但是，这种批评应当以尊重学生人格为前提，并注意以下几点：一是批评要注意分寸，不讽刺、不挖苦，要动之以情，晓之以理；二是批评要有确凿证据，实事求是，不夸大、不缩小；三是批评要注意场合，尽量不在大庭广众之下批评学生；四是批评要晓之以利害，尽量含蓄地暗示学生注意到自己错误的危害，做到语重心长、言辞切切。

资料来源：杨连，魏永田．名师讲述班主任的核心教导力．重庆：西南大学出版社，2008：102－107.

教师修炼育人引领力并不是简单的事情。首先，教师必须要发挥主动性，积极探索和思考教育领域的各种问题，并结合自己的理论知识，形成对教育实践的感悟。其次，要有自己认定的教育观念和教育理想，并将其作为自己教学生涯、育人路上坚持不懈的追求目标，确立自己的教育信念；还要将自己形成的独到见解放到一定的教育理论和哲学框架中进行梳理，以便形成系统的、有理论支撑的育人观，并内化为个人的世界观。最后，要以内化了的育人观来思考、审视和反思自身的教育教学实践，这样就能及时发现问题，有针对性地调整教学行为，改善育人观念，迅速有效地解决问题。这样，可以避免成为人云亦云的、从众的普通教育者。教育家们总是有独到的且长期坚持践行的教育理念和信念，逐渐形成自己的育人观和世界观。

老师，让我们来一起修炼育人引领力吧

教师的育人引领力在教育教学中对学生的学习和发展能够产生比较大的影响，这是学生、家长和学校都十分期待的一种重要能力。我们认为可以从“德、情、智、行”等方面修炼教师的育人引领力。

提升道德影响力

教育家乌申斯基认为：“只有人格才能影响人格的形成和发展，只有性格才能形成性格。”中小学生处于成长时期，可塑性大，模仿力强，由于教师和学生接触最多，因此教师的道德价值是学生行为的具体参照物，教师的道德价值能为学生提供行为规范的模式，最容易成为学生效仿的典范。《淮南子・原道训》中有：“万物有所生，而独知守其根。”所以，根正而杆直，根深而叶茂，根固而生长。我们常说某学生像某老师，或者说哪个班级班风、学风如何，大多源于教师的道德水平影响。可见，教师的一言一行无时无刻不在影响着学生的学习与成长，教师的道德价值具有示范作用。正如乌申斯基所说：“教师的人格对学生的影响是任何教科书、任何道德箴言、任何惩罚和奖励制度都不能代替的一种教育力量。”

教师的道德价值除了对学生具有示范作用外，还具有激励作用。激励的力量来自适宜的目标，教师的道德影响力本身就是激励学生的一种手段、一种动力，它能有效地利用学生的心理倾向，激发学生身上潜在的积极因素，使其朝着期望的目标前进。当学生为了通过升学考试而学习时，其动力来自外部，是一种外部动力。而教师积极的自我塑造、热爱学生的激情作用于学生，通过内化吸收，可以转变为一种内驱激情，这样就能成为学生求学的内部动力。在这种学习类型的转化中，教师的道德影响力对学生的学习动机和价值观具有激发的作用。这正验证了乌申斯基所说，这样的影响力早已超出了任何教学大纲，其作用是不言而喻的。因此，教师要发挥自身的影响力，就需要有自身的道德影响力。教育部等七部门印发的《关于加强和改进新时代师德师风建设的意见》指出：“把立德树人的成效作为检验学校一切工作的根本标准，把师德师风作为评价教师队伍素质的第一标准”，其目的就在于此。

提升情感智力

情感智力的使用与发挥对教师的育人效果是有影响的，而育人过程中最常见的就是对学生进行表扬或者批评。由此我们可以得出，若要合理地使用奖惩权，就要发挥好教师的情感智力。

表扬和奖励是教师育人中的一种非常重要的教育方式，任何一个学生都希望得到教师

肯定的评价。当学生由于表现好或者取得进步而受到教师的表扬时，在心理上就会得到满足，从而增强自信心和上进心。因此，教师要细心留意学生的各方面表现，对学生的点滴进步及时给予肯定和表扬，只有这样才能激励学生。所以，教师要尽可能地多表扬、少批评，先肯定成绩再指出缺点。不管是表扬学生还是批评学生，教师都应该亲切地对待学生，与学生同喜同忧，让学生明白好与不好分别在哪里，从而加深印象，这样才能保持发扬优点、克服缺点的内在动力。行使奖励权力对教师而言比较容易做到，而行使惩罚权力却没有那么简单。不当的惩罚对学生可能产生负面的影响，过多的批评会使学生失去信心，会使学生胆怯、懦弱，而不当的批评方式会伤害学生的自尊心，不公正的责备会引发学生的逆反心理。因此，教师要合理地使用惩罚权，就应该想方设法地让惩罚充满智慧和情感，这就更需要发挥好教师的情感智力。

总而言之，表扬与奖励、批评与惩罚的使用是一门艺术。因此，在教育教学中，教师应该发挥情感智力，坚持正面引导和批评相结合，以表扬和奖励为主、批评和惩戒为辅，以公开表扬为主、私下指出缺点为辅，认清学生差异性的现实，坚持“进步就是优秀”的评价标准，这样才能真正做到育人中的公平，从而发挥教师的育人引领力。

提升创新行动力

创造性地开展道德教育是教师具备育人引领力的一个重要特征，也是教师开展道德教育时需要具备的一项非常重要的能力。当全世界都在关注“如何培养孩子的创造力”时，我们难以想象，一个思维保守、教法陈旧的教师能够培养出创新人才。缺乏创新的育人过程是僵死的、压抑学生灵性的教育。道德教育应该是教育者运用自己的创新行动，通过充满智慧的育人方式来培养学生的道德，使学生超越客观知识的制约，让学生过上幸福的生活，实现真正地成长。

创新育人方法是实现德育任务的条件之一，也是影响德育效果的重要因素。在教育活动中，从师生对应关系上看，有一对一、一对多、多对一、多对多等教育形式。但是，我们大多数的教师在教育实践中采取的一般是一对多、多对多的教育形式，这就更需要教师在育人的过程中更具有创新能力。以往，教师对学生的道德教育并不是没有抓，而是不得法。例如，教学内容普遍存在着简单、枯燥、重复的现象，小学讲过的内容中学还讲，中学讲过的内容大学又讲，没有新意，缺乏时代特征。在知识信息不断更替的时代里，学生知识的获取除了来自学校，也会来自信息快速更迭的互联网。

教师要善于将跟学生贴合的生活中的德育资源进行整合和迁移，创新而用。例如：提出问题“拴在树上的猫是安逸还是丢失了自由”“人类喜欢吃野生动物源于什么心理”“在手机上阅读文章和阅读纸质版图书哪个效果更好”“做名人、伟人才有意义吗”；育人形式采用沙龙、主题班会、辩论会、研讨会、作文竞赛、实地调查等；活动设置：语文学科的“《西游记》中唐僧师徒团队取得真经的启示”主题论坛活动，生物学科的“转基因食品到底对人有没有伤害”师生沙龙，政治学科的“从抗击新冠病毒肺炎疫情看中国特色社会主义制度的优越性”主题班会课，历史学科的“从湛江村落姓氏分布探究其迁徙特征”调研活动，小学道德与法治学科的“我想有自己喜欢的生活”书信活动，等等。一个有德育创新力的教师，懂得选材，能够快速抓住热点，吸收现代社会的最新成果，与时代合拍，从学生最关心的角度切入主题。此外，教师的德育创新力还可以表现在创造性地开展德育活动上，丰富德育内涵之中。例如：开展以道德品质教育为主题的“友爱周”“诚实周”“爱心周”等活动周活动；设置特殊德育日，比如星期一“无批评日”，星期二“助人为乐日”，等等。教师还可采用创新课程学习中的德育渗透方式，以潜移默化的方式和内容，不着痕迹地对学生进行道德教育。

拓展阅读

一元钱的惊喜

【背景材料】

家长会前，我给高一的同学们布置了一个任务，用一元钱解决家长会期间家长的饮水问题。之所以布置这样的任务，是出于这样一些考虑：第一，这样的任务是学生力所能及的，可以放心让学生做。第二，通过生活中常见的小事来教育学生，培养学生的创造力和解决问题的能力，以小见大。第三，把孝敬父母落到实处，把感恩教育融入具体行动中。在物价上涨的现今，一元钱能买到什么？同学们能用一元钱带给我怎样的惊喜？

【案例思考】

陶行知先生认为“生活即教育”。生活即教育理论认为人活着就是在学习、在受教育、在成长。生活即教育就是用生活来教育，为生活向前、向上的需要而教育。生活为学习提供了广阔的源泉，它本身就是广义的教育。离开生活的教育是狭隘的。如果能在生活中融入教育，那么教育的内容就丰富了，效果就更好了。所以，教师特别是班主任，应该抓住生活中的点点滴滴，让教育和生活真正融合。教育通过生活发挥更大的作用，这样可以使教育成为真正的教育。这也是班主任和德育工作者智慧的体现。

【案例追踪】

家长会召开的当天，我走到教室门口准备开会，生活委员小琦站在门口，拦住我：“老师，给我十分钟好吗？”

“什么事？”

“保密！您欣赏就行了，我们不会乱来的。”

到底是什么事呢？因为我的班级都是学生自治管理的，所以小事都是学生自己解决，我的班干部有很大的自主权，他们喜欢创造性地工作，不过，这次是什么事呢？我期待着，因为同学们总能给我惊喜。

只见小琦快步走上讲台，先是发表了几句热情洋溢的欢迎词，然后说：“爷爷奶奶们，爸爸妈妈们，为了表示我们对家长们真诚的爱，本次家长会，我们准备了一个特别的节目。请大家拭目以待！”她继续说：“有请第一组，水果组！”话音未落，十几个手捧水果的同学自豪地从教室的前门走进来，他们有的捧着苹果，有的捧着梨，有的捧着葡萄……走到自己家长面前放好，然后整齐地从教室的后门退出。

哦，我明白了，原来是为了完成我布置的那个解决自己家长饮水问题的任务啊。这帮孩子，我以为他们私下解决就好了，没想到还搞出了这么多花样！我正想着，又听见小琦高声喊："有请第二组，饮料组！"只见20多个同学，有的捧着一元钱一瓶的纯净水，有的捧着饮料，放到自己的家长面前。小琦又高声喊："有请第三组，热茶组！"只见十几个同学，有的拿纸杯和茶叶，有的拿水瓶，给自己的家长倒热水沏茶……

接下来的家长会环节，因为同学们的孝顺举动而收到了很好的效果。在开会过程中，我发现一个喝热茶的妈妈不断地流泪，我心里充满了好奇，难道一杯热茶就把家长感动哭了吗？我边讲边有意地走到该家长的身边，发现秘密原来在纸杯的便利贴上："妈妈，我不是不听话，只是因为我正在长大。"（事后了解到，原来家长会前几天，孩子和妈妈吵架了，孩子通过这种方式和妈妈沟通，多么巧妙又温馨的表达啊！）

家长会后的班会课上，我们总结家长会中"一元钱的惊喜"环节，主题是"说说自己的创意"，同学们对自己的创意感觉很满意，认为可以很好地表达自己的心意，家长们也很满意。他们普遍认为，最偷懒的是用一元钱买一瓶纯净水，虽然最省心、最省事，但一点创意都没有。买饮料和水果很丰富、也很好看，但经济意识不强，超出了一元钱的标准，并且家长们也不会当众啃一个大苹果，所以，买水果可以说是送给家长的礼物，但没有解决家长在开会期间的饮水问题。（事后了解到，有的家长一直舍不得吃掉孩子送的苹果，摆在办公室的桌子上，逢人便说是孩子送的，直到苹果烂了才丢掉。）

同学们普遍认为热茶组最好，有这样几个理由：第一，热茶组成本最低，开水是学校免费提供的，小组成员只需要买纸杯和一两茶叶，平均每位同学花费六毛钱，节约了成本，培养了同学们的经济意识。第二，喝一杯热茶肯定比冰凉的纯净水或者饮料感觉更好，并且热茶可以续杯。第三，纸杯上可以进行艺术设计，很好地表达了对家长的爱。（后来，有同学在周记中写道，家长一直舍不得丢掉那个纸杯，因为它已经不是一个普通的纸杯，而是成为亲情沟通的纪念品。）第四，可以帮助其他小组的家长，比如，收到水果的家长不方便当众吃，热茶组的同学马上进行"支援"，奉上热茶，家长会因为有了同学们亲手倒的热茶而感觉格外温馨。

【案例启示】

同学们普遍认为这次"一元钱的惊喜"活动带给他们很多惊喜、很多创意。作为班主任，我也收获了感动和启发。

第一，如果这次家长会事先由我出面指定几个同学准备热茶，这项活动就变成事务性工作，不会有变化，不会有惊喜，不会有创意，也不会进一步培养同学们的自主能力。我们班主任要敢于放手让同学们做力所能及的事情，相信同学们的创造力是无穷的。

第二，抓住生活中的点点滴滴进行教育，会有意想不到的多重收获。本次活动的目的是解决家长会中家长喝水的问题，结果同学们不但完成了任务，而且收获了创新、沟通亲情、提高经济意识、小组合作共赢等效果。生命在于运动，德育在于活动，所以说本次活动是一次很好的感恩教育和生活教育。

第三，活动之后，师生要及时进行深入反思和总结，在反思中共同提高。如果活动之后不召开总结反思的主题班会，同学们对活动的认识就没有这么深刻，可能有些同学还会把活动当成仅仅是好玩或者攀比的事情。如果是这样，活动的意义就相差很多，同学们从活动中受到的启发也会少很多。

第四，“情感、态度、价值观”是新课程改革的三维目标之一，情感教育目标可以分为四层，即“接受”“顺应”“确信”“内化”。“接受”是情感目标的最低层次，指学生对所学知识产生兴趣，愿意接受。“顺应”是第二层，指学生在感情上发生变化并在行动上有所表现，是直观的、暂时的表现。第三层是“确信”，就是对事件和人物给予评价。第四层是“内化”，是情感目标的最高层，指学生形成正确的价值观、人生观，并以此指导自己的行为。我们平时的情感教育一般局限于第一层和第二层，也就是学生“感”而不动。生活中到处都有教育的机会，让学生在生活中接受教育，教育与生活相结合的教育才是真正的教育，是深化情感目标的有效途径。这样的教育，收到的效果更好，内容更丰富，更有生命力。

资料来源：张妙龄．德育从心灵开始——中小学典型德育案例荟萃．北京：北京师范大学出版社，2018.

提升角色转换力

有育人引领力的教师必然有角色意识，有了角色意识后，教师就应该适应角色的转换。要发挥育人引领力，教师除了要做好传统教师外，还应该扮演好以下角色：

首先，做新型的传授者。教师的基本职责中有“授业”“解惑”，把人类积累的知识和技能高效率地传授给学生。而作为新型的传授者，教师不仅应向学生传授知识、技能，更重要的是教给学生获得知识的方法。授之以鱼不如授之以渔，对学生而言，他们需要的不仅仅是知识的传授，更重要的是方法上的指导。因此，教师在育人过程当中，要教给学生提出问题、思考问题、解决问题的方法，这样的教才是恰如其分的教，才是最受学生欢迎的教。

其次，做学生的朋友。实践证明，在培养学生核心素养的浪潮下，学生与教师在以往学校组织中的差距在缩小，这就致使学生和教师之间的地位越来越趋向平等，于是就要求教师扮演好学生朋友这一角色。教师应致力于这一角色，因为教师一旦成为学生的朋友，就更可能站在学生的角度来看待教师，就能够更加了解学生、认识学生。如果在班级管理中，教师能注意这一角色的影响，那么教师对学生的评价也就不会对学生产生消极影响了。因此，这一朋友角色的形成能够增进教师和学生的感情，得到学生的认可，确立自己的权威，也有助于提高管理效果，从而发挥育人引领力。

最后，做学生的心理辅导员。学生的心智还没有完全成熟，处于身心发展的重要阶段，难免会出现这样或那样的心理问题和障碍，这些问题和障碍往往会影响学生的学习和生活，还有可能影响学生的身心健康。因此，教师应扮演心理辅导员这一角色，时刻关注并观察学生的心理变化，一旦发现问题，应及时对学生进行心理上的辅导和帮助。

拓展阅读

学科技能育人

“授之以鱼不如授之以渔”这句话在我国教育界广为流传，因为“授人以鱼”只救一时之急，“授人以渔”则可解一生之需。对学科教学而言，不但要“授人以鱼”，也要“授之以渔”，即不从“不如”字面去解读，而从“也要”的视角去指导教学。我们既不能忽视“鱼”的价值，也不应过于夸大“渔”的能效。显然，渔不同的鱼需要不同的方法和技巧，所以“授何渔”要依据“鱼”的不同进行针对性的传授。事实上，“渔”与“鱼”一样，都有好坏优劣之分，如有死记硬背之“渔”、应付考试之“渔”、探索创造之“渔”、获取知识之“渔”、反思领悟之“渔”，等等。那么，学科教学究竟如何“渔”才能达到育人的目的？这里所谈的“渔”不仅是指获取学科知识的方法和技巧，而且包括学科的专业技能，统称为学科技能。

学科技能是发展学生综合能力的重要组成部分，是学科能力的重要体现，学科教学的主要目的在于传授知识的同时，灵活地发展学生的智力，培养他们的能力，特别是各学科能力。学生的成长和发展不仅需要习得学科知识，也要学会学科知识获取的方法和掌握与各学科相关的专业技能。学科知识不同，获取的方法和技巧也不同，考虑到这方面的文献已有不少，本文不再重复赘述，侧重谈各学科的专业技能。比如，语文和英语等语言类学科的语言表述技巧（听、说、读、写等方面的技能），数学学科的运算技巧和数学方程解答技巧，生物学科的显微镜正确使用技能和玻片、装片制作技巧，化学学科的有关实验仪器操作技巧，美术学科的作画技能，音乐学科的歌唱技巧，体育学科的运动技能，信息技术学科的计算机操作技能，等等。上述学科技能的习得，既要根植于学科的系统知识，更要厚植于日常教学中的有效训练。学生掌握了一技之长或数技之长，无论是对学业的发展还是对将来的就业，都大有裨益。这也是成就不同学生个性化发展的必由之路和必经之路。

学科技能育人是学科教学育人的第二重境界。在学科技能育人中，教师要围绕“育其能”的目标，秉承差异性和个性化的教学育人理念，依据“寸有所长，尺有所短”的客观事实，做到因材施技和因技施人。无论是不同学生对相同学科的同一项专业技能，还是同一个学生对同一学科不同的专业技能，或者是同一个学生对不同学科的专业技能，他们学科技能的敏感度和掌握度都可能不同。所以，在学科技能教学中，教师在鼓励学生追求“炉火纯青”般熟练的同时，也要允许“简单操作”甚至“不会”情况的存在，因为很多时候，人对学科技能具有选择性，就好像游泳，有的人天生就是个“旱鸭子”。甚至有的时候，技能也选人，即学习某些技能的人要具备一定的条件，比如练习健美操，不具备一定的身体素质条件是无法完成一些动作的。

资料来源：李文送．论学科教学育人的六重境界．当代教育科学，2018（6）：3－6.

提升资源整合力

立德树人单靠教师的力量是有限的，学生的成长是全方位、多角度的。有育人引领力的教师必然要能整合各方面资源参与到学生的教育中来。

家庭是子女思想品德形成的最重要环境。教师需要学会整合家庭育人资源，最关键的是开发利用好家长资源。首先，要对家长进行家庭知识的教育，提高家庭教育质量。许多资料表明，家长参与学生德育教育的程度与自身的文化程度有很大的关系。其次，要挖掘家长的特长资源。家长中有很多人具有各种各样的特长和才能，根据教育的需要，可请他们来校进行讲课和表演。有的家长是法律工作者，精通法律，可以请他来校上一堂青少年的法制教育课；有的家长是文艺工作者，擅长音乐，可以聘请他来校做学校文艺晚会的顾问。最后，加强家长管理能力资源的开发。家长参与学校教育是国际教育发展的一种趋势，如邀请家长共同制订孩子的个性培养计划，邀请家长参与制订学校教育计划等。家长参与学校管理，一方面可以使学校教育面向社会办学，另一方面可以使家长更加清楚地了解学生的思想状况，并及时做出相应的调整，使家长和学校共同致力于学生思想品德的发展。

教师还要能充分利用社会育人资源。挖掘社会育人资源，首先，发挥社区名人、能人的引导和激励作用。将社区名人、能人请进学校做报告、演讲或者聘请他们做校外辅导员。例如，为培育学生艰苦奋斗、坚持正义的精神，可以邀请当地的劳模、英模来讲述自己的感人事迹。其次，利用好大众传播资源。根据学生的特点，组织好德育内容，进行广泛宣传，抵制落后文化和腐朽文化的不良影响，用高尚的精神来鼓舞下一代，促进其健康成长。

提升教育表达力

苏霍姆林斯基指出："造成教育青少年的困难的最重要原因，在于教育实践在他们面前以赤裸裸的形式进行，而处在这个年龄时期的人，就其本性来说是不愿意感到有人在教育他们的。"① 因此，有育人引领力的教师不但要有心，还要有艺术，做到教育无痕。赤裸裸的教育方式容易造成师生之间的隔阂，使学生误解、排斥、抵触甚至对抗。

在育人表达形式上，教师并不是人为地甚至是带有强制性地来使学生分辨是非，而是因势利导、顺应自然，让学生按照自身固有的规律发展，从而达到有心无痕的境界。在教育表达上，教师应以欣赏的眼光看待学生，用热情的话语鼓励学生，激发学生追求道德、智慧的内在原动力，让学生在不知不觉中感受到光明、温暖、清新、纯洁、希望和美好，达到"如沐春风，润物无声"的效果。

情感是学生思想品德形成的重要条件和重要因素。在学生品德形成过程中，情与理相互交融在一起。教师如果对学生只是单纯地理性灌输，学生容易产生反感、抵触的情绪。在学校育人过程中，我们越来越感受到，通过单一、枯燥的讲授方式，即使学生把教师教授的育人内容全部掌握了，也并不意味着就认同了这些道德规范；即使学生认同和理解了这些道德规范，也不意味就会按照这些道德规范去做。可见，育人不是靠单向灌输和空洞说教，这样的德育也必然是缺乏诗意的。叶澜教授曾指出，中国基础教育的根本弊病就在于忽视学生的主动性培养，忽视学生自主意识的培养，学校强调的是统一和服从、规范和

① 苏霍姆林斯基．教育思想概述．长沙：湖南教育出版社，1983：181.

秩序，忽视的是多样和创造、灵活和变化。

另外，教师还要注意育人活动要生动活泼、丰富多彩，要将育人内容寓于故事、活动之中，采用喜闻乐见的形式让学生乐于接受德育内容，达到“随风潜入夜，润物细无声”的效果。教师要有意识地创设情境来引导学生，让他们充满兴趣地投入活动中，但是教师并不把育人的意图或者结果告诉学生，答案和结论要由学生自己去思考、去探究。

深度反思

阅读本部分后我收获了什么？

我还需要进一步修炼什么？

我将怎样修炼？

第二篇 示范感召力

教育就是一棵树摇动另一棵树，一朵云推动另一朵云，一个灵魂唤醒另一个灵魂。

——卡尔·西奥多·雅斯贝尔斯

“师者，人之模范也。”一位富有影响力的教师一定体现出强大的示范感召力。古今中外的教育教学实践证明，教师是以自己的人格魅力去拨动学生的心弦，潜移默化地影响着学生的成长，影响着同行的发展。教师凭借自身的品格、个性、素养等内在特质对学生、同行乃至家长产生影响力和感召力。教师的示范感召力不是天生的，需要在职业生涯中不断修炼。教师的示范感召力不仅体现在教师的人格魅力上，也体现为教师高超的对话沟通能力。教师离不开对话沟通，教学需要对话沟通，班级管理需要对话沟通，同事之间需要对话沟通，与领导、家长之间需要对话沟通。成功的教师，一定是沟通的高手。不善于沟通的教师，无法发挥对学生的影响力。教师的职业特点决定了教师必须具备良好的对话沟通能力。

No. 3 修身养性，绽放人格感召力

静心思考

1. 亲爱的老师，请你自我评估一下，你对学生及同事的感召力如何？
2. 你如何进一步提高人格感召力？

2016年，第32个教师节前夕，习近平总书记在北京市八一学校考察时强调：广大教师要做学生锤炼品格的引路人，做学生学习知识的引路人，做学生创新思维的引路人，做学生奉献祖国的引路人。做好学生的引路人，理想信念是根本，道德情操是前提，仁爱之心是关键。教师要不断坚定理想信念，涵养自身道德情操和仁爱之心，才能成为具有强大领导力的教师。所有这些都会集中体现为教师人格的力量。著名教育家苏霍姆林斯基说过："教师的人格是进行教育的基石。"教师领导力首先是人格上的感召力，教师通过自身人格魅力获得学生、同事、家长及社会的敬重，从而引领与影响学生、同行的成长和发展。

人格感召力是教师领导力的底色

领导学理论中最经典的特质论研究的核心主题就是感召力。研究表明，感召力主要来自五个方面：具有坚定的信念和崇高的理想；具有高尚的人格和高度的自信；具有代表一个群体、组织、民族、国家或全人类的伦理价值观和臻于完善的修养；具有超越常人的大智慧和丰富曲折的阅历；不满足于现状，乐于挑战，对所从事的事业充满激情。① 感召力的核心要素是人格魅力。

人格是一个内涵十分丰富的概念，不同的学科对这一概念往往有着不同的解释。从心理学上讲，人格即人的个性，是人的性格、气质、能力等特征的总和，是一个人区别于他人的最本质特征，它是一个人的内在品质和外在行为的总和，是一个人在社会化过程中形成的特有的个性。从伦理学意义上讲，人格是指人应该具备的道德、伦理和价值观等方面的内容。我们这里谈论教师的人格主要是伦理学意义上的，同时包含了心理学上的性格品质。

有关领导特质理论较为一致的观点认为，人格特质能够推动或者阻碍领导者影响他人的努力，各种情景、追随者的特性也会对领导者的人格产生影响。美国著名人际关系学大

① 中国科学院"科技领导力研究"课题组．领导力五力模型研究．领导科学，2006（9）．

师戴尔·卡耐基调查了各界许多名人之后认为：一个人事业上的成功，只有15%是由于他的学识和专业技术，而85%靠的是人格素质和善于处理人际关系。[①] 人格、知识、技能是一个不可分割的整体，专业素养是专业知识、专业能力、态度和价值观等方面的综合体，任何一种专业都有自己的伦理要求。而且与其他一些专业相比，教师的职业活动更凸显伦理意义。

“教育就是一棵树摇动另一棵树，一朵云推动另一朵云，一个灵魂唤醒另一个灵魂。”[②] 教师要以健全的人格去培养学生，以高尚的人格魅力去感召学生。教师之所以能对学生产生影响，不仅仅依赖于教师的管理手段和权威，更主要的是通过自身人格的力量来发挥作用。教师的学识、人品、性格等因素合起来就构成其人格魅力，这种人格魅力影响着学生的成长，影响着周围同行的发展。教师的真正威信在于人格力量，只有富有魅力人格特质的教师，才能对学生产生持久、深远的影响，发挥出无穷的教育力量。“桃李不言，下自成蹊”，教师良好的人格力量比千百次说教所起的教育作用要大得多。

白岩松在一次题为“人格是最高的学位”的演讲中讲到这样一个故事：很多很多年前，有一位学大提琴的年轻人向当时最伟大的大提琴家卡萨尔斯讨教：“我怎样才能成为一名优秀的大提琴家？”卡萨尔斯面对雄心勃勃的年轻人，意味深长地回答：“先成为优秀而大写的人，然后成为一名优秀而大写的音乐人，之后就会成为一名优秀的大提琴家。”同样道理，教师的成功，不能仅仅以他的学历、学识等专业发展的成功作为主要标志，而必须先成为优秀而大写的人，而人格的魅力是优秀而大写的人的核心要素。

师者，人之模范也

教师的人格特点体现着教师个体的独特价值和教师职业的群体特点，它是影响学生身心发展的重要因素。古今中外，很多教育家都强调教师人格的示范作用，孔子曰：“其身正，不令而行；其身不正，虽令不从”；韩愈强调“以身立教”；钱穆认为：人师是师道之最高标准，人师能以身作则，能行不言之教，此即所谓师表或师范。[③] 俄罗斯教育家乌申斯基曾说：“教师的人格对于学生来说是一种影响巨大的力量，任何的教科书、道德箴言，任何的奖励或惩罚都不能替代这种力量。”[④]

相关研究表明，当教师达到了必要的智力和知识水平，又具备了专业教育能力之后，教师自身的人格品质就成为促进其主导作用发挥、影响学生学习与成长的重要因素。在教育中，一切都应以教师的人格为基础，因为只有人格才能影响人格，只有人格才能形成性格。教师的人格魅力是教育中的一个特殊要素，教师在教育教学过程中通过自身的能力、气质及道德水平，言传身教，潜移默化地影响着学生的发展。

---

① 戴尔·卡耐基．人性的弱点．北京：中国发展出版社，2008：134.

② 卡尔·西奥多·雅斯贝尔斯．什么是教育．北京：三联书店，1991.

③ 钱穆．钱穆先生著作系列：历史与文化论丛（新校本）．北京：九州出版社，2012.

④ 乌申斯基．人是教育的对象．北京：人民教育出版社，2007：123－175.

案例

做一个有故事的教师

《做一个有故事的教师》这本书的作者是一位普通的小学教师，他叫侯登强。当问他为什么要写这么一本书时，他讲了这么一个故事：当年他读高中的时候，班上有一个同学，上高三时还尿床。当然，这事在当时是没人知道的，因为这个同学起床后从来不叠被子，那时候学校对宿舍的管理还不是太严格，因此，大家也只是觉得他比较懒，却从来没有人知道被子底下的秘密。

但是，这个秘密最终还是被他们的班主任王老师发现了。王老师虽然知道了这件事，却没有声张。不过从那时起，王老师就在这位学生去上课、宿舍里又没有其他人的时候，偷偷地把他的褥子取出来，找个地方晒干或是用火烘干，然后偷偷地把褥子铺回去，用被子小心地盖上。

这件事情做得神不知鬼不觉，宿舍里八个同学，除了“尿床”的这位先是惊讶、后是感激，心知肚明之外，其他人全都不知道。一直到高三毕业，全班也没人知道这件事情。

侯登强又是怎么知道这件事情的呢？王老师肯定不会说，会说出来的当然只有尿床者自己了。那是一次给退休的王老师拜寿，尿床者当着同学们的面，说出了这个秘密，然后给老师恭恭敬敬深鞠一躬，等他再抬起头来的时候，早已满脸泪水！而那时，他已经是中国驻波兰的大使。

侯登强说，王老师学历不高，学的是幼儿师范，本应该教幼儿园的，却一直教高中，而且教出的学生成绩出奇的好！其中的秘密在于，只要他教那个班，那个班的学生就不好意思不努力。

一位真正的教师，他的内心是强大而温暖的，阳光而厚实的，坚韧而润泽的。当他传递出这些力量的同时，他也就获得了这些力量。

资料来源：王崧舟．做一个有故事的教师．福建教育，2019（12）.

富有感召力的教师人格特点

教师是一种育人的职业，从事这个职业的群体形成了教师的职业人格特质。作为个体，具有自己的人格特征，不同的教师具有不同的个性特征。根据心理学研究，人格要素中除了气质是天生的无法改变之外，性格等人格要素是可以改变的。这为教师进行人格修炼提供了科学依据。

教师要不断修炼能够对学生产生影响力的人格特征。那么，富有感召力的教师人格特征有哪些呢？早期的研究者把人格特质理论引入教师研究，以求发现教师人格对学生的影响。拉什顿等人根据学生对教师讲课效果的评价，总结出成功教师所必需的两个人格维度：成就取向（管理能力、智力、责任感）和人际取向（影响力、自我同一性）。后来又增加两个维度：魅力和组织能力。实践表明，这四个维度上得分高的教师，往往被学生评价为优秀教师。研究表明，成功的教师具有温和、友好、负责、有条不紊、善解人意、富于想象力和亲切、热忱等人格特征。[①] 美国心理学家威悌对1～12年级的47 000名学生进行调查，研究结果表明有效能的教师特点是民主、合作、仁慈、体谅、有耐性、兴趣广泛、和蔼可亲、公正、有幽默感、言行稳定且一致、有兴趣研究学生提出的问题、处事有伸缩性、了解学生、给予鼓励、精通教学技能。无效能的教师特点是脾气坏、无耐心、不公平、不愿意帮助学生、狭隘、对学生要求不合理、抑郁、不和善、讽刺挖苦学生、外表讨厌、顽固、啰唆、言行霸道、骄傲自负、无幽默感。[②]

国内有学者的调查研究表明，青少年一般从教师的性格、对学生的态度、敬业精神、个人修养等几方面评价教师。学生要求教师要有敬业精神、公正平等、平易近人、幽默风趣。用《青少年学生评价教师人格特质形容词检核表》调查的结果表明，公正的、正直的、负责的、踏实的、真诚的、品德高尚的、知识渊博的、可信赖的、爱学生的、平等待人的等是学生评价很高的教师人格特质；而粗暴的、悲观的、专横的、无耻的、迂腐的、肤浅的、自卑的、虚荣的、傲慢的、虚伪的等则是学生最反感的人格特质。[③]

我国2012年颁布的教师专业标准中对中小学教师的人格品质要求有：富有爱心、责任心、耐心和细心；乐观向上、热情开朗、有亲和力；善于自我调节情绪，保持平和心态；勤于学习，不断进取；具有团队合作精神；善于倾听，和蔼可亲。

名师典范

“人民教育家”于漪的人格魅力

于漪，上海市杨浦高级中学名誉校长，语文特级教师，是无数中国教师心中的偶像。2018年12月18日，党中央、国务院授予于漪同志改革先锋称号，颁授改革先锋奖章，并评为“基础教育改革的优秀教师代表”。颁奖词这样写道：她已是90岁的耄耋老人，有着60年的教学生涯。至今，她依然活跃在语文教学改革的第一线，坚守“在讲台上用生命唱歌”。她深爱着学生，痴迷着语文教学。“我做了一辈子教师，但一辈子还在学做教师！”她用这样的话语不断地鞭策着自己，也勉励着更多的青年教师。于漪，师者的楷模。2019年9月17日，国家主席习近平签署主席令，授予于漪“人民教育家”国家荣誉称号。

在新教师培训中，于漪多次引用英国小说《月亮与六便士》来阐明观点：首先心中要有月亮，也就是理想信念，去真正敬畏专业、尊重孩子，还要有学识，如此才能看透“六个便士”，看透物质的诱惑。“满地都是便士，作为教师，必须抬头看见月亮。”

做教师不能有丝毫懈怠，必须要谦虚谨慎，好学不倦。于漪以两把尺子伴随自己的人生：一把尺子量别人的长处；还有一把尺子，她用来量自己的不足。

---

① 蔡岳建．教师人格研究：回顾与展望．西南师大学报，2006（11）.

② 柳海民．现代教育原理．北京：人民教育出版社，2006.

③ 张焰，黄希庭，阮昆良．从青少年学生的评价看教师的人格结构．心理科学，2008（3）.

如何进一步修炼人格魅力

人格魅力的形成，虽是多种因素综合作用的结果，但起决定作用的是自身的“修炼”。综合国内外对教师人格特质的研究、教师专业标准要求以及实践中遇到的问题，为进一步提高人格感召力，我们应该在以下几方面加强修炼。

改变心智模式，完善人格

人格一旦形成，其实很难改变，但不是不能改变。要完善人格，修炼人格，首先要改变心智模式，心智模式不改变，人的行为就无法改变。心智模式是苏格兰心理学家肯尼思·克雷克在1943年首次提出的。著名的学习组织理论创立者、美国麻省理工学院彼得·圣吉博士认为，“心智模式”是根深蒂固存于心中，影响我们如何理解这个世界，以及如何采取行动的诸多假设、成见，甚至图像、印象。心智模式不仅决定人们如何认知世界，并影响人们如何采取行动。哈佛大学的阿吉瑞斯认为，虽然人们的行为未必总是与他们所拥护的理论（他们所说的）一致，但他们的行为必定与其所使用的理论（他们的心智模式）一致。心智模式常常隐藏在人们的心中而不易被察觉与检视。①

教师的心智模式根深蒂固地影响着教师的教育理念、教育教学方式以及专业发展方式。教师的心智模式，决定了教师的生存方式和工作方式。心智模式有优劣之分，没有良好的心智模式，不可能成为优秀的教师。心智模式需要不断改进，需要与时俱进。世界在变，教育在变，学生在变，如果教师的心智模式不改变，不仅严重阻碍教师自身的专业发展，也会阻碍教育改革发展，影响学生的发展。在课程改革中，一些教师之所以对新课改有抵触，其深层原因就是他们的固有心智模式在作怪。改善心智模式要求教师从过去旧有的心智模式中解放出来，转变思维方式，与时俱进，用全新的思维去观察变化了的世界。教师要善于反思，反思自己的心智模式，“把镜子转向自己，是心智模式修炼的起步”；觉察自己心智模式的缺陷，要经常对自己的局部或以静态思考方式为主的心智模式进行检查和修正，并向以注重互动关系与以动态变化的思考方式为主的心智模式转变。

明确价值观，坚定教育信念

明确的价值观和坚定的教育信念是教师领导力的起点。“要成为值得信任的领导者，你必须具有坚定的信念，或者价值观、原则、标准、伦理道德和理想，它们驱动你前进。你必须自愿而诚实地选择指导你行动的原则。然后，你要真诚地表达内心的想法，并且用一些独特的方式，让人信服地把你的价值观和大家沟通。”② 对于教师来说，这一点就更为重要，因为教师是学生信念和价值观的引领者，如果自己的价值观都不明确，信念不够坚定，怎么可能引领好学生呢？

教师要有精神支柱，要有灵魂，教育信念就是教师的精神支柱和灵魂。教师的一切教育行为都是在教育信念的引领下开展的。教师是否有教育信念，教育信念是否科学，决定

---

① 彼得·圣吉．第五项修炼——学习型组织的艺术与实务．郭进隆，译．上海：上海三联书店，1998.

② 詹姆斯·M. 库泽斯，巴里·Z. 波斯纳．领导力——如何在组织中成就卓越．6版．徐中，沈小滨，译．北京：电子工业出版社，2018：41.

了教师的教育行为是否正确、是否优秀，教育信念是影响教育效果的根源性因素。

教育是一种基于信念的行为。因为“只有基于信念的行为，才具有感染力和感召力，才是真正的教育行为，才能推动人和鼓舞人，才能唤起别人对于未来热烈的憧憬，才能在别人的心中催生信念。因为只有基于信念，才会有一种自然与真诚，才会有一种执着和投入，而不会是应付与敷衍。”“教育是一种基于信念的行为，也就意味着教师的行为更多的应该是自发的、内源性的，而不是出于外在强制；是高度自觉的，而不是盲目的；是基于生命的灵动与热力，而不是机械、麻木与冷漠。”①

从哲学角度来看，信念是指价值意识的观念形式之一，是人对某种现实或观念抱有深刻的信任感的精神状态；信念在心理学中被定义为：主体对于自然和社会的某种理论、思想坚信无疑的看法。它是人们赖以从事实践活动的精神支柱，是人们自觉行动的激励力量。教师的教育信念是教师在教育教学过程中所形成的对一定教育事业、教育理论及基本教育主张、教育原则、教育的价值和意义的确认及信奉，其间伴随着对教育强烈热爱的情感和奉献于教育事业坚定不移的意志。它延化为教师在生活及工作中的精神支柱和价值取向，是教师在自身职业发展中的精神追求，是走向自我实现奋斗目标的永恒动力，它具有长效性、持久性、稳定性、价值性，最终通过教育行为表现出来。教育信念是教师作为教师之生命力源源不断的源泉，是教师作用得以体现的基石，是教师追求自我完善的原始动力，是教师鼓舞、引领、守护学生走向自我卓越与理想的前提。②

2018 年全国教育大会提出在人才培养上要在坚定理想信念、厚植爱国主义情怀、加强品德修养、增长知识见识、培养奋斗精神、增强综合素质六个方面下功夫。教师要有严格要求自己、不断完善自己的职业信条，要有执着于教书育人、热爱教育的定力和淡泊名利的坚守。

增强爱心与责任感，提升教育情怀

“你问我爱你有多深，我爱你有几分。我的情也真，我的爱也真，月亮代表我的心。”这首在 20 世纪 70 年代被邓丽君唱红华人世界的经典名曲，情真意切，让人充满遐想，至今难以忘怀。当我们如醉如痴地欣赏这首歌，或饱含深情地唱这首歌的时候，心中一定充满了爱。说到爱，你心中出现了谁？一定是你爱的人。说到爱人，我想到了苏联作家波列伏依说过的一句话，“职业是不容许任性的。职业就是爱人，遇上了，就要爱她，不要三心二意。”

各位老师，你赞同这句话吗？你爱教师这份职业吗？情也真？爱也真？你的爱有多深？你的爱有几分？

教师职业的特殊性，要求教师要具备高度的爱心，要求教师爱得深，爱得真。爱心和责任感是教师人格魅力之魂。满满的爱心和高度的责任感几乎是古今中外一切优秀教师人格的共同特征。曾荣获全国师德先进个人、全国首届十大明星校长的南京市北京东路小学校长、特级教师孙双金认为，教育情怀是教师的核心素养。什么是教育情怀？教育情怀就

---

① 肖川．信念之于教育．北京教育，2003（1）．

② 杨浩英．教师教育信念新探．贵州师范学院学报，2014（6）．

是教师对教育所产生的一种心灵状态、一种心灵境界，它指向一种执着的爱。首先是热爱教育事业，真心喜欢教师职业；其次是爱自己的学校，无论它是城市学校还是偏远山区的一所农村小学；再次是爱自己的岗位，要有一份坚守；最后是爱学生，能够尊重学生、真心地读懂学生、真正关心每一个学生。此外，教师还应该热爱生活，拥有一份阳光心态。① 教育的真谛就是爱，对教育事业的爱，对学生生命的爱。教师发展的真正动力也是来自对教育事业的爱。

把职业当爱人，很有道理，要求也不过分，特别是对于教师这样一种关乎学生成长、关乎民族素质的职业。以上这些道理大家都懂，但现实中，让教师把职业当爱人，做起来还真不容易。现实是：每位教师的职业心态是不同的，教师的爱心也是有不同表现的。大概可以分为以下三种状态：

第一种状态，不喜欢教师这份职业，仅仅把教师这份工作当成谋生的手段，谈不上爱。这类教师的工作成就感、责任感、胜任感和积极性都很低，通常会处于一种“混日子”状态。② 他们很少想或者不去想如何通过教师这个工作岗位去追求成就感，实现人生价值，更没有找到教书育人的乐趣，他们把每天的工作当成负担。在他们的心里，工作就是生存的一个手段而已。

第二种状态，虽然谈不上热爱教师这份职业，但能凭良心完成教育教学工作，把干好自己分内的事作为对自己的要求，这类教师占的比例较多。这类教师具有一定的爱心和责任感。

第三种状态，把教师这份职业当成事业追求，非常热爱这个工作，教书育人是其精神的寄托，是其一生执着的追求，这类教师具有高度的责任感，是教师最理想状态，往往会成为优秀教师。其人格特征表现为：具有从事教育工作的使命感和稳定且持久的职业动力，事业心和上进心都很强，有强烈的获取成就的动机与欲望、很高的求知的欲望与兴趣、良好的性格，对教育教学具有高度的自我调节和完善能力，等等。这类教师所占的比例不太高。

处于第一种状态的教师不多，这类教师很难改变。很多教师处于第二种状态，处于这种状态的教师很容易产生职业倦怠，需要进一步修炼爱心和责任感，克服职业倦怠。如何让更多处于前两种状态的教师向第三种状态发展？既需要外部的引领和激励，更需要自我修炼，改变心智模式，提升爱心和责任感。爱心和责任感可以形成教师的教育情怀，教育情怀决定了教师是否有教育热情，决定了教师的教育效果。

苏霍姆林斯基说过：“教育孩子，这是一种特殊力量的奉献，教师要用美好的爱，用对人的尊敬和美好、深信的精神来塑造人。”爱心是教育教学活动的基础与源泉，对孩子的爱和关怀，会形成一股强大的力量，会让孩子领略到世界上一切美好的东西。所以，教师深沉博大的爱是照亮学生健康成长的温柔的月光，没有爱，也就没有真正的教育。“愿我如星君如月，夜夜流光相皎洁。”爱心与教育同在，明月与爱同在。

---

① 谢凡，陈锁明．聚焦教师核心素养 勾勒“未来教师”新形象——中国教育学会小学教育专业委员会 2016 学术年会暨第三届小学教育国际研讨会综述．中小学管理，2016（11）.

② 孔祥渊．“混日子”：生活在别处——一项关部分农村教师工作状态的质性研究．上海教育科研，2014（9）.

不断加强自身修养，充满激情与活力

不断加强自身修养是塑造教师完美人格的保证，教师完美人格是在教师与环境相互作用的过程中，主要通过教师的自我修炼完成的。第一，强化主体意识，发掘塑造动力。人格是人的主体意识的集中表现和升华。现代教师要关注自我的价值取向、成就动机、自我实现的价值目标等与其人格相关的主体性特征，不断提高育人水平，争取更高层次的人生境界，使人的美好本性得到充分发挥，用一切人类文明的精华塑造人格，在能动的实践活动中，追求和实现自身价值。第二，强化学习意识，驱动塑造要求。当今社会，知识更新的速度加快，教师如果不进行不断的知识更新，就无法胜任教师工作。终身学习是教师必备的理念。教育要面向未来，教师要强化终身学习的意识，不断提高自身思想素质、文化素质和心理素质。人格的养成以文化素质的提高为前提和基础，人的文化素质是人的知识、品质、思维方式、价值取向乃至人的情感和气质等的综合体，向外界环境传达着人的精神风貌。第三，强化自我激励意识，加大塑造力度。自我激励是教师进行人格塑造的重要保障。教师要确立奋斗目标来激励自己不断进取，不断总结经验，正确对待别人，严格反省自己，肯定成绩，增强信心，从挫折和失败的反思中，从克服困难和阻力的磨炼中，提高抗挫折能力，使自己更加成熟起来，从而走上成功之路。① 第四，要克服职业倦怠，保持激情与活力。如果教师任凭职业倦怠的产生，懒散、萎靡、自卑，怎么可能引领学生发展？教师要以饱满的热情和积极的精神面貌投入教育教学工作，充满激情与活力，神采奕奕，亲切自然，与学生打成一片，以良好的精神状态促使学生形成健康的、积极向上的学习心理，师生共同进步。

拓展阅读

卓越领导的五种习惯行为与十个承诺

五种习惯行为	十个承诺
以身作则	1. 明确自己的价值观，听到自己的声音
	2. 使行动与共同的价值观保持一致，为他人树立榜样
共启愿景	3. 展望未来，想象令人激动的、崇高的各种可能情景
	4. 描绘共同愿景，感召他人为共同愿景奋斗
挑战现状	5. 通过捕捉创意和从外部获取创新方法来猎寻改进的机会
	6. 进行尝试和冒险，不断取得小小的成功，从实践中学习
使众人行	7. 通过建立信任和增进关系促进合作
	8. 通过增强自主意识和发展能力来增强他人的实力
激励人心	9. 通过表彰个人的卓越表现来认可他人的贡献
	10. 通过创造一种集体主义精神来庆祝价值的实践和胜利

资料来源：詹姆斯·M. 库泽斯，巴里·Z. 波斯纳. 领导力——如何在组织中成就卓越. 6版. 徐中，沈小滨，译. 北京：电子工业出版社，2018.

① 周奇. 试论现代教师人格塑造. 东北师大学报（哲学社会科学版），2011（3）.

深度反思

阅读本部分后我收获了什么？

我还需要进一步修炼什么？

我将怎样修炼？

No. 4 理解学生，提升对话沟通力

静心思考

1. 你与学生之间是否存在沟通不良的情况？
2. 对话的本质是什么？为什么要对话？
3. 如何提高对话沟通能力？

人生的成功很大程度上取决于人际对话沟通的成功。“教育即交往”，教师更离不开对话沟通，教学需要对话沟通，班级管理需要对话沟通，同事之间需要对话沟通，与领导、家长之间需要对话沟通。成功的教师，一定是沟通的高手。不善于沟通的教师，无法发挥对学生的影响力。教师职业的特点决定了教师必须具备良好的对话沟通能力。沟通是一门艺术。一次成功的沟通，就是一次成功的教育。教育的问题在很大程度上是沟通的问题。“通”则“不痛”，“痛”则“不通”。通过沟通，让教师走进学生的心灵世界，也让学生真正理解教师。通过沟通，才能彻底拆除妨碍师生情感交流的墙，才能形成良好的教育气场，才能促进教育目标的顺利达成。

培养同理心，获得学生信任

获得学生信任是教师与学生进行良好对话沟通的必要前提。“不信任或疑惑使得真正的教育几乎不可能。那些不能显示对孩子充分信任的成人，不能成为真正意义上的老师或作为教育者的父母。”“怀疑会带来否定、恶意，甚至邪恶。”① 在教育实践中，由于“代沟”的存在，年长的教师和年少的学生之间的对话沟通经常会出现一些问题。在学校里，师生之间无法对话沟通的现象时有发生，学生会觉得老师所讲的没有道理，老师会认为学生不可理喻。主要原因是师生双方缺乏同理心，师生双方无法互相理解，缺乏信任，谁也说服不了谁。拥有同理心是获得学生信任的法宝。

同理心（Empathy）是心理学中的概念，泛指心理换位、将心比心，亦即设身处地对他人的情绪情感的觉知、把握与理解。主要体现在情绪自控、换位思考、倾听能力以及表达尊重等与情商相关的心理特点。类似我们平常说的“人同此心，心同此理”。它的基本意思是说，一个人要想真正了解别人，就要学会站在别人的角度来看问题，也就是人们在日常生活中经常提到的设身处地、将心比心的做法。心理学研究发现，无论在

① 马克思·范梅南．教学机智——教育智慧的意蕴．李树英，译．北京：教育科学出版社，2001.

人际交往中发现什么问题，只要你坚持设身处地、将心比心，尽量了解并重视他人的想法，就比较容易找到解决问题的方法。尤其当发生冲突和误解时，你如果能够把自己放在对方的处境中想一想，也许就可以了解到对方的立场和初衷，进而求同存异、消除误会。

凡是拥有同理心的教师，都是善于体察学生的意愿、乐于理解和帮助学生的人。这样的教师最容易受到学生的欢迎。教师一旦具备了同理心，就容易获得学生的信任，而所有的师生人际关系都是建立在信任的基础上的。没有同理心，就没有师生彼此之间的信任，没有信任，也就没有顺利的对话沟通。

既然同理心这么重要，我们应如何培养同理心呢？我们通过具体案例来体会一下。请看下面这段师生对话，请你判断该对话中的老师是否有同理心：

学生：老师，今天我和二班的一个同学打架了，那个同学先动手，我就……

教师：我和你说过多少次了，不要打架！不要打架！你这个人就是爱冲动。我不想管你了，你自己到德育处去说吧，他们该怎么处理就怎么处理了。

学生：你就是想让我去德育处，你没安好心……

很明显，这是没有同理心的做法，老师这样做，不仅问题得不到解决，还引起了学生对老师的反感。那么，老师应该怎样与学生对话呢？请接着看：

学生：老师，今天我和二班的一个同学打架了，那个同学先动手，我就……

教师：你又和同学打架了？虽然是对方先动手，但是你也动手了，现在知道自己不对了，是这样吗？

（老师这样与学生对话，是使用初级同理心技术，回应了学生的感觉和想法。）

学生：是的。

教师：你现在对这件事情是怎样想的呢？

学生：我错了，我可以去向那个同学道歉，但……

教师：但你怕被学校处分，是吗？

学生：是的，我怕被德育处知道。

教师：打架的事已发生多次了，每次你都表示要改正，但是这次又犯了，说明你的自控能力还不是很强。到德育处接受教育，能让你加深对这件事的认识，以防以后重犯，没有什么不好吧？

学生：也是，我下午就到德育处。

（老师使用了高级同理心技术，回应学生叙述中隐含的感觉和想法。）

通过以上案例，我们应该明白，同理心，其实就是试着从别人的角度来看问题，努力去了解别人。这样，你就能创造沟通的奇迹，获得友谊，减少冲突和挫折。下面给大家看一篇作家刘墉的文章，刘墉是一位典型的拥有同理心的父亲，被称为“沟通青少年心灵的专业作家”，是知名画家、作家、教育家、演讲家。从这篇文章中，我们可以体会到同理心的魅力。

案例

我们换个位子吧

记得我以前教国画，学生都围在我的桌四周，把作品缴上来，看我一笔笔为他们改。有一阵子，我发现一个学生每次错的地方都相同，再三指正，他就是改不过来。我灵机一动，站起来对他说："来！你来坐在我的位子上，用我的毛笔和砚台。现在，想想！你是老师了，我是你的学生，看你为我改笔。"

他坐下来，拿着我的毛笔，看着他自己的作品，摇头晃脑，做成一副老师的样子，然后皱着眉说："这里树枝太弱，那边前景要加重！"

那些他原来见不到的错，全被他自己发现，而且改正了。由此我发现了，"换个位子"是蛮好的方法。也把这方法，用来对付我那叛逆期的儿子。

有一天，他说要参加特别的舞会。

"几点钟回来？"我问。

"大概要搞到天亮。"

"不准去！"我太太跳了起来："再不然你就早早回来！"

"大家不走，我怎么能先走，煞风景啊？"儿子瞪眼。

"大家死，你也去死吗？"我太太更火了。

眼看大战就要爆发，我赶快打圆场：

"其实，这种舞会也难得，应该要去的，多点生活的体验嘛！将来说不定还能成为作家的题材呢！"

他眼睛亮了一下。

"不过，儿子啊！"我说："今天如果换成你是父亲，我是儿子。你客观一点，一定要客观，当我告诉你：'爸爸！我要参加舞会，天亮才能回来。'你会怎么说？"我又嘱咐了他一句："客观哟！凭良心说哟！"

他想了想，一笑："如果我是老爸，当然我也会不准。"

"为什么？"

"因为在曼哈顿，太晚了，危险！"

"这就是了！"我说："不过这舞会又太有意思了，对不对？"

"对！"

"好！你还是去，但折中，多少为我们想想，别叫你老爸老妈整夜没觉睡。早一点回来！"

资料来源：刘墉．在生命中追寻的爱．桂林：漓江出版社，2000.

掌握对话精髓，树立平等意识

对话是人们的一种特定的交流和沟通方式，有其独特的精髓。这个精髓就是平等，对话突出了参与各方的平等性。对话需要彼此之间特定人际关系的形成，参与者表达意见和观念的自由与权利。对话是教师理解学生的一条不可或缺的途径，学生年龄与教师不同，观念与教师不一样，看问题的角度也与教师不同，经历和体验也与教师千差万别。对话可以让教师理解学生，让学生理解教师，从而更好地认识彼此。教师和学生之间需要平等的对话，教师需要有对话意识。

在我国传统的教育观念中，“教，上所施，下所效也”，直到今天，这个观念仍然根深蒂固。由于这种教育理念，在与学生交往过程中，一些教师可能会高高在上，学生仰视着教师，师生不是在一个平等氛围中，这样就很难对话，只能是教师对学生训话。而学生往往对说教式的训话有抵触心态，这是人的一种常态。我们当教师的也一样，如果校长高高在上地对我们讲大道理，我们也常常会反感。对话的实质是平等交流。所以，教师要有对话理念，必须对学生抱着尊重的态度，发自内心地尊重学生作为一个人的本质价值，给学生自由地发表自己观点的机会。人们有各种各样的看法、意见或观念，它们均源于各自的不同经历。概括地讲，它们是以前思维的成果和结晶，认清这一点非常重要。人们曾经历的所有一切，都被深深地烙入了记忆之中。教师只有深知这一点，才有可能耐心地与学生、与他人对话。

把握学生身心特点，理解学生

经常听到一些老师或家长抱怨，现在的孩子很难教育，他们的行为无法理解，不可理喻，无法沟通。不知道这些老师或者家长反思过自己没有，为什么当今的孩子无法沟通？主要原因是在孩子身上吗？在我们看来，其原因不是当今的孩子难以沟通，而是这些老师或家长根本不了解当今孩子的心理特点，没有认真地去理解孩子。大家可以反思一下：我们真的了解孩子吗？沟通不良的症结之一就是双方互不理解，所以，很多年前，“理解万岁”就成为流行语。

无论是在教师就职前的培养阶段，还是就职后教师的培训过程，关于理解学生的知识还是比较欠缺的，教师往往关注比较多的是教的知识和技能。在平时的教育教学工作中，一些教师也不太深入研究学生的心理特点，对学生的心理把握不准。这样，与学生沟通起来，没有同理心，很容易出现沟通不良，很难走进学生心里。

不同阶段的学生的心理特点差异比较大，比较让老师和家长头痛的是处于青春期的学生。教师要特别注意研究青春期阶段学生的身心发展特点。

人的身与心是不可分割的，心理特点的产生一定有着相应的生理机制。近年来，人们非常关注把脑科学的研究成果运用于教育。建立“基于脑、适于脑、促进脑的教育”，根据脑发育与活动规律、脑认知活动的规律进行教育教学，在充分了解和认识脑的认知功能、情感功能和自我意识等高级功能的前提下建立适应儿童认知能力发展的教育教学方法和教学组织策略、教育评价方式方法等，真正奠基教育的科学基础，做到科学地教与学，努力提高教与学的质量，这已经成为世界各发达国家教育科学研究和改革的重点之一。这里向教师，特别是中学教师们推荐一本书——美国范斯坦博士的《探索青少年脑的奥秘——基于脑科学研究的青少年教育方法》，该书由北京师范大学“认知神经科学与学习”国家重点实验室、脑科学与教育应用研究中心翻译。这本书运用脑科学的研究成果分析青少年心理特点产生的根源，非常有助于教师理解青少年学生。下面简要介绍这本书中有助于教师理解学生的观点。

青少年迎接的是脑发育所带来的风暴

最新科学研究发现，人脑的发育会一直持续到 20 岁。美国精神健康研究所的 Jay 博士通过核磁共振的脑扫描证实，从儿童时期的脑到成人时期的脑不是一朝一夕形成的，必须经过在青少年时期不断修剪旧的神经联结，同时形成新的神经联结这个过程。青少年迎接的不是荷尔蒙的风暴，而是脑发育所带来的风暴。随着人脑的不断发育，在脑内同时进行着两个重要的过程：树突和突触疯狂地繁殖和修剪。神经元和突触的过渡生长，使青少年在所有的领域都有发展的机会。如果一个孩子经常读书，他就会成为擅于阅读的人；如果一个孩子总是热衷于科学实验，他就有可能成为科学家；一个喜欢解决问题的孩子，就会成为问题解决的高手。同时，他们也会被一些新奇的体验所诱惑。当青少年不能参与一些正常、健康的活动时，他们的脑就可能受到性、毒品等的影响。由于青少年的脑需要这样一个重组过程，因此，我们就不难理解为何他们的脑有时候缺乏条理，出现自发行为，并倾向曲解一些事情。

教师要接受中学生恋爱这一事实

青少年的脑结构注定会增加爱的迫切需要，教师要接受这一事实。青少年时期是学习异性交往的最佳时期。热恋中，体内会释放出多巴胺（让人感觉特别好的一种神经递质）。多巴胺对神经系统的影响类似可卡因成瘾毒品。脑将爱和性视为一种正性强化物，并且积极搜寻下一次强化。青少年的脑对多巴胺的水平尤为敏感，特别喜欢由此带来的快感。许多青少年还把爱情当作一种冒险，追上学校的某个男生或女生，可以让体内的多巴胺水平迅速提升。当一个青少年在感情冲动时遇到一个异性，比如球赛或者在暴风雨中，他们坠入爱河的概率会更高。

为什么青少年非常情绪化?

在青少年脑的发育过程中，不断进行着建构。顶叶（负责加工视觉等感觉信息）、颞叶（负责加工语言和情绪信息）、小脑（负责协调和思维技巧）以及海马（处理短时记忆）都随着神经元的过渡生长和不断修剪逐渐完善和发展。美国学者研究发现，顶叶的灰质直到青少年 12 岁才完成发育过程，然后开始进行修剪，而颞叶直到青少年 16 岁才完成灰质的生长，开始进行神经元的修剪和髓鞘化的过程。随着前额叶在青少年时期的髓鞘化，他们逐渐具备了假设、洞察未来、演绎、分析和逻辑推理的能力。前额叶控制我们冲动的一面，教化我们的天性，使我们逐步实现自我完善。青少年的脑和成人的脑反应模式完全不同。成人会更多地通过前额叶来反应，因此他们对外界的反应会更加理智；而青少年则恰恰相反，他们主要依靠杏仁核来做出反应，因此会对刺激表现得非常情绪化。这就可以解释为什么他们的决策总是不太理性。比如，为了去逛街而不做作业；对普通的要求做出过激的反应；说出“我恨你”或者“不要告诉我该怎样做”之类充满火药味的话。

青少年往往有很多理由，感到没有人可以理解他们。青少年对他人面部情绪的判断能力还不是很高。他们会把老师疑惑的摇头看成“他讨厌我！”把惊讶的表情当作是愤怒的眼光，老师随意的玩笑会被学生当真。青少年那些喜怒无常、神经质的行为就是由这种对他人的错误理解造成的。研究发现：青春期的情绪识别能力会降低20%，直到18岁左右才逐渐恢复到正常水平。青少年在情绪管理方面缺乏额叶的支持，继而缺少成熟的思考过程，导致情绪常常冲动且不可预测。

青少年总是不断关注自我，并认为他人也在不停地关注他们。于是，他们变得对自己更加在意了。出于这种自我防御心理，他们在班上被嘲笑后感到颜面无存。由于青少年能很敏感地觉察到事情，但还没有能力来控制和规划事情，因此，他们的行为变得更加复杂难懂。他们总能体会到一种感情，但是无法用一种恰当的方式来表达，这使他们和周围世界的距离更大了。带有危险性、刺激性的新奇事物对青少年有非常强的吸引力。当生活按部就班时，狂热和兴奋就成了青少年的不断追求和心之所向。与儿童或成人的脑相比，青少年的脑对于那些粗暴、鲁莽的行为更感兴趣，他们很喜欢脱离正常的轨道去寻找兴奋和刺激。青少年的房间通常都是杂乱不堪的，他们会忘记交作业，直到考试前才开始复习。

让学生获得安全感

教师与学生进行对话沟通时，如果让学生感到谈话氛围很紧张，教师是在训话而不是在与他对话，感到教师是有攻击性的，那么学生就会本能地产生防守的心理，会关闭心扉，沟通就无法有效地进行。相反，如果教师能够让学生感到是在与他平等对话，氛围是很友好的，甚至是轻松的，学生会产生安全感和信任感，就能够敞开心扉，畅所欲言，沟通就会很深入。说起来容易做起来难，教师怎样让学生感到安全呢？

首先，教师要表达出真诚的关心和关注。因为当学生感受到教师的真心的时候，对教师的心防就会卸下来，信任感就会提升。很少有人会拒绝一个真心关爱自己的人。在最普通的日常交流中，想要让学生感受到这种关心，信任是平时积淀起来的，不是突然形成的。平时，教师要注意自己的言行，使自己成为学生接纳的甚至喜欢的老师，而不是讨厌的老师。学生最根本的需求主要就是被肯定、被爱、被尊重、被接纳以及感受到自己有价值。所以，教师平时要多肯定学生。

其次，教师要学会控制自己的不良情绪反应。很多时候，学生对教师失去安全感，可能就是因为一次指责、抱怨和带有攻击性的语言。这些负面的东西都会让学生感受到敌意，从而失去对教师的信任。当教师在与学生沟通的时候，要更多地关注具体事实，不对人进行评判，也就是说，对事不对人。和学生沟通的时候，教师要更多地去表达自己的感受。除此之外，教师还可以通过信守承诺、给予帮助、承认错误等方式来提高自己在学生心中的信任度。

用心倾听

优秀教师的一个常见特征就是拥有非常好的感知和倾听的能力。脑科学认为，在特定的情绪下，人的大脑会对沟通产生生理性防御，而倾听是帮助大脑卸下生理性防御最重要的手段。影响沟通的生理性防御主要有两种：第一种是杏仁核“劫持”——就是大脑中掌管理智思考的额叶等高级脑区，被掌管本能反应的杏仁核遏制，让人在情绪激动时只能凭本能做出反应。而正确的倾听能帮人快速疏导情绪，让紧张的杏仁核放松，从而让大脑额叶等高级脑区从“杏仁核劫持”状态解脱，理智将重回大脑。第二种是镜像神经元接收匮乏。镜像神经元就是一种“当别人在经历某件事，会让自己感同身受”的神经元，而“镜像神经元接收匮乏”可以理解为人们认为“他人对自己缺乏同理心”。假如你试着去倾听这个人，就满足了他渴望别人对他有同理心的需求。唯有让他感受到你理解他，沟通才能继续。除此之外，对于每个人来说，出于自我保护、保全面子或者一些别的原因，人们都有可能在心里建起一道厚厚的大门，通常这道大门对所有人都是紧闭的。倾听是让人们主动打开心门的唯一办法。①

每个人都有被倾听的需要，当别人认真听我们听话的时候，我们会感觉到自己被重视、被关注。戴尔·卡耐基曾经说过：“专心地听别人讲话，就是我们能够给予他人的一个大大的赞美。”“如果你希望成为一个善于与人沟通的人，那你就得先做一个注意倾听的人。要使别人对你感兴趣，那就先对别人感兴趣。”②

那么，如何才能真正高效地倾听呢？

第一，教师要调整好自己的情绪，摘下“有色眼镜”，放下偏见，做好倾听前的心理准备。教师要培养自己的同理心，要学会站在学生的角度看待问题。注意三个原则：让学生感到被理解、让学生感到教师对他感兴趣、让学生感到自己有价值。

第二，在倾听的过程中，不要打断学生说话。因为当教师打断学生说话的时候，学生的思路会中断，会产生自己讲得不够好的心态。最好是耐心地等学生讲完之后，教师再发表意见。

第三，教师可以通过提问的方式来推进对话，比如，当教师讲完自己的观点之后，可以问学生：“你觉得我说的有道理吗？你有没有一些不同的看法？”这样不仅可以知道学生的想法，还能够让对话更加深入。

第四，在倾听的过程中，多关注学生的面部表情，或者是细微的身体动作，从而了解学生的情绪反应。如果明显感觉到学生的情绪变得有些激动，教师在回应的时候就要做出相应的调整。一个优秀的教师能够读懂学生脸上的表情，就像细心的父母能够读懂自己孩子脸上的各种表情一样。毫无疑问，我们体验到他人的存在大多数是通过眼睛，通过眼睛我们可以体验到对方的内心深处。能够读懂学生脸上的表情，并对之加以注意，这十分重要。

第五，倾听是一个收集信息的过程，在倾听的过程中，教师要学会听出一些言外之意。很多冲突由小变大，就是因为在最开始倾听的时候，没有充分理解对方想要表达的真实意图。

如何让教师的言行更加有效

对学生进行说教是任何一位教师都绕不开的教育手段。对话沟通也不是仅仅注意倾听、尊重学生、理解学生就万事大吉了，这些都只是为了更好地让学生听进去老师所讲

---

① 马克·郭士敦．只需倾听：与所有人都能沟通的秘密．重庆：重庆出版社，2010.

② 戴尔·卡耐基．卡耐基讲话技巧与沟通艺术．伏霄汉，祝青山，译．北京：中国华侨出版社，2003.

的道理。成功沟通的技巧不外乎两方面：如何听和如何讲。所以，提高讲的技巧很重要。通过摆事实讲道理，对学生进行说教，这是老师常做的事。如何说教，才能效果更好呢？教师要注意以下几点：明确目标，视情况说话（同理心），赞美学生，要欣赏而非评判，有效批评，有效表达语言。关于同理心，我们已经在上面讲过了，这里讲一下其他几点。

明确目标

教师与学生对话沟通，往往是想让学生做出某种改变。而要让学生改变，你首先要知道，你希望他达成什么样的目标，做出哪些改变？也就是说，你与学生对话沟通的目标是什么？你要在自己的头脑中把这一点想清楚。不仅要自己想清楚，还需要把它传达给学生，也就是当事人。只有当事人完全领会和认可你的意图，他才能更好地参与。所以，你的对话目标必须足够清晰，让人一听就懂。

不仅目标要清晰，你还需要分析，达成目标所需要的关键行为是什么。所谓关键行为，就是一两个最需要改变的地方，一旦改变了，目标就能实现。为什么要强调“关键”两个字呢？因为一旦人们发现需要改变的地方太多，他们会感到巨大的压力，导致他们要么一直拖着不做，延误了时机，要么浅尝辄止，就此放弃。那么，如何发现关键行为呢？第一，关注重要的小事。这类小事，学生往往都知道它重要、应该做，但由于它太不起眼了，所以根本没有得到真正的落实。第二，找出学生频繁犯错的时刻。① 接下来的问题是，你需要找到合适的策略，引导学生在关键行为上做出改变。学生会不会做出改变，要看两个要素：一个是动力，他是不是愿意改变；另一个是能力，如果他愿意改变，是不是能做到。

如果师生在对话的时候，都不知道对方想要什么，就会互相埋怨，这样只会在争论对与错上耗费更多的时间和精力，无法实现对话的目的。所以，师生沟通出现困境的时候，双方可以尝试按下“暂停键”，进行暂时冷处理，将对话重新进行调整，说出彼此的预期，协商一个共同的目标。

赞美学生，要欣赏而非评判

表扬学生是教师常用的一个方法。教师在与学生对话交流过程中，要不时地给予反馈。有一种反馈很重要，就是赞扬。相对于批评，人更易受到表扬的激励。在受到批评的时候，人的大脑受到负面情感的影响，关闭了帮助学习的神经通路。而当受到赞扬时，会打开这些神经通路，不仅更愿意重复自己受到赞扬的那些行为，而且愿意学习新的事物，愿意改变自己。另外，人更愿意跟赏识自己的人建立关系，更愿意追随欣赏自己的人。② 马克·吐温说过：“一句表扬的话能激励我整整一个月。”

但是，并非所有的赞美都具有积极意义，只有欣赏式赞美才具有建设性。所以，要多用欣赏式赞美，不用评价式赞美。欣赏式赞美是描述性的，只是赞扬学生的努力、工作和

① 约瑟夫·格雷尼，科里·帕特森，等. 影响力大师：如何调动团队力量. 毕崇毅，译. 北京：机械工业出版社，2018.

② 刘澜. 领导力十律. 北京：机械工业出版社，2013.

成果，学生在这种真实的被欣赏中获得积极性的自我认定，以提升学生的自尊感和自我形象。评价式赞美则是对学生品性的评判，学生容易滋生依赖或不安，甚至失去尝试的勇气。我们看一个案例：

课堂提问，一个学生没有回答出来，老师提问另一个学生，这个学生答对了，老师夸赞："你是个聪明的学生。"

请问，这个老师的赞美有什么问题？这个老师的赞美是评价式赞美而非欣赏式赞美。他在赞美回答出问题的学生聪明的同时，容易让没有回答出问题的学生产生自己笨的想法。

有效批评

教师在教育教学过程中，难免要批评学生，批评是教师常用的教育手段，也是与学生对话沟通时常用的方法。但不是所有的批评都会奏效，有学生的原因，也有教师的原因。教师批评得是否科学？是否有技巧？是否艺术？这些因素会大大地影响批评的效果。我们看看下面的案例：

有个学生忘记把书按期还给图书馆，图书馆管理员告知其班主任帮助催还。下面是班主任甲老师和乙老师的说法：

甲老师："某同学，你借书的期限已到，你应该把书还回图书馆。"

乙老师："某同学，你怎么这么没有责任感？每次不是拖延就是遗忘。这次，你为什么到现在还没有还书？"

请大家思考一下，甲老师和乙老师的语言有什么不同？甲老师是就事论事，没有评论学生的人格品行，而乙老师则是在批评学生的品格。哪位老师的做法是对的？显而易见，当然是甲老师。我们要牢记：有效的沟通以学生的立场就事论事；无效的沟通总是批评学生的品格。

教师在批评学生时候，要注意避免以下几点：不要否定学生的知觉，不要忽视学生的情绪，不要毁掉学生的愿望，不要嘲笑学生的判断，不要看轻学生的意见，不要贬低学生的人格，不要质疑学生的经验。

关于批评学生的技巧，这里介绍一种批评学生的"六步进阶法"：调整心态，反省对话是否正确；切入话题，伺机说明批评的理由；提出明确、中肯的批评；请对方给出解释；向学生建议如何改进；总结强化对方承诺的行动。

第一步，调整心态，反省对话是否正确。教师在批评学生时候，要反省自己是否真诚？是否友善？是否理解学生？是否尊重学生？批评学生的时候，教师要有良好的、正确的心态，才能在理智的状态下取得良好的批评效果。例如，王小明同学犯了错误，你准备找他谈话，谈话前，如果你的心态是："王小明这次犯错误实在太令人气愤了！简直是不可饶恕！这次一定要让他下不了台！""我指出他的错误，他肯定会跟我大吵大闹，那就麻烦了！索性跟他翻脸吵到底！否则他会骑到我头上来！"类似这种心态是非理智的、过于情绪化的，是错误的。抱着这种心态，接下来的谈话效果会很糟糕。正确心态应该是："王小明这次犯错误给老师造成了不少麻烦，但还不至于无法收拾，我要指出他的错误并让他改正，我必须保持冷静。”“批评他时，他可能一下子受不了，不过我想即使他一时失去理智，我也会一步步地开导他改正错误！”

第二步，切入话题，伺机说明批评的理由。批评人要像刮胡子前先抹剃须膏一样，不能拿起刀来直接刮，也就是说批评前要有铺垫。之后，一旦切入话题，就不要再拐弯抹角、模棱两可，而是观点明确，说明批评的理由，要指出对方错误对别人的影响，例如，“今天你上课的表现给老师带来了很大的麻烦。”同时指出对方错误给学生自己造成的影响，例如，“如果你不改变今天的行为，那么会影响你今后的成长。”

第三步，提出明确、中肯的批评。教师批评学生的句子应以“我”字开头，例如“我对你今天的做法很不满意。”批评的句子越简短越好，不要啰唆；同时要注意体态的配合，要有诚恳、坦率的目光。

第四步，请对方给出解释。在批评学生的过程中，要给学生解释的机会，并且耐心听学生的解释。方法是积极的询问：你能说说这是怎么回事吗？你为什么会这么做呢？

第五步，向学生建议如何改进。教师不仅要向学生说出改进的目标，还应该说出改进的方法和策略，或者指导学生自己找到方法。教师要引导学生改变看待问题的角度，改变思路，这样才能找到改变行为的策略和方法。这里要注意，教师要引导学生怎么做，说服学生怎么做，而不是居高临下地命令学生怎么做。请求与商讨的语气容易让一个人改正错误，既保持了他人的自尊，又满足了他人的自重感。无礼的命令只会导致长久的积怨，即使这个命令可以用来纠正他人明显的错误。可以用以下三种方式：鼓励型，如“你有什么改进的构想？”建议型，如“我要求你这样做你觉得怎样？”帮扶型，如“老师来帮助你改正，你同意吗？”

跟学生讲道理，很重要的一点是要学会剥茧抽丝，逐步引导，层层深入，将学生的思想统一和升华到一个新的高度。在说服的过程中，不能只讲大道理，如果将道理讲得具体生动，引人思考，再提供具体改进的方法和措施，才会让学生觉得是这么回事，才能循序渐进地改正错误。

第六步，总结强化对方承诺的行动。向对方说明这次批评的严肃认真性，例如这样说：“老师希望你对今天所说的话负责，我会经常检查督促你的。过一个星期，我就来看看你的计划执行得如何。”

教师应该避免的言行

教师在与学生沟通的过程中，要注意避免一些容易导致不良效果的言行，例如：使用过多的“你向信息”，使用“杀手”语言，不能控制情绪，采用学生讨厌的方式（如找家长、校长、班主任）等。

“你向信息”特征：主观意识过强，忽略别人的感受，不留余地地说出对他人的评价。结果让对方不愉快，使对方抗拒、畏缩。这是无效的沟通，是沟通的“杀手”。例如这类语言：“你听明白了吗？”“你怎么这么懒！”“还不快去做下一题！”“你究竟有没有照我的话去做！”“你怎么不认真读书！”“你的行为对得起打工赚学费的父母吗？”

教师在与学生交流过程中要避免富有杀伤力的“杀手”语言。尽量避免如下类型的语言：

辱骂责备：你简直是不可救药，来学校纯粹是混日子！

道德说教：你们现在的学习条件多好，衣来伸手，饭来张口，要懂得珍惜，要为父母争气！

命令指使：把你家长叫来！

训诫指责：就你特殊，你以为你是谁？

嘲讽轻视：这么简单的题都不会，都讲过几遍了？你能不能长点记性！

威胁利诱：你不想读就回家去，反正我迟早要停你的课！

消极预测：你再这样下去，恐怕连大学都上不了！

一位中学生对教师管理学生时最常使用的语言进行归纳，总结出如下教师批评学生的10大语言类型，我们要尽量避免：

挑战式：我要是管不了你，我就不当这个老师了！

挖苦式：你当然比老师强了。

预言式：我看你呀，没戏！

比较式：你和某某差十万八千里！

结论式：我教了几十年的书，没有见过你这样的学生。

孤立式：同学们的时间被你占去了五分钟，该怎么办呢？

记账式：毕业时会给你记上一笔的。

驱逐式：你给我站到教室外面去！

罢课式：我走！这堂课大家听他讲吧。

接纳、喜欢、爱是沟通的前提，富有同理心才能理解学生，进而获得学生的信任。欣赏而非评判是赞美的技巧，论事而非评论品性是沟通的有效原则，嘲讽、说教与藐视是沟通的敌人。“良言一句三冬暖，恶语伤人六月寒。”我们一定要修炼语言功夫，多讲良言，少说恶语。

案例

教育是生命与生命的对话

“范老师，艾真和冯老师在教室里要打起来了，您快去看看吧。”

当我跑到教室门前时，紧张的对峙还未平息，冯老师要求艾真出去，艾真说：“凭什么要我出去？”他的情绪很激动，要冲向老师。冯老师情绪也正在上涨，“没见过这样的小孩！”剑拔弩张的情势让同学们都愕然了。我带着镇定的神情，与艾真的眼神一对上，他平复了很多。

艾真，男孩，初三学生，一米七五的身高，爱好打篮球、踢足球，身板很结实，性格很倔。由于我是思想品德老师，又是年级组长，平常与这些小孩的关系都很好。作为老师，我第一次碰到如此尖锐的师生矛盾，而且当事人还是一位很优秀的女老师和学生。我看着艾真，走到他身边，用温柔且坚定的语气缓缓地说：“可以了吧，有什么事不可以好好说？受到多大的委屈，要这样？不觉得过分？老师犯了多大的错误要你这样拼命的样子？”他低着头，抹着眼泪，一声不吭。我转身和冯老师说：“冯老师，别生气，小孩子就是一时激动。别在意，我来处理，您上课吧！”看得出来，冯老师也是第一次碰到这样棘手的矛盾。我稍稍提高了声音，对艾真说：“到我办公室来聊聊吧。”

到办公室后，我请艾真坐下，很不解地调侃着：“干吗那么激动？受了什么委屈？说说因为什么事？”原来他不满冯老师打他。我问：“为什么打你？”他声音很低地说：“因为早读课玩手机，然后英语单词没有背，跟老师犟嘴，老师用书拍了我一下，我觉得很没面子，心里就有火。我声音很大地告诉老师不要再打，然后老师又说我态度恶劣，又要拍我，我就用手挡了一下，打到了老师的脸……”冯老师很生气，要他出去理论，他不仅不听，反而出言不逊，所以就有了刚才那一幕。

我静静地听着，问他：“你觉得你今天的行为怎样？”他没有吭声。我继续追问：“你觉得冯老师错了吗？”他还是不作声。我说：“你不吭声，其实老师就知道你已经认识到你的行为是错误的。老师很感谢你，今天很给老师面子，你一看到我，就能很快平复你的情绪。我觉得你还是很信任老师的。现在说说你的行为错在哪？”他说：“早读课不能玩手机，违反学校规定，没有按照老师要求做，还跟老师犟嘴，自己学得不好，还不服老师管理，特别是对老师出言不逊，还让老师丢了面子，不过，我真不是故意的……我只是当时很激动，脑子没想别的，就是觉得老师不要那样做，我也是有自尊心的……”我静静地听着他的表述，待他说完后，我说：“你还有要说的吗？”他说：“没有了。”我说：“你看你头脑多么清楚。错误的表现与原因列举得既清晰又深刻，知道违反校纪，知道对老师不礼貌，知道自己不听老师教导，知道自己伤害了老师，当然也知道自己是有自尊心的。”我问：“你看你这样做，是自尊心保护好了，还是没有保护好？现在感觉怎样？”他说：“现在非常后悔。老师，我错了。”我说：“这很好，认识问题既透彻又迅速。其实我知道，你是一个非常善良的、正义的孩子，因为你平常在思想品德课堂上的表现和在同学中的威望，以及你打篮球和踢足球的表现，都说明你是一个有很好控制力的男孩。犯了错误没有关系，问题是犯了错误之后要吸取教训。”我问他：“今天这个事有什么好的解决方法？”他说：“老师，我知道怎么做了。”我说：“你打算怎么做？”“我会向冯老师道歉的，并且在全班做检讨，保证以后一定遵守校规班规，以后一定努力完成老师布置的任务，争取学习上有更大的进步。”我肯定了他说得很好，脑子反应灵活。一下子就能认识错误，并且转变得很快。

我为了让他更加主动自觉地把矛盾化解，也为了他能够全面思考，而不再自以为是，犯倔劲，也为了让他改变为了自己的自尊而不要别人的自尊这样的性格，我追问了一个问题：“你觉得冯老师会接受吗？”他说：“不知道。”“那如果不接受呢？你应该怎么办？”他看着我，本来是阳光帅气的脸，一下子又暗淡了。我想让他明白一个道理，伤害人是要付出代价的。

他对我的问题自我解释：“老师不应该打人的。老师你也说过，任何人都没有打人的权利。”我说：“既然如此，你那样对老师说话，作为一个学生，妥当吗？老师也没有真的要打你。”他说：“我知道。所以现在特别伤心，我对不起冯老师。其实冯老师平常对我非常关心，不知道为什么当时就那么大的情绪。”看着他再次陷入自责中，我觉得火候也差不多了。情绪控制了，错误也认识了，尤其是错误的认知度加深，知道冯老师平常对自己很好，这样对自己的行为就有了更大的自责。我说：“很好。冯老师确实是会非常生气，对你好，你还这样对待老师。当然，我相信冯老师不会为难你。作为老师，打学生确实不对，但是学生要理解。现在你已经理解老师了，这是非常难能可贵的。老师肯定不会和学生计较，何况冯老师还是那么一个优秀的老师，爱学生，工作认真负责，很多学生喜欢。所以，你这一闹，冯老师、你自己都是不愉快的。这里的关键点，就是看你的态度和表现。”他说：“那我一下课就去道歉。”“很好，需要我帮忙吗？”我再次给他巨大的支持，他说：“不用了。”我说：“相信你。需要我做什么，再来找我。”

他豁然开朗地走出了办公室，那种力量，那种释然，那种明白，是他生命碰到困难的自我解放、自我突破、自我救赎。

经了解，艾真同学回班后，先是向冯老师深深地鞠躬，并当着全班同学的面表达了对冯老师的歉意和对自己今天行为的愧疚与自责，冯老师也进行了及时回应，她肯定了艾真同学是一位非常好的同学，平常对老师很有礼貌、很尊敬，今天的事，老师也不对，也向艾真表示歉意，请他理解老师的着急。艾真同学留下了泪水，这是感动的泪、愧疚的泪、自责的泪。著名教育家苏霍姆林斯基说过：“有时宽容引起的道德震动比惩罚更强烈。”经历这件事情之后，艾真同学上课非常认真，与冯老师相处得很好，英语成绩在冯老师的帮助下也飞速提升。

此次师生矛盾的成功破解再次印证：教育成功的秘密在于尊重学生。我没有训斥艾真，而是平和地把他带到办公室，让他落座，倾听他的诉说。“教育是生命与生命的对话”，作为一个生命体，师生应该是平等的。事实上，教育要获得持久深入的教育效果，来自触及生命思考，引发心灵震撼的人际沟通。而不是，教师的权威、只有学生的错没有老师错和所谓的“师道尊严”。以诚相待，将心比心，推己及人，反躬自问，润物无声的“生命对话”和以生命平等为基础的人格平等，定会显出自然本色的教育真效力、善结果。教育是人与人心灵上最微妙的接触，教育应该在人的心灵中播种爱心，播种善美，播种智慧，播种光明。教育的真正价值在于影响人的生命。

资料来源：第三届中国陶行知研究会生命教育专业委员会学术年会生命叙事论文集．

深度反思

阅读本部分后我收获了什么？

我还需要进一步修炼什么？

我将怎样修炼？

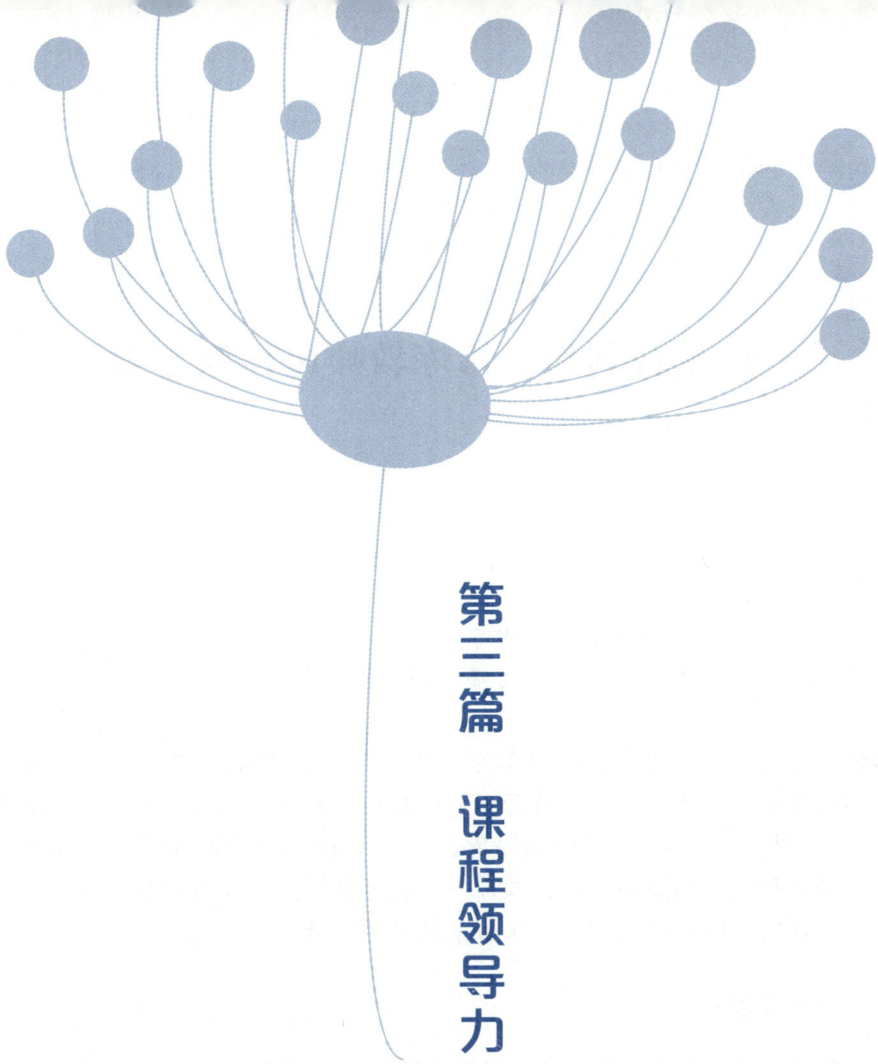

第三篇 课程领导力

课是点燃求知欲和道德信念火把的第一颗火星。

——苏霍姆林斯基

美国等国家很早就关注研究“课程领导”，我国是在第八次基础教育课程改革实施过程中，“课程领导”这一概念才进入人们的视野。修炼课程领导力是新时代教师素质培养的重要要求。发挥课程领导力，是优秀教师专业素养的更高体现。骨干教师不仅具有良好的课程实践能力，更懂得从课程实践示范能力、课程创新能力、课程价值引领能力、课程团队领导能力等方面进行修炼与提升，促进自身教师专业能力飞跃性发展，从而成为课程领导者。为促进学校课程可持续发展，提升学校课程文化品位，学校需要有一支较强的课程创生团队。课程创生团队要营造愿景一致、彼此信任、精诚合作、与时俱进的文化氛围，则团队中的每一位教师都需要淬炼课程文化创生力。提炼课程价值，聚焦立德树人；着眼学科建模，挖掘文化特色；打破学科边界，注重开放多元；重视信息化专业发展，引领教育创新。在课程创生团队建设的过程中，教师逐渐形成了多重角色，如学校课程愿景的发展者、国家课程实施的引领者、特色课程的开发者、学生核心素养的助力者、学习共同体中的重要伙伴等。分布式领导将会成为课程创生团队越来越重要的存在方式，课程创生团队中“人人都是领导者”将会成为真正的现实。

No. 5 整合创新，修炼教师课程领导力

静心思考

1. 你理解课程领导力吗？你具有课程领导力吗？
2. 教师为什么要修炼课程领导力？如何修炼课程领导力？

教师课程领导作为事实一直存在，但作为一种理念，是刚刚兴起的。“对于处在变革过程中面临诸多挑战依然不改初心、执着探索的优秀教师来说，成为学校中的课程领导并持续影响他人，尤其是一种值得追求的新境界。”① 成为课程领导既是课程改革发展的要求，也是优秀教师自身成长的需要。课程领导力是教师领导力的重要组成部分。什么是教师的课程领导力？如何修炼？让我们一起来探索这个新领域。

如何理解“课程领导”

各位老师，什么是“课程领导”？在你们的学校中，经常有人提起这个概念吗？老师们理解这个概念吗？大家认可这个概念吗？课程领导的理论对中小学老师有何指导意义？

“课程领导”是课程领域中比较新的研究话题。20 世纪 60 年代以来，随着世界范围内此起彼伏的课程改革浪潮，“课程领导”逐渐步入课程理论研究和课程实施实践的视野。在我国，“课程领导”这个概念是在第八次基础教育课程改革过程中流行起来的。比较早论述课程领导的论文是华东师范大学钟启泉教授在 2002 年发表的《从“课程管理”到“课程领导”》，自此，国内教育学界对课程领导的内涵、层次、类型、角色、功能、任务、策略等展开大量研究，“校长的课程领导”“教师的课程领导”进入人们的研究视野，对中小学课程实践也产生了一定的指导作用。

根据美国课程专家的研究，课程领导的含义是：

（1）一个团体，而非个别的领导者（如校长），包括组织内的每一个成员都有成为领导者的潜能和权利。

（2）团体内的所有成员一起学习、一起合作，建构意义和知识。领导是可以促使建设性转变学习的，学习具有共同的目的。

（3）透过成员间的交谈，把观感、价值观、意念、信息和假设表面化；一起研究和产生意念；在共同信念和信息的情境下，反思工作并赋予工作意义；促进有助于工作的

① 杨小微．成为课程领导：优秀教师成长的境界．教育发展研究，2017（3）.

行动。

（4）要求权力和权威的再分配，共同承担或共享学习、目的、行动和责任。[①]

概括地说，课程领导是指为了实现课程目标，在一定条件下对课程领域的组织和人员施加影响的过程，具有决策、组织与引导等职能，对课程的形成、实施、改革与发展都具有重要影响。[②] 课程领导是一个多层面的开展活动和运作的系统：国家层面主要体现在教育部制定改革纲要、课程方案、课程标准，组织教科书编写，制定印发配套文件；地方对课程的领导则是以国家政策文件为指导，具体检查和监督学校对国家课程的贯彻执行情况；学校对课程的领导是指校领导对课程教学实施过程的领导；教师的课程领导主要指的是教师在课程实施过程中的影响力，并具体落实学校的课程决策。

课程领导与课程管理有何不同？课程领导在本质上彰显了从行政权威走向专业权威。课程领导是一种用以革新课程管理的新的教育思想和教育实践领域，意在摆脱传统上的自上而下的官僚体制的“监控”“管制”的管理思想，强调诉诸课程实施组织自身的创意与创造力，自律地、自主地驱动组织本身的含义和韵味。[③] 课程管理强调控制与秩序，视课程为一个具有一定秩序的系统，最高管理阶层掌握信息与规则，学校和教师忠实地执行自上而下的行政命令，管理者与被管理者是主动与被动的关系。课程领导强调理解与多元，视课程的组织体系为自由、民主、开放，体系里的最高管理阶层及每个学校和教师都是具有创意和创造力的主体，认同共同的课程目标，分享权力、民主参与，领导者与追随者的关系是平等的，发挥各自的自主性。课程领导是教育改革的时代要求，也是一种理念的变化与价值的选择。[④]

什么是教师的课程领导

关于教师的课程领导，有学者是这样描述的：教师的课程领导是以教师作为课程发展的领导者，并不是要教导、指导教师，而是更重视教师教学经验的分享、教师群体间的互动、生命经验的相互述说以及经验的连接；其主要任务是作为教师的亲密伙伴，由教师帮助教师，改善教师的处境，并作为教师群体与学校领导之间的联系者与转化者，同时是教师群体间的知识管理者与协助转化者；在此过程中，更重视彼此的关系与相互信任，期待通过教学的实践与叙说，激发并延续教师对教育的热情，使彼此更能承担责任，更有力量，更有勇气。教师课程领导肩负了师资的改善、计划或课程的改善以及系统性的以学校为目标的改善与变革。[⑤]

教师课程领导的意义

教师课程领导是教师专业发展的标志，是教师自我发展的需要。我国台湾地区学者邱

---

① 钟启泉．从“行政权威”走向“专业威”——“课程领导”的困惑与课题．教育发展研究，2006（4A）．

② 李定仁，段兆兵．试论课程领导与课程发展．课程·教材·教法，2004（2）．

③ 钟启泉．从“课程管理”到“课程领导”．全球教育展望，2002（12）．

④ 郑东辉．教师课程领导的角色与任务探析．课程·教材·教法，2007（4）．

⑤ 许占权．论教师的课程领导．中小学教师培训，2006（11）．

祖贤博士认为，教师的专业成长可分为“三部曲”：实习教师→初任教师→课程领导者。可以说，教师课程领导是教师专业发展成熟的标志，教师课程领导是教师专业发展的最高境界。人们追求一种自我的持续成长和发展，如此才能有效地面对工作中层出不穷的事件。在教师的职业生涯中，能成为课程领导，是教师自我发展的结果，是教师专业发展的理想境界。通过课程领导，教师将有机会充分发挥自己的专业才干，并带动教师共同体的发展。课程领导角色的扮演，其实就是教师专业成长的动态历程与主要机制。教师从实习教师发展到课程领导的角色，必须经由教师的自我学习、反思，与其他教师互动切磋和凝聚共识，增进专业发展的广度、深度与厚度。教师课程领导者必定是教师专业水平达到了一定高度之人。

教师课程领导是学校领导文化转型的标志，是从顺从文化走向互动文化的需要。长期以来，顺从文化占据着我国的校园，教师被动地顺从校长的领导，学生被动地顺从教师的教导；教师被动地教授课程，学生被动地学习课程。遵守规定与政策，服从上级的指示是教师们的工作准则。教师课程领导的实现将打破这种传统的被动文化，塑造一种新型的互动文化。这种互动文化充分体现教师的主体性，教师从被动的员工变成课程领导的重要成员，与校长一起关心学校的发展，关心课程的开发设计、实施与评价。参与、倡议、协同、创新、团队合作等理念取代顺从、遵守、服从等字眼。教师课程领导把由上而下的领导观转化为民主的、合作的、分享的领导观。传统的学校领导，是在校长的强势领导下，教师必须跟着做，而教师课程领导是给每一位教师赋权增能，使自我的课程意识觉醒，并能发现自己的课程权利，然后发展出属于自己的课程理论。

教师课程领导是课程实施从忠实取向走向创生取向的标志，是新课程实施的需要。课程实施的忠实取向表现为课程实施过程中忠实地执行课程计划，被实施的课程无非是专家预先确立的课程知识的具体显现而已。忠实取向视野中的课程知识是由课程专家创造、选择并提供的，教师对课程知识的创造和选择没有真正的发言权。而课程创生取向认为，真正的课程是教师与学生联合创造的教育经验，课程实施本质上是在具体教育情境中创生新的教育经验的过程，有的课程计划只是供这个经验创生过程选择的工具而已。课程变革是教师和学生个性的成长与发展的过程——思维和行为上的变化，而不是一套设计和实施新课程的组织程序。课程创生取向还认为，教师的角色是课程开发者。长期以来，我国的课程实施明显表现的是忠实取向的特征，缺少创生取向的特征。课程实施从忠实取向走向创生取向是课程变革的发展方向，并且我国新课程的实施急需最大限度地弘扬教师的主体参与精神。正如张华教授所说的：“只有当专家开发的课程能够引发教师和学生创生课程的积极性，使教师和学生自主地走上个性发展之路的时候，课程改革才能进入新的境界。”①教师课程领导恰恰是教师在课程实施过程中主体性发挥的渠道与标志，是课程实施转向创生取向的需要。

教师课程领导是校本研训的标志之一，是教师生活世界与生命经验分享与交流的需要。校本研训是校本研究与校本培训的简称。无论是校本研究还是校本培训，都是发生在学校内教师之间，教师是校本研训的主体，教师往往还扮演了课程领导的角色。教师经常

① 张华．课程与教学论．上海：上海教育出版社，2000.

需要激励；同时，教师需要针对在工作中产生的困惑和问题进行探讨、交流，教师的成功经验也需要分享。教师的这些需要无法从领导那里得到很好的满足，也无法通过参加培训或听报告得到很好解决。此时，同行之间的影响非常重要，校园中的优秀教师有机会从事教学与观念的交流，彼此进行生命经验的分享，这种互动是教师专业发展与个人成长的活力源泉。有经验、有热情的教师协助教师开启自己，利用眼前的一切资源，来解决教师遇到的问题和困惑。教师的课程领导带领教师走出狭隘的世界，扩宽了教师的眼界。

教师课程领导是弥补教师与学校领导鸿沟的标志，是上下沟通的需要。学校的领导工作仅仅通过校长、主任等行政人员的努力是无法完成的。教师课程领导可以分散课程专业领导权，充当学校行政人员与教师间沟通的纽带，进而弥补可能存在的鸿沟。教师课程领导是教师心灵的代言人，兼具学校政策传达与课程发展的协助者角色。教师课程领导是教师的密友和指导者，同时也是校长亲近的共同工作者。来自校长和同行们的信任是教师课程领导成功的必要条件。①

什么是教师的课程领导力

教师的课程领导力即教师个体或群体在课程实践活动中表现出的感召、示范、推动等积极影响力，具体表现为教师在课程规划、执行、开发、资源建设、实施及评价等课程实践中的价值引导力、实践示范力及文化建设力。教师课程领导力贯穿于学校课程实践始终，包括课程规划、开发、实施、评价等诸多环节。学校课程实践涉及执行国家与地方课程、开发校本课程以及相应的课程实施和评价等。教师的课程领导力要素表现为课程价值引导力、课程实践示范力和课程文化建设力。②

课程价值领导力

教育始终具有强烈的价值追求。教师课程领导力的发挥首先表现为能够深刻而准确地理解和把握课程理念、目标、价值观等，激励和引领自我及同行树立正确的课程价值信念，形成基本的课程价值认同，并批判性地审视现实教育环境与条件，修正偏误的课程价值观念，创造性地开展课程实践，从而有效地实现学校课程价值目标。

课程实践示范力

课程实践是教师工作的重要内容，具有课程领导力的教师具有卓越的知能素养，在日常实践中发挥示范作用。鉴于我国中小学教师的课程实践现状，其课程实践示范力主要表现在国家和地方课程的执行力、校本和生本课程的研发力、课程实施和评价的创新力。

课程文化建设力

具有课程领导力的教师不仅自觉地认识到参与课程变革的内在权责，而且在学校课程文化和教育愿景构建中主动地影响和带动同行共同参与课程事务，积极谋划富有特色的学校课程愿景，彰显学校成员对未来学校课程的共同期望。

---

① 许占权．论教师的课程领导．中小学教师培训，2006（11）．

② 杨跃．教师的课程领导力：源泉、要素及培育．当代教师教育，2017（1）．

在深化教育教学改革、全面提升基础教育质量的背景下，对于处在巨大的变革过程中、面临各种教育教学挑战的教师来说，不忘初心，执着探索专业发展令人敬佩，能勇敢担当课程领导的职责，推动课程发展，则更为可贵。2019年中华人民共和国成立70周年之际，被党中央授予“人民教育家”这一国家荣誉称号的于漪，正是一位为新中国中学语文课程建设、教育改革和语文教学发展做出杰出贡献的功勋模范人物。她坚持教文育人，推动语文学科“人文性”特点写入语文课程标准，主张教育思想和教学实践同步创新，撰写数百万字教育著述，她的许多重要观点被教育部门采纳。这正是教师课程领导力的最高体现。

课程领导力是优秀教师专业素养的更高体现

教育部印发的《基础教育课程改革纲要（试行）》（教基〔2001〕17号）提出：实行国家、地方、学校三级课程管理，增强课程对地方、学校及学生的适应性。这标志着三级课程管理体制正式形成，地方和学校不再是课程简单被动的执行者，而是允许其创造性地落实国家课程方案。随着我国课程建设的蓬勃发展，广大教师施展专业素养的平台更为宽广，修炼课程领导力成为新时代教师素质培养的重要要求。《中共中央 国务院关于深化教育教学改革全面提高义务教育质量的意见》提出要“加强课程教材建设”，进一步明确国家、省级、县级教育部门在三级课程管理中的职能和任务。教师作为三级课程的实施主体，在课程的设计、开发、评价等方面有着不可替代的优势。实现立德树人的根本目标，提高教育现代化水平，进一步完善三级课程建设，不仅需要全体教师积极投入其中，更需要具有课程领导力的教师发挥其应有的作用。学校课程领导不再是校长、教学副校长、教研处主任等行政管理人员的专利。教师也逐步有了机会参与课程领导，分享一定的课程权力。一线教师根据课程建设与发展的需要，在学校赋予一定的课程领导权的前提下，就担当起了课程领导的责任。引领学校、学科课程团队高质量执行国家课程、创造性使用地方课程、个性化研发校本和生本课程，成为这些教师的重要使命，也是其教师课程领导力的重要体现。修炼和具有课程领导力，是优秀教师专业素养的更高体现。

为贯彻中央重大决策部署，落实立德树人根本任务，适应基础教育发展新要求，协同推进综合改革，近年来，国家课程教材建设得到了党中央、国务院的高度重视。2017年国家教材委员会成立，统筹指导管理教材工作，强调要按照中央决策部署抓紧编好中小学三科教材，实行国家统编、统审、统用。同年秋季学期开始，教育部统一组织新编的义务教育《道德与法治》、《语文》和《历史》三科教材在全国所有地区初始年级投入使用。2019年秋季，义务教育统编教材实现在全国各地的所有年级全覆盖。2017年，教育部同时启动了普通高中《思想政治》《语文》《历史》教材统编工作。经过两年多的努力，教材编审工作全部完成，于2019年9月率先在部分省市普通高中起始年级投入使用，其他省份也陆续全面推开。通过科学选择、整合、补充、拓展等方式，进行再加工、再创造，国家课程学习与区域、学校、学生的特点和需要高度契合，培养学生成为担当民族复兴大任的时代新人，这是每个教师必须肩负的重大责任。具有课程领导力的教师在这方面更应充分发挥示范作用，引领广大教师更准确深入地理解新教材、用好新教材，高质量执行国家课程。深圳市杨玉英老师的“《论语》分主题精读”课程，就属于推进国家语文课程校本化深入实施的学科拓展课程。杨玉英老师作为一名一线语文教师，在中华优秀传统文化课程建设方面做出了突出贡献，发挥了高超的课程领导力。

案例

杨玉英老师的“《论语》分主题精读”课程

深圳市教育科研专家工作室主持人杨玉英老师，研读《论语》二十余年，结合多年教学经验，创立“《论语》分主题精读”课程。该课程荣获深圳市 2015 年“好课程”称号，成为深圳市教师继续教育的常规课程。“《论语》分主题精读”课程秉持“读《论语》，培养中国学生核心素养”的教育理念，以带领学生分主题精读《论语》，以中国经典智慧滋养学生，培育人文核心素养和语文核心素养，使之成为人格健全的少年君子作为课程的目的和使命。

为了引领更多的中学语文教师学习和运用“《论语》分主题精读”课程，杨玉英老师开放课堂，如《与孔子初相识》等，从而使老师们认识到，要调动学生的学习兴趣，揭开《论语》的神秘面纱，降低它的高深难度，引领学生进行“熟读、成诵、理解、致用”，打造生动活泼、别具一格的《论语》学习课堂，扎扎实实提升学生高质量的语文素养和人文素养。同时，杨老师不仅举办了多场讲座和读书会，还组建了“《论语》分主题精读”课程教研团队。团队成员既有小学教师，也有中学教师，既有语文教师，也有其他学科的教师。为便于交流，杨老师依托微信群交流、微信公众号推送和线下培训等方式，给成员们解读《论语》并进行教学指导。截至 2019 年 9 月，“《论语》分主题精读”课程在全国各地有 200 多所学校开设，课程生命力蓬勃发展。

教师课程实践能力是修炼课程领导力的前提

课程实践能力是教师课程领导力的前提。教师对课程是否有高度的实践能力，实质是对“为何教”“教什么”“怎样教”“教得怎样”等问题有着深刻、全面、立体的思考和坚定、务实的践行能力，真正实现由知识的“传授者”角色向课程的“实践者”角色转型。在当前新课程改革的背景下，以培养学生学科核心素养为导向的课程实践能力具体表现在如下方面。

与时俱进的课程意识

课程意识是教师课程实践能力的基础。教师的课程意识，“是在课程建设和发展过程中，教师对自身所处地位和所起作用的认可、对课程实施问题的感知及应对能力。一方面是教师能够意识到自身在课程建设中的地位和作用，另一方面是教师针对当下课程发展情况的感知和对相关变化的适应能力”。[①] 时至今日，更需要教师具有敏锐的课程意识，明晰自己在课程改革中的重要地位，准确理解学科课程理念及体系，把握学科核心素养，使学

① 张萍，李晓华．论核心素养视野下教师课程领导力的回归与提升．当代教师教育，2018（3）.

科教学指向学科核心素养的培养，并能及时发现、解决学科核心素养落实中存在的现实问题，对课程的再创造投入饱满的热情。

富有创新的课程开发与设计能力

近年来，教师成为课程的开发与设计者越来越引起人们的重视，教师如何进行富有创造力的课程开发与设计这一论题，引发了诸多讨论。教师的课程开发能力，是指“教师对自身所任教学科课程相关资源的进一步整合和开发的能力，主要体现在课程方案的制定和修改方面。一方面是教师在实施原有课程中所做的部分改进，另一方面是教师结合本地区及本校的传统和优势、学生的兴趣和需要开发（或选用）地方（或校本）课程”。教师的课程设计能力，是“教师要拥有对达成课程目标所需的教学内容、教学技术和教学程序的计划与选择能力。体现在教师对课程目标的领悟、对教学内容和教学方法的选取、对学生学习情况的整体把握等方面”①。富有创新的课程开发与设计，是有效课程实施的前提条件。要培养学生深厚的学科核心素养，具备适应终身发展和社会发展的必备品格和关键能力，更需要教师打破“教教材”的固有思维，通过不断整合课程资源、合理规划教学和及时调整教学规划及方法，推动学科核心素养的进一步落实。

务实创新的课程实施能力

课程实施能力是课程实践能力的核心，在课程建设中是否具有较高的课程执行能力和课程协调能力，是能否落实学科核心素养培养的关键。在教学过程中，教师能对教学实践的目标进行科学管理，对教学过程及方法进行及时干预调整，有效整合学生、教师、家长等相关的课程人力资源，形成课程学习合力，在相对稳定而务实的课程实施中找到课程创新的突破口，从而提升课程核心素养教育质量。

以发展为导向的课程评价与反思能力

新的课程改革，要求教师对学生的学习评价能以学科核心素养的发展成长为导向，坚持以方向性、指导性、客观性、公正性等评价原则，开展多元评价，不断激发学生的潜能，更好地促进学生成长；同时，要求教师在课程与教学实施的整个过程中，对课程与自我表现进行及时总结与反思，使课程历久弥新，从而促进自身不断成长，使课程、教师、教学都葆有旺盛的生命力。

为了落实立德树人的根本任务，具备敏锐课程意识和强劲课程实践能力的教师，在推动课程发展的过程中，逐步会成为课程的参与者、研究者、创造者，从而在同行之间、学校内部乃至在一定区域起到突出的示范引领作用，发挥感召力和推动力，自觉或不自觉地担当起课程领导，使自身的课程领导力得到修炼和提升。

如何修炼课程领导力

具有高超的课程实践能力，是修炼课程领导力的坚实根基。那么，什么样的教师具备课程领导力？让我们看一个案例吧。

---

① 张萍，李晓华．论核心素养视野下教师课程领导力的回归与提升．当代教师教育，2018（3）.

案例

“争当微笑志愿者，文明读书伴我行”综合实践课程的建设之路

湛江市第十九小学　陈一新

2016年，我与我的团队所开发和实施的小学综合实践活动校本课程——“争当微笑志愿者，文明读书伴我行”，获得了广东省教育教学成果三等奖，获得了湛江市教育教学改革成果一等奖。现回顾这个课程开发和实施的过程，以求能总结积淀课程开发和实施的一些经验，供今后借鉴。

一、分析教育背景，抓契机选方向

新一轮教学改革中，出现了很多新理念、新概念和新模式。很多学校都结合自己的办学特色选定了课程研究的方向，开设了校本课程。作为学校教导处的负责人，我陷入思考：究竟我要带领老师们投身一个怎样的教研领域呢？正在我踌躇不定之时，我区教研室组织召开了“义务教育阶段综合实践活动课程建设研讨活动”。此时《中国学生发展核心素养》正式发布。敏锐的教育风向感告诉我：新一轮的教学改革，赋予了综合实践活动课程（以下简称综实课程）非常重要的使命，因为综实课程在培育学生核心素养方面具有独特的价值和功能，体现了教育改革的方向。

我认定综实课程必是本轮教学改革的重头戏，决定在这个领域进行课程研究和开发，决意对自己固有的常规课堂教学模式进行一个脱胎换骨的改变。

二、学习理论知识，把握课改方向

要引领老师们走入综合实践活动这门课程，我自己要清晰了解其相关理论知识。例如：综合实践活动之“综合”指什么？“实践”的方式有哪些？这门课程的教学目标是什么？关于这门课程有哪些可借鉴的课例？俗话说：想的都是问题，学了才知答案。从何学起？我搜索了一系列有关这方面的政策文件、学科参考书、专家论著等。通过深入学习、课例分析，我厘清了概念，明确了综合实践活动课程的教学目标和教学内容，认识到综实课程能直接为学生提供一个“自主、合作、探究、创新”学习的平台，促使学生和教师真正做到“课内外结合，校内外沟通，学科间融合”，为学习方式的变革提供最有效的途径，为学生的发展成长插上坚实有力的翅膀。

作为课程的引领者，必须认清新时代教育改革的方向，选好研究领域，潜心钻研，不能盲目跟风，急于求成，只有对课改理念、课程理论知识了然于胸，才能很好地引领和推进课程的实施开展。

三、组织同行团队，尝试课程实施

“独行快，众行远。”首先要发展志同道合的同行人，联结他们，组成团队，并带领这个团队从现在这个地方去往未来期待的地方。

虽然早在2001年基础教育已经开设了综实课程，但是在这十多年中，我们的课堂教学受固有的讲授式、接受式、灌输式的教学模式限制，综实课程仍得不到很好的实施，仍未有系统的、权威的、可借鉴的教学成果。老师们对这门课程感到非常陌

生，在组织团队的过程中，我遇到了很多困难，发动了一段时间，没有一个人愿意参与这门课程的开展。

怎么办？要解决问题，还需做系统的、周密的调查工作和研究工作。在对教师的调查中，我发现阻碍他们加入团队的主要原因包括课程目标不明确、教师观念滞后、教学无法可依、课程资源欠缺等。针对这些原因，我决定采用“细化课程目标，优化课程环境，具化课程价值”的方法来完成团队组建工作。

（一）细化课程目标

针对“目标不明确”这一原因，我先梳理出一系列综实课程的技能训练点，如调查、访问、问卷、考察等共二十多种，把综实课程标准中较为宏观的教学目标描述语言转化成一个个通用技能，老师们一看便知道这门课程的训练目标了。然后分派给不同学科的老师去备课。

（二）优化课程环境

针对“课程资源欠缺”这一现状，我努力与学校领导沟通，腾出一间教室，作为综合实践活动教室，并配备计算机及开通网络供学生查找资料、老师制作课件之用；还在教室内布置几个宣传栏，展示学生作品。并向老师们承诺，如果在开展活动的过程中有需要解决的资源问题，我都会想办法尽力解决。

（三）具化课程价值

由于综实课程不像其他学科那样，很容易看到教学效果，所以老师很难对课程价值产生认同，这是造成老师观念滞后的主要原因。有些老师认为活动无用；有些老师认为活动无法开展。所以，我尝试着开展一次综合实践活动，让老师们看见课程模式，见证课程的教学效果，这些至关重要。

校本课程开发的普遍程序：

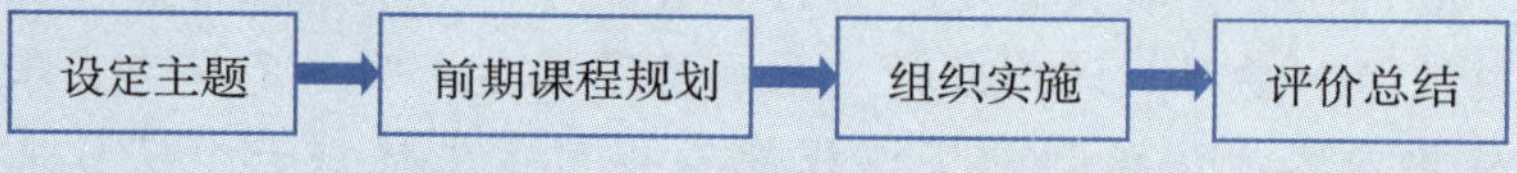

1. 设定主题

彼时，我的家乡湛江市正在创建全国文明城市，为形成市民阅读的氛围，凯德广场携手“微笑公益”组织创办了“凯德·微笑悦读馆”图书室，这里环境清新、地方宽敞，为广大市民提供了一个公益阅读空间，上千本儿童书籍及成人励志类书籍供免费阅读。我校何香荃老师是公益阅读馆的志愿者管理员。了解到这些，我马上与何老师商量：可否把这个阅读馆开发为我们学校的综合实践活动基地，组织学生来这里当志愿者？何老师非常赞同，第一个加入了我的综实课程团队。经过商量，我们把这一综合实践活动校本课程的主题定为“争当微笑志愿者，文明读书伴我行”。

2. 前期课程规划

前期课程规划包括设定课程目标、撰写方案、人员分工、资源准备等。

(1) 设定课程目标。对照综实课程标准的年段要求（参与社会活动、进行角色体验），参考四年级其他学科的教学内容（语文第五单元人文主题《我与书的故事》、数学第四单元《统计图》、信息技术《制作简单 Excel 表格》)，结合前面已经梳理出来的通用技能训练目标，即图书管理、做问卷调查、收集统计数据、写活动计划、写调查报告，设定课程目标。

(2) 资源准备。开展主题为“争当微笑志愿者，文明读书伴我行”的综实课程，涉及很多方面的资源，如场所资源、设备资源等。其中，最难解决的是人力资源。因为图书管理、做问卷调查、收集统计数据、写活动计划、写调查报告这些技能都需要有专门的指导教师。于是，我们联系了学校里有这方面特长的老师，他们答应帮助我们培训学生。教数学的何香荃老师负责指导数据分析，画统计图，写分析报告；教信息技术的梁建玲老师负责指导图书分类，打印标签，制作借书卡；教语文的梁俏玲、柯瑞琼老师负责指导写活动计划、活动总结、调查问卷。就这样，我们的团队组建起来了。

3. 组织实施

综实课程的实施有三个环节：一是争当微笑志愿者；二是当好图书管理员；三是争当文明读者。我们的初始方案只是第一个“争当微笑志愿者”，目的是让学生进行一种职业体验。但是第一个环节的系列活动结束后，学生们热情高涨，迫切希望悦读馆办得更好，让更多的人养成文明读书的习惯，因此该课程就有了延续。

4. 评价总结

综实课程可借鉴的评价模式非常少，我们只能自己尝试着做。从多个角度进行评价，不仅要关注知识技能，也要注意非智力因素的评价。

先看以下有两份评价表（见表 1、表 2）。

表 1　综合实践活动评价表

活动内容：	倡导“当文明读者”活动		活动时间：9 月 2 日
组员姓名	评价内容	自我评价	组长评价
何长威	1. 积极主动，乐于参加。	优（√）良（ ）差（ ）	优（√）良（ ）差（ ）
	2. 认真负责，完成工作。	优（√）良（ ）差（ ）	优（√）良（ ）差（ ）
	3. 主动提出自己的设想。	优（ ）良（√）差（ ）	优（ ）良（√）差（ ）
	4. 与同伴合作发挥特长。	优（√）良（ ）差（ ）	优（√）良（ ）差（ ）

表 2　主题发言评分表

评价项目	A	B	C	D
发言前准备	完全准备好了，经过排练	已经准备好了，但可能还需要再排练几次	有点准备，但很明显，缺乏排练	似乎并没有准备好
紧扣话题	保持话题的时间是 100%	保持话题的时间最多为 90%～99%	停留在话题上的时间为 75%～89%	很难讲出这个话题是什么
内容理解	能够有准备的回答同学提出的所有问题	能够准确回答同学提出的大部分问题	能够准确回答同学提出的一些问题	无法准确回答同学提出的问题
辅助道具	能够使用服装、头饰、工具等道具，使演讲更好	有使用道具，使演讲更加生动、吸引人	没有使用道具，但演讲比较生动、吸引人	不使用道具，且演讲乏味，不吸引人

我们看到，表 1 的内容描述语言简单笼统，评价的等级也没有明确的标准；而表 2 的评价针对一个训练点，评价标准描述得非常详细，对不足之处提出具体可行的意见，学生一看就清楚存在的问题，知道自己努力的方向。纵向的过程性评价避免了个体之间的比赛、排名等横向评价方式的缺点。

纵向的过程性评价模式，最大限度地保护了学生的自尊心和自信心，学生在活动过程中始终保持积极向上的学习态度和高昂的参与热情。老师们也看到了那些比分数更重要的品质和能力在这个课程的学习中生成，感受了综实课程的魅力，从而形成了共同的课程价值认同。

四、展示教学成果，形成课程愿景

为了让更多的老师了解综合实践活动课程，我们决定以不同的方式展示课程教学成果，通过文字类、表述类、图片类和资料文档类教学成果展示，老师和学生都看到了最原始的、最真实的课程实施过程。这样的尝试让我们确认：综合实践活动课程是可以培养学生的探究精神、动手能力、创新思维等终身学习能力的。我们是在为学生谋求更好的教育，我们是在做一件功德无量的大事！我们的心中描绘出美好的课程愿景：

第一个愿景是未来教师的角色改变——教师成为学生活动的指导者、支持者、合作者。

第二个愿景是未来学习模式的改变——自主、合作、探究、体验为基本学习方式。

第三个愿景是未来评价方式的改变——纵向的过程性评价。

毫无疑问，上面案例中的陈老师有着良好的课程领导力，在开发综合实践活动课程的过程中，发挥了感召、示范、推动等积极影响力。当她在组建课程研发团队遇到阻力的时候，她在认真、客观分析原因后，采用“细化课程目标，优化课程环境，具化课程价值”的方法来完成团队组建工作。她的课程领导力贯穿于课程实践的始终，在课程规划、开发、实施、评价等诸多环节都起到了指导和引领的作用。可见，在具体的课程实践中，教师可从以下方面修炼课程领导力。

形成愿景，修炼课程价值引领能力

优秀的教师具有高超的课程价值的识别与评价能力，能准确理解某个课程所产生的特定时代背景，深入发掘该课程所具备的重要理论价值、应用价值，对课程做出客观、辩证的评价。而具有课程领导力的教师，不仅能客观评价课程价值，还有着将课程愿景转化为现实的能力。引领课程团队开发、整合、优化课程，使团队成员拥有一致的课程价值观和课程愿景，是课程项目完成的根本保证。修炼课程价值引领能力，首先，有效分析自己及课程团队成员在课程实践中所隐含的支配性价值取向，激励和引领自我及课程团队成员树立正确的课程价值信念，初步形成对课程价值的大致认同。其次，在课程实践的过程中，要引领团队及时修正偏误的课程价值观念，并在此基础上，能够对课程团队成员间不尽相同又不无合理之处的课程理解有所包容和整合。由此，综合不同教师的课程实践智慧，提炼具有校本特色的共同课程价值，在达成课程共同愿景的过程中发挥积极的影响力。

开放课堂，修炼课程实践示范能力

优秀的教师具有良好的课程实践能力，而要发挥课程领导力，还要敢于在日常实践中发挥示范作用。无论是对国家课程的深度执行，还是对地方课程的创新使用、对校本课程的个性化开发，富有课程领导力的教师都应起到良好的示范作用，影响、帮助其他教师更好地把握课程特征，实施有效教学。要修炼教师的课程实践示范能力，就是以“观摩别人的课堂，构建自己的课堂”为导向，开放课堂，展示教学，使课程团队中的其他教师通过观摩学习，尤其使课程教学有困难的教师逐步树立自信心，产生优化课程的强烈愿望，不断更新课程知识、理念，在反思、共享、互动的学习中，最终达到教与学的改善。

整合课程，修炼课程创新能力

除了在课程实践中做出示范外，具有课程领导力的教师在课程整合与创新方面对课程团队的引领尤为重要。无论是国家课程、地方课程还是校本课程，都应该是开放且富有创新活力的。要尽可能满足不同地区、不同学校、不同学生的需求，开发与之相适应的课程资源，使课程真正落实强化育人功能，体现“以学生为本”“以学习为本”。课程整合涉及课程结构、课程内容、课程资源以及课程实施等各个方面。要敢于针对过去课程教学中存在的突出问题，如课程目标过于注重知识传授而忽视学科素养培养、课程结构过于强调学科本位而忽视学科融合、课程内容重视理论而轻视实践、课程实施过于强调接受学习而轻视现实应用，以及教育领域中各学科课程割裂和对立等问题，经过一系列的探索和优化，促进课程整合创新，实现以人为本的新型课程发展。其重点就在于课程资源的整合、课程设计的整合和课程教学的整合。

修炼课程资源的整合能力，就要引领课程团队树立新的课程资源观，多方开发课堂教学资源和课外学习资源，并将各种资源有机融合起来，寻找并确定与课程相通的关联点，根据课程设计和实施的需要，盘活课程资源，进行有效筛选和优化，以课程资源的创新推动课程发展的创新。修炼课程设计的整合能力，就要引领课程团队辨析不同课程学习路径的特征和适用性，打破学科或学段设计的壁垒，找到课程、课程对象、课程条件等契合点，对课程进行重新调整和安排，实现整体和综合的设计，以发挥课程设计最大的育人效应。修炼课程教学的整合能力，就是引领课程团队在面对具体的教学情境时，能依据课程标准、教学原理、学生认知发展水平，对课程教学进行现场灵活的调适整合，使教学难度、学习方式和组织形式等都与特定学生群体的学习特征高度契合，从而促进高效学习和个性化学习。总而言之，课程整合是课程创新的重要路径，引领课程团队进行课程整合的过程，也是课程领导力的修炼过程。

依托项目，修炼课程团队领导能力

学校要与时俱进，发展学生个性特长，提升学生综合素质，除了要深度执行国家课程外，还要以本校为课程编制主体，自主开发和实施可供学生选择的丰富多样的校本课程和生本课程。这些校本课程、生本课程是对国家课程和地方课程的有力补充。由此，一些优秀的一线教师在学校的支持下，组成课程研发团队，依托课程研发项目，在国家课程方案和课程标准指导下，引领团队成员积极开发、合理利用并有效整合校内外各种课程资源，经过多方论证，形成具有科学性、整合性、可行性的特色课程，使学生在学校课程体系中得到最大发展。如果一线教师依托课程项目进行实践与研究，那么他的课程团队领导能力就会得到很好的锻炼。“领导和管理的区别在于前者的影响注重愿景的作用，通过分享和交流引起组织人员的互动行为，管理则是依靠权威、按照机构规则来实施已有程序的单向控制过程。学校课程领导应具有愿景性、民主性、合作性、构建性和批判反思性等特征，旨在基于学习共同体的建设，提供一种教育愿景和教师民主参与的机会，建设和谐的伦理秩序和道德规范，营造合作、对话、反省和慎思的学校文化，促进教师专业发展、改善学生学习成效。”①

修炼教师课程团队领导能力，首先要搭建好课程建设的平台，构建学习共同体。在平等、开放、和谐的氛围中，以教育、教学问题为基本，组织主题学习，分享新的教学理论观点与信息，相互鼓励、相互支持，以适宜理论和优秀经验来指导课程问题解决。其次，以课程优化为目标，形成课程主题教研项目，围绕项目制定团队项目工作方案，并带领团队实施方案，指导成员独立相关项目工作，促进团队成员之间交流、互动与合作。最后，指向课程优化项目成果，以终点为起点，突出终结性成果和过程性成果的完整呈现。项目成果可以是丰富多样的，如论文、教学案例、微课程等。但值得指出的是，项目成果要体现预期的课程优化目标与课程愿景，呈现内容和方式要尊重团队成员的自主权，促进其课程实践与创新能力的提升，而不是替代其做出决定，更不是任由其随意确定。在构建学习共同体、依托教研项目、推动课程优化的过程中，一线教师成为优秀的课程领导，协同团队成员共同成长，也实现了自身职业生涯的飞跃。

让我们一起修炼吧

你认识哪些具有课程领导力的教师？不妨用以上谈到的概念和方法，对他们的课程领导力做一个简要的分析，并从中进一步领悟课程领导力的修炼方法。

或许你会说：“我只是一名普通教师，上好课，教好学生就可以了，至于教师课程领导力，还是留给名教师、骨干教师来修炼吧。”让我们再看看以下这个案例。

案例

“五花八门”项目式写作课程的开发与实施

湛江市第十七中学　王桂花

我是湛江市第十七中学小学部的一名语文教师，也是学校文学社的辅导教师之一。最近，我接到了学校给出的一项任务：优化文学社的课程。过去，我们的文学社基本都是结合教材进行一些写作培优训练。学校提出，要结合时代需要、学生需要，

① 周晓静，郭宁生．教师领导力．北京：北京师范大学出版社，2014.

整合我们的课程资源，完成一套适合五年级同学的写作指导课程，并且提出了一个难度较大的任务：由于我校是广东省 STEM 教育实验学校，因此这套写作指导课程要体现一定的 STEM 教育特色。为了顺利完成任务，我带领几位文学社辅导老师进行了课程开发。

首先，组建团队——成立课程开发小组，通过学习研修，确定课程的主要目标。我们一起研读了《义务教育语文课程标准》，进一步理解五年级学生的写作能力培养标准及要求；研读有关 STEM 教育方面的论文，理解 STEM 教育的基本特点。进而确定我们的写作课程要重点突出“做中写”“玩中写”的特点，设计一些带有 STEM 特点的项目，使学生在参与项目的过程中培养“留心观察周围事物的习惯”“能写简单的纪实作文”“学写常见应用文”“尝试写简单的研究报告”等写作能力。

其次，分析情景和需求——分析校内外情况，尽可能开发和利用现有资源，形成项目主题。我校毗邻湛江南国热带花园，这是一个非常宝贵的课程资源。南国热带花园是湛江市区的一张名片，2012 年入选“广东优秀园林”。这座园林式公园以“花”为主题，广栽热带观花植物和乡土植物，其中观花品种达 328 种，充分展示了湛江独特的生态环境和园林文化魅力。由此，我们确定以“南国的花”作为我们课程教学内容的主要载体。

最后，形成课程规划、编写教程——拟定课程目标，制订方案，确定开发和实施的具体教学内容。教程编写力求做到色彩鲜明、图文并茂，便于学生学习和操作。凭借天时地利，在充分了解本土文化、地域特色的基础上，结合我校科技教育，我们反复讨论和修改，开发设计出“五花八门”校本课程，课程内容包括：“春暖花开”（借助赏花 App，制作一张有创意的植物花记录卡）；“魔术花”（运用生物染色技术，制作艺术花）；“钟情于花”（结合花开放时间不一的特点，将各种花巧妙拼成花钟）；“花花世界”（借助身边的环保元素，制作一件以花为主题的工艺品）；“南国热带花园旅行巧策划”（争当策划小达人，为南国热带花园策划一份研学旅行方案）；“花言蜜语”（用科学日记的形式记录南国热带花园研学景观），“制作植物书签纪念品”（为南国热带花园设计制作一张富有特色的植物拼贴书签）；“制作电子花签寄语”（运用草料二维码、创客贴制作一张富有本土文化特色的电子书签）。

为确保课程的科学性、可行性、有效性，我们学校邀请了岭南师范学院的教授、湛江市和赤坎区校本课程管理有关负责人一起对“五花八门”校本课程进行审核。依据专家们的意见，我们要突出文学社本身的特点，呈现成果的形式不能仅停留在项目活动的创意物化上，而要突出写作创新思维的培养。教学方式以项目式写作为主，有别于常规课堂的语文写作训练。为此，我们在每个小项目中都增加了非连续文本的写作，突出写作的对象意识。

经过不断的修改，“五花八门”校本课程终于走进了文学社的课堂。在实施过程中，我和几位老师根据自身特长进行了具体分工。我负责“魔术花”“钟情于花”“南国热带花园旅行巧策划”，何茵老师负责“春暖花开”“花花世界”“制作电子花签寄语”，蔡延婷老师负责“制作植物书签纪念品”，肖小亮老师负责“花言蜜语”，毛细老师负责相关专题讲座。

课程开发与实施过程中遇到的最大难题是为南国热带花园设计一份有创意的纪念品。经过查阅资料、咨询专家、反复讨论，最后确定纪念品为花签。于是，我们结合学校科技教育特色和STEM教育特点，设计了“传统植物花签制作”和“电子花签制作”课程内容。其中电子花签的特色不仅是能利用电脑设计制作，更要在内容上富有创意。花签上除了有花的图案、湛江非遗文化内容，还有以花为主题的二维码，而小小的二维码里面装着生物百科、学生创作的诗歌和随笔等。实施时，根据课程特点和教师特长，由我和何茵老师负责“电子花签制作”的授课。为保证课程顺利开展，我们提前给学生进行“草料二维码的制作”“创客贴的设计”培训，传授电子书签的制作方法和技巧。培训时，我们采取集体授课、个别辅导、以点带面的方法进行，短期内培养了一批制作能手。学生们设计的电子花签既精美又富有个性，具有很好的推广性。

经过一年多的不断探索，我带领着文学社的几位授课老师，开发了比较成熟的“五花八门”项目式写作课程。依据学情反馈，学生对参加项目活动充满了浓郁的兴趣，项目式写作能力得到了明显的提升。这对语文课堂如何开展“基于信息技术环境下小学活动体验式写作教学”有一定的研究和借鉴意义。为此，我们申报了广东省教育技术中心2019年度教育信息化应用融合创新课题，并顺利通过。

从这个案例中我们可以看到，王老师作为一名普通的语文教师，当她接到学校给予的文学社课程开发任务时，自觉肩负起了课程领导的职责。她组建团队，带领几位文学社的辅导老师，共同研修和集体备课，一步步落实课程规划、项目开发、资源整合、课程实施及评价等课程实践活动。她敢于克服教学难点，亲自授课，带领团队及时解决实施过程中的生成性问题，保证实施过程达到预定的课程目标，最优化完成预定的课程任务，开发了“五花八门”项目式写作课程。王老师是一名平凡的语文老师，同时也是一名追求自我专业发展的老师。她敢于走出自己工作的舒适区，在学校课程建设中起到示范、先行、引领的作用。她和团队里的老师们收获的，不仅仅是课程研发的成功。

修炼课程领导力，不仅是外部环境的要求，也是教师自身成长的需要。敢于承担课程领导的职责，是优秀教师成长的新境界；敢于修炼课程领导力，是优秀教师成长的新路径。

深度反思

阅读本部分后我收获了什么？

我还需要进一步修炼什么？

我将怎样修炼？

No. 6 建设团队，淬炼课程文化创生力

静心思考

1. 你了解学校课程文化吗？
2. 要修炼教师课程领导力，为什么要重视课程文化创生力的淬炼？

随着我国基础课程改革的逐步深入，不少区域、学校的课程创生团队应运而生。具有较高课程领导力的教师，要引领课程团队实现课程的革新与创造，更应淬炼课程文化创生力，在学校课程文化和教育愿景建设中发挥引领和影响作用，带动同行共同参与课程文化创生，最终达成促进学校课程发展和提升学生学习效能的目的。

什么是课程创生

课程实施是将课程方案付诸实践的过程，教师是课程实施的主体之一。人们普遍认同的课程实施取向有三种：忠实取向、相互调试取向和课程创生取向。忠实取向把课程实施过程看成是忠实地执行课程方案的过程。相互调试取向强调课程方案的使用者与学校情境之间的相互适应，主张根据学校或班级实际情境在课程目标、内容、方法以及组织形式诸方面对课程方案进行调整和改变。创生取向则把课程实施过程看成是师生在具体情境中联合缔造新的教育经验的过程，在创生过程中，设计好的课程方案仅仅是一种课程资源，借助这种资源，课程本身也在不断地进步。①

毫无疑问，在富有实效的课程体系中，教师不仅是课程的实施者，也必须是课程的建设者。要使课程适应时代变化，切合学生发展需求，教师就要成为课程的创生者。教师课程创生是指教师根据地方、学校、学生的实际情况，在教学中通过批判反思来积极主动变革、构建和创造课程目标、课程内容、课程意义、课程资源等，最终创造出具有教育意义的知识内容。可以说课程创生就是结合教育对象、教学背景对课程计划中的各大要素进行有针对性的反思和改造的动态生成过程。② 它主张教师应在整个课程改革的过程中充分发挥主体性和创造性，并自觉主动地变革课程的各要素，以达到促进课程完善、教师成长和学生发展的目的。③ 教师课程创生，是与忠实执行课程、课程调适相对的课程实践取向概

① 黄甫全．课程与教学论．北京：高等教育出版社，2003.
② 李臣之，吴秋连．课程调适与创生研究进展．当代教育文化，2016（4）.
③ 李小红．我国教师课程创生的缺失与偏狭．课程与教学，2008（6）.

念。教师由忠实执行课程到局部调适课程进而发展到创生课程，这对课程建设和教师专业素养来说，无疑都是一个重大的发展。

教师的课程创生可以体现在各种不同的层面，其表现方式也是丰富多样的。因此，可以从不同维度对其进行划分。①

根据创生程度的不同，教师的课程创生可以表现为：（1）教师对国家课程的主动变革和构建。如教师通过选择、改编、拓展、补充、整合等方式对国家课程进行的重构和改造；教师对国家课程内容的创新性理解；教师对国家课程中各种文化偏见等的批判与重建。（2）教师对全新校本课程的主动构建和开发。

根据创生结果的不同，教师的课程创生可以表现为：（1）独特的课程教学设计和有目的、有意义的临场课程情境创设。（2）课程展开过程中因境而生的即兴创造。（3）新的课程材料、课程文本、物具等的研制。（4）新的课程实施模式和策略的构建。（5）新课程观念的提出和新课程学说的创立。

根据创生对象的不同，教师的课程创生包括教师对课程目标、课程内容、课程意义、课程资源和课程理论（理念）等的主动变革、构建和创生。

教师的课程创生具有全程性、自觉性和批判性。全程性体现在教师的课程创生贯穿课程实践和运作的全过程中，而不仅仅局限于课程实施的某一环节中；自觉性体现在教师是有意识地对课程目标、课程内容、课程资源、课程理念等进行积极主动的变革和构建，而不是无意识、被动地接受和执行；批判性体现在教师能不断批判和反思现有课程与教学的缺陷和弊端，有课程变革的极大勇气、坚定信念和务实的实践能力。教师在对课程实践全过程主动的创造性参与中，创生着不同形态的课程，探索着课程的多种意义，同时也在构建和提升自身的课程理论能力与素养。

课程创生团队中，人人都有机会成为课程领导

对一所学校而言，要构建以学习为本的课程体系，单靠某些优秀教师是无法做到的，必然要成立课程创生团队，使学校课程与时俱进、历久弥新。团队中总有领导者与被领导者这两个角色存在，不过，与传统的忠实取向型课程团队不同的是，在课程创生团队中，领导者并不是由固定某个人来担任的。随着课程团队任务或情境的改变，两类角色可能产生互换。因此，团队在课程创生的过程中也提供了修炼领导能力的共享环境。在不同的课程团队组合方式上，产生了不同的领导方式。

第一，平行合作式。这种关系往往产生在课程整合创新团队中。当学校对某一特色主题课程进行整合创新时，课程团队里的教师产生了一种合作互惠的关系。如某小学毗邻历史名桥，开发以“桥”为主题的特色课程，科学、语文、数学、英语、音乐、美术和体育教师都参与其中，形成了融桥知识、技能、文化于一体的主题综合课程，课程内容包括桥的设计与3D打印、我们身边的历史名桥、桥之诗与歌、搭桥运动等。在这种课程中，教师之间的教学实践成果互为基础，通过课程的整合创新，教师的课程领导力主要发挥了和融作用。

---

① 李小红．教师课程创生的缘起、含义与价值．教师教育研究，2005（7）.

第二，项目分配式。这种关系往往产生于融合课程研发团队中。融合课程包括学科内容融合、学习环境融合、教学方式融合和评价方式融合，是基于国家课程目标和学校人才培养目标，针对学生身心发展规律设计并实施的课程的统称。融合课程的实施以主题学习和实践活动为支点，以国家课程中每个具体学科的课程目标为依据，扩展学科课程领域，试图改变学科与学科、学科与生活、学科与社会之间分离的状态，为学生创设更加适合的学习内容、方式和环境，从而促进学生健康、快乐、自主、和谐地发展。① 当学校要开发和实施融合课程时，课程团队里的教师在不同的项目任务中完成某些领导功能。STEM 课程的设计和实施正是如此的。基于学生的项目学习需求，在不同的学习阶段需要得到不同学科教师的协助。围绕项目的不同阶段，不同教师在不同阶段担任课程领导，不同的领导任务有特定的顺序，从而最终实现学科融合的项目成果。例如，某校的“百草园”项目正是这样产生的。这个项目的过程是：学习种植一种草药→设计“百草园一角”→创意物化“百草园”。学生在种植草药时需要得到生物老师的协助，设计种植园时需要得到数学、物理和信息技术教师的支持，完成整个“百草园”的创意物化需要得到通用技术、语文和美术教师的指导。整个项目成果的呈现使领导职能得到了有序、合理的分配，整个项目任务的分配使不同教师在不同阶段发挥课程领导力的作用。

第三，集体协同式。这种关系往往产生于学校整个课程体系的全面重构中。当学校依据新的教育理念，实施整体设计和实施的时候，教师通过共同执行同一课程目标，共同开展课程实践，协力完成课程建设的领导实践。如某校开展“生本教育”课程优化与实施，不同学科的教师共同学习“生本教育”的理念和实施策略，并与自身学科特点结合起来进行教学实践。从课程理念的理解和提炼到渗透课程的每一板块，进而完成课程体系的构建。在这种课程中，教师相互学习教学理念，探讨教学策略，实现协同发展。

根据不同课程创生团队的组合方式，我们看到在课程改革与创新的过程中，课程团队中的每位成员都有机会发挥领导职能。为促进学校课程的可持续发展，分布式领导将会成为课程创生团队越来越重要的存在方式。课程创生团队中“人人都是领导者”将会成为现实。因而，培育课程创生力，使每位教师在团队中适当发挥领导功能，大家共享目标、共同行动，是课程团队能完成课程创生任务、实现课程创生成果的重要支撑。

拓展阅读

分布式领导

分布式领导采取集体领导的形式，鼓励教师之间的合作，以促进教师的专业发展。分布式领导是指通过一种最好的方式使组织中所有层次的人都成为领导，这一理论为领导实践提供了一种思路。正如教育家埃尔莫尔指出的，教学是知识密集型的劳动，像学校这样的组织，如果不将领导的职责大量分配到组织的各个成员身上，是很难完成纷繁复杂的工作的。

---

① 屈文霞．融合课程：打破学科壁垒的课程创生．中小学管理，2016（10）.

实施分布式领导并不会造成群龙无首、一盘散沙，从而使正式领导的职责形同虚设，谁都不对组织的整体绩效负责的局面。相反，正式领导是一条纽带，其主要职责在于将组织的各个部分凝聚在一起，以便更有效地统筹协作。他们的主要任务在于，在发挥每一个组织成员的技能和才干的同时，创造一种共同的、被大家认可的组织文化。简而言之，实施分布式领导就是要发掘出组织中所有人的最大潜力。分布式领导要解决的主要问题是在具体实践中，领导权如何在正式领导者和非正式领导之间分配。正如贝内特等人所指出的，“实施分布式领导不是要某人为他人做什么……而是让所有组织成员自发地形成一个团队并相互合作，使每一个人都成为团队的一员并为团队献计献策。这样看来，分布式领导是一种集思广益的领导方式。在学校里，教师领导就是将众多教师的聪明才智凝聚起来，激励和引导其他教师共同致力于学校教育教学的改革。”

分布式领导与小组合作、共享、分权以及组织内的相互协调的最大区别在于，分布式领导是以上活动整合的结果，是学习型组织中的合作、小组学习、组队调研等组织活动相结合的产物，而不是给这些活动贴上另一个新的标签。并不是所有的合作都必然产生分布式领导，分布式领导取决于组织成员参与管理的程度、质量及熟练水平。分布式领导还取决于组织成员的行为对组织变革和组织发展的影响程度。对于正式领导而言，分布式领导的实施更重要的还取决于组织的内部环境。要实施分布式领导，正式领导需要支持和创建一个合作式的学习氛围，并利用领导的影响力加强这一组织文化。

资料来源：阿尔玛·哈里斯，丹尼尔·缪伊斯．教师领导力与学校发展．许联，吴合文，译．北京：北京师范大学出版社，2007：30－32.

现代课程文化与课程文化创生

课程文化是学校文化的最主要、最根本、最核心的部分。这是由学校的育人理想需要通过课程来实现所决定的。① 课程本身就具有文化特征，“从文化的视角看，课程文化是课程中的规范、价值观念、思想方式和行为方式的复合体；从课程的角度看，课程文化是指从课程开发到教师课程实施的系列课程文化，包括课程目标文化、内容文化、实施文化、管理文化、评价文化等”。② 现代课程文化具有多元开放、自主合作的特点。

新时期的学校课程体系重构，以教师队伍的专业发展为着力点，以学生的全面素养发展为终极目的。不少学校构建的基础型、拓展型、研究型课程“三合一”立体课程体系，正是现代课程文化的重要载体。开设基础型课程主要是为了落实基础性学力，培养学生构建基础知识体系，具有良好的生活态度、健全的社会责任感和基本生活技能、劳动技能，其核心是落实国家必修课程中的学科课程，实施综合实践活动课程中的社会服务、劳动实

① 陈树生，李建军．课程文化：学校文化建设的核心．教育发展研究，2010（2）.

② 朱小曼．新世纪教师教育的专业化走向．南京：南京师范大学出版社，2003.

践。拓展型课程的开设主要是根据学生不同的个性特长，培养发展性学力，其核心是落实国家必修课程中的选修课程、地方课程、校本课程和综合实践活动课程中的职业体验。研究型课程旨在发展学生的创造性学力，通过课题研究或项目设计，培养学生的科学精神和合作精神、问题意识与质疑能力、研究意识和创新能力，其重点是各科课程中的研究性学习、创客教育、STEM教育等。基础型课程的设置使课程文化具有广博务实的特点，拓展型课程使课程文化具有个性鲜明、品质精深的特点，研究型课程使课程文化具有合作共赢、自主创新的特点。“三合一”立体课程体系相对于原有的平面课程体系来说，是一种巨大的变革，这也对原有学校课程文化产生巨大冲击。在该体系中，兼容并蓄、博采众长、稳中求变，逐渐形成以“创新与合作、探究与对话”为基本特征的学校课程文化，其实际上是“课程价值观”的变革。它将学校、教师、学生的发展视为协同的整体，由此产生学校全体师生的价值共识，而这种价值共识将通过课程文化的创生得以达成。

可见，课程文化创生力正是课程团队实现课程创生的源头活水。一是因为学校课程文化是学校变革的最深层影响因素，其核心是新的学校文化精神的凝结与优良学校文化生态的构建，要带领团队优化学校课程，首先要理解学校课程文化的精神核心，甚至需要参与学校课程文化精神建设；二是因为只有在课程团队中形成共同的文化愿景，致力于分享共同的文化和价值，激发同行参与课程优化的强烈动机，才能从根本上提升课程团队的凝聚力，使每一位成员参与课程实践，积极应对在课程优化中产生的各种现实问题，导向共同的奋斗目标。因此，教师课程文化创生力既是优秀教师发挥课程领导力的重要支撑，也是其课程领导力的最高表现。

值得指出的是，不是所有的教育难题都能成为课程文化创生的起点，不是所有的教育难题都能使教师朝向理想的课程文化创生路线，这些教育难题能否影响课程文化创生，关键是新的课程理念与精神是否影响课程文化创生，关键是新的课程理念与精神是否已经成为教师深层的价值观念，学校是否具备使教师专业性与生活性融合的条件。[①] 因此，要实现课程创生，要淬炼课程文化力，从学校与课程团队层面来说，应具有以下特质：

一是学校组织文化具有高包容力。一所优秀的学校，其文化氛围总是师生具有共同的文化愿景，人际关系融合，校园生活令人愉悦，师生朝气蓬勃。在这个充满人情味的校园里，所有人都参与学校的发展过程，形成追求教师和学生长远发展的良好风尚。

二是课程团队具有学习型组织的特质。课程团队重视问题研究、人本关怀，与教师个体成长形成良性互动。课程不仅具有较强的凝聚力，也具有较强的学习力，使新的课程理念与精神不断在实践中得以领悟和内化，教师之间合作融洽高效，教师的自主性、合作性和创造性得到充分肯定和彰显。

三是教师课程文化创生主体地位得以确定。曾经有段时间，不少学校过于强调学生在课堂中的主体地位，弱化教师的个性和作用，造成教师课程文化创生主体地位的缺失。实际上，课堂是师生共生的课堂，新理念、新策略只有在课堂实践中不断尝试和探索，才能真正内化为教师内在的精神和技能。因此，要赋予教师课程创生的权力，使教师以“促进

① 张玉清，邢秀茶．学校文化变革中的教师课程文化创生．湖南师范大学教育科学学报，2013（7）．

学生终身发展”为导向，在不断地课程实践中进行课程创生的探索，逐步树立目标意识、原创意识、精品意识、教研意识和学习意识①，从而淬炼课程文化创生力。

案例

课程文化巧营造 课程创生出硕果

——茂名市龙岭学校校本特色课程开发与实施及成果

2017年11月，茂名市龙岭学校的校本课程建设方案“创设多元校本课程 提升学生核心素养”荣获广东省中小学特色课程建设方案二等奖，校本教材《数学之美》荣获广东省中小学特色教材评选一等奖，《科技创新》《舌尖上的中国文化》分别荣获二等奖、三等奖；2018年10月，《科技制作》等11本教材在第四届广东省中小学校本课程建设成果展示中分别荣获一等奖、二等奖、三等奖和资源奖，茂名龙岭学校被广东教育学会评为“第四届中小学校本课程建设优秀学校”。取得如此突出的校本课程建设与创生的成果，与学校多年来坚持“课程育人、兴趣养人”的课程文化建设理念、重视课程文化创生、组织学习型课程团队有着非常密切的关系。

为落实国家课程改革方案，推进素质教育的实施，落实学生核心素养培养，茂名市龙岭学校重视学校课程创生，在切实推行国家课程的同时，在学校教研室陈晓霞主任的带领下，各科组长协同科组全体老师以培养学生兴趣为主，充分调动老师们的多元智能开展校本课程的开发与实施活动。2014年9月伊始，陈晓霞主任带领科组组长们摸着石头过河，边探索边总结经验，各科组自主开发并实施了1～2个校本课程。2015年5月，为了提高科组组长们对校本课程的理解与认识，陈晓霞主任带领科组组长团队赴东莞中学松山湖学校学习校本课程的开展与实施。学习后，各科组长召开科组会议，分享收获和总结经验，要求个人创设或团队合作，制定符合本科组的校本课程的开发与实施方案，并上报教研室。陈晓霞主任组织学校课程开发领导小组，根据符合学校要求、学生实际和可操作性的原则，统一对各个校本课程方案进行审议。2015年7—8月，各个课程的负责人根据学生的认知规律和课程需要，通过网上搜索资料，以形成教案的方式编写学校校本教材，并交由学校课程开发领导小组审核印刷。

为确保课程的有效落实，2015年9月，学校教研室陈晓霞主任组织全校学生利用信息化平台进行选课，得出学生名单后，由教务室统一安排课表、课时、实施课程的老师，年级组长组织协调课程实施的具体时间、地点，实施课程的老师负责备课、上课以及学生的考勤。根据统筹安排，小学低、中、高学段校本课程上课时间分别是周二、周三、周四16:15—16:55，七年级和八年级是周三、周四17:00—17:45，地点是各年级教室、学校各种功能室或校园运动场，甚至是某些空地。目前，茂名市龙岭学校已形成四大系列的校本课程——人文及社科知识、数学及科技知识、艺术智能和

① 洪世昌，邱榕基．追求卓越：学校课程文化建设的实践价值．现代中小学教育，2014（7）.

健康运动，也成功编写了14本优质校本教材。在这个过程中，教师课程文化创生发挥了相当大的作用。正是由于大家达成了“课程育人、兴趣养人”的共识，以培养学生特长，提升学生核心素养为终极目标，对校本课程中的文化要素进行了总结和提炼，最终使校本课程以“挖掘多元智能，聚焦核心素养”为理念，呈现出了文化内涵丰富、文化个性突出的特色。同时，以陈晓霞主任为代表的课程团队，也逐步形成了凝聚力强、共享合作力高的精神风貌。课程文化创生为校本课程的设计与建设打下了坚实的基础，同时在校本课程的设计与建设的过程中得到了进一步的加强。

得益于新的课程文化创生、新的课程体系建设，学校很多优秀的学生人才脱颖而出，例如，郭美琳同学荣获2014年“华佗论箭个性奖学金”，2017年，初中部的邓榆缤、小学部的郑祺奔等十多位学生参加广东省虚拟机器人竞赛，包揽了初中、小学组的冠亚季军，学生积极参加广东省中学生模拟联合国大会大赛并获得优秀成绩，茂名市龙岭学校荣获多项学生比赛“优秀组织奖”。

如何在课程创生团队中淬炼课程文化创生力

课程文化体现为两方面：一是课程本身的文化特征；二是课程实践者所代表的文化特征。本书中的教师课程文化创生力也包含两层含义：一是教师在课程二次开发中的文化创生能力，是教师在与课程内容对话交流过程中生成的课程规范、课程价值体系、思想方式与行为方式等能力；二是教师在课程团队中依据课程内在精神和富有特色的课程愿景，影响和带动课程团队成员提升学校课程优化的强烈动机，树立正确的课程价值取向的能力，自觉融入课程优化实践中的能力。①

在新课程背景下，一些学校正积极开展课程的二次开发，教育戏剧、创客、STEM+、研学旅行等应运而生，由此也产生了学校课程创生团队。可是，当问到具体负责开发课程的教师，因何要在学校研发这门课程时，不少教师的回答却不得要领。这正是课程文化创生力匮乏的表现之一。课程创生具有情境性、动态生成性、反思性等特点，而课程文化创生力的匮乏，就会导致课程创生流于表面，最终有可能导致课程半途而废，失去持续发展的源源动力。课程文化创生力首先体现在课程的研发者和实施者对课程价值体系、课程理念及课程目标等内核文化进行深入、准确、全面构建，并将这种价值、理念等一直贯彻在课程创生的全过程中。

在课程团队中淬炼教师课程文化创生力，应把握以下几个要点：

提炼课程价值，聚焦立德树人。“文化的基本核心包括由历史衍生及选择而成的传统观念，尤其是价值观念，既是人类活动之产物，也可被认为是限制人类做进一步活动的因素。”②《中共中央 国务院关于深化教育教学改革全面提高义务教育质量的意见》指出“坚持以习近平新时代中国特色社会主义思想为指导，全面贯彻党的教育方针，落实立德树人

① 张玉清，邢秀茶．学校文化变革中的教师课程文化创生．湖南师范大学教育科学学报，2013（7）．

② 邵汉明．中国文化研究二十年．北京：人民出版社，2003．

根本任务，遵循教育规律，强化教师队伍基础作用，围绕凝聚人心、完善人格、开发人力、培育人才、造福人民的工作目标，发展素质教育，培养德智体美劳全面发展的社会主义建设者和接班人”。为此，课程文化创生要聚焦立德树人，以先进的课程文化引领课程创设、课程统整、课程优化。在课程创生团队中，首先就要厘清该课程的目标与价值，尤其是要提炼课程中的育人价值，如习近平总书记在2018年全国教育大会上强调的，要“在坚定理想信念上下功夫”“在厚植爱国主义情怀上下功夫”“在加强品德修养上下功夫”“在增长知识见识上下功夫”“在培养奋斗精神上下功夫”“在增强综合素养上下功夫”。立德树人是新时期学校课程文化创生的核心。

着眼学科建模，挖掘文化特色。对课程团队来说，课程文化创生可以从多个方面入手。整合“课程内容之新”，在课程内容设置上突出体现中华民族优秀传统文化、革命文化、社会主义先进文化，以进一步的整合实现精神文化的培育；体现“课程实施方式之新”，注重启发式、合作式、探究式教学，突出学生的学习主体地位；实现“课程文化评价之新”，挖掘学科课程文化的特色，在聚焦学生成长与发展上落实多元评价。课程创生团队工作的着眼点应是课程教学建模，现在有不少学校提出了“三级建模”的观点。“三级建模”是指“一校一模、一科多模、一模多法”。即每个学校都构建适合本校的基本教学模式，体现学校领导对课堂教学改革的领导力；各门学科不同课型都要在学校基本模式的基础上，构建不同学科不同课型的教学模式；每个教师要在学科基本模式的基础上，形成具体的教学设计，采取不同的教学方法，体现不同的教学风格。“三级建模”的观点和做法，创造性地实践了“课堂教学有模式而不唯模式”的辩证关系。① 在课程创生过程中挖掘课程文化特色，实现学科教学建模，才能把课程文化创生真正落实到国家课程校本化拓展、地方课程特色化延伸及校本课程个性化研发上。

打破学科边界，注重开放多元。2014年，教育部《关于全面深化课程改革落实立德树人根本任务的意见》中指出，改进学科教学的育人功能，全面落实以学生为本的教育理念。要在发挥各学科独特育人功能的基础上，充分发挥学科间综合育人功能，开展跨学科主题教育教学活动，将相关学科的教学内容有机整合，提高学生综合分析问题、解决问题的能力。区别传统课程以教材为中心的教学，新课程观强调基于学生核心素养的发展，把学生的生活过程和生活世界设置于学生的学习情境中，使学生在真实的学习情境中，依托丰富的课程资源培养探究、创造精神与能力。情境教学备受重视，研究型、项目化、合作式学习逐渐成为当前学习的新主流，行走学习、社团学习、场馆学习、实作学习、创客学习等新的学习形态越来越受到学生的欢迎。新时代课程观带来的课程变革，是直接产生了从基于互联网的慕课、翻转课堂，到博物馆课程、研学课程、基于综合实践的劳动课程等多元课程。因此，课程创生团队中的每一位老师，既要充分发挥其学科教学特色，也要敢于打破原有学科背景的边界，善于与不同学科的课程伙伴沟通交流，在彼此信任、精诚合作、平等对话中实现课程的整合乃至融合，促进教师与学生的共同发展，凸显课程文化的多元性和开放性。

信息化专业发展，引领教育创新。教育的新时代，不仅是新的学习内容、学习方式和

---

① 王秋月．课堂教学“三级建模”的理论价值与实践意义．天津市教科院学报，2014（5）．

学习形态层出不穷的时代，也是新技术不断应用于教育的时代。在信息化时代，各学科、课程教师都应具备相应的信息技术能力。教师的信息技术能力是指教师能够运用各种信息化工具进行信息处理的能力，其内涵包括：信息意识，信息搜集及评价能力，合理选择信息化工具加工及分享信息的能力，利用测评系统收集、分析数据并进行评价的能力和掌握信息化沟通工具的能力。在新时代的课程创生团队中，要实现学生在创生课程中的深度学习，信息技术将起到不可替代的作用。教师掌握信息技术能力的高低，很大程度上影响了课程创生实施的有效性。为此，作为课程创生团队中的一员，教师有必要树立正确的信息化专业理想，通过信息化手段更新专业知识，在信息化教学实践中及时发现问题并进行进一步研究，利用信息化手段与课程团队成员相互学习、相互沟通和共同促进。要实现课程创生，引领时代创新，培养和提升团队教师信息化专业发展能力尤为重要。这不仅是课程创生技术的发展，也是课程创生理念、课程创生文化的发展。以生为本、与时俱进、谋求发展，正是现代课程文化的核心所在。那么，在课程创生团队中如何培养成员的信息化专业发展能力？我们不妨来看看湛江市第四中学的杨伟洲老师是怎样做到的。

案例

运用“一点三面”策略，提升教师信息化专业发展能力

湛江市第四中学　杨伟洲

我从事信息技术教学工作 26 年，专注于学校的信息技术教育，积极推动学校教育信息化建设及区域信息化建设。同时，在教学实践、教研培训中，不断提升自身的信息化领导力，基于培养信息化时代新人才的既定目标，充分发挥信息技术与信息化教育思想的协同作用，完成既定的教学任务，并对学校教育所涉及的各个角色如学生、同事、管理者的行为和思想产生影响。作为多年的科组长，我在开展“传、帮、带”活动中成绩显著，指导和培养本专业青年教师业绩显著；带领科组在省示范教研组成果展示活动中获二等奖；荣获湛江市示范教研组、湛江市青年文明号等荣誉。作为省、市、区三级名师工作室主持人，我承担了不少省级骨干教师跟岗培训任务，效果良好。编写专著《信息技术教学研究与范例——中小学一线教师专业成长的有效途径》，该专著获湛江市 2012—2013 年度哲学社会科学优秀成果三等奖。

在多年的工作实践中，我总结出通过“一点三面”策略来促进一线教师在教育信息化方面的发展能力。所谓“一点”，就是围绕“提升教师信息化专业发展能力”这个核心点。提升教师信息化专业发展能力，主要包括教育信息化理念的确立、教育信息化知识的深化和教育信息化能力（实践能力和理论能力）的发展。所谓“三面”，主要指的是在培养教师信息化专业发展能力过程中所运用的三个有效策略。

一、开发校本课程，提升教师的信息化课程开发力

2000 年初，因教材内容相对滞后，我结合全国中小学电脑制作活动划分主题，注重信息技术生活化教学，运用“激趣、探究、应用”的教学策略，开始尝试开发校本课程。为了使校本课程开发落到实处，使青年教师提升课程领导力，我一边带领教师进行课程开发，一边进行有关的研究。“信息技术校本课程的开发与实践研究”获第六届广东省普通教育教学成果二等奖和第二届湛江市普通教育教学成果一等奖；2009 年 12 月，“信息技术校本课程开发与设计”获广东省教育厅教育教学研究室结题通过。我和学校的青年教师先后开发《教师信息技术校本培训教程》《数码相片的拍摄及后期处理》《电脑艺术平面设计》《信息学（计算机）实验教材》等六本校本教材，并开设相应课程，优化了原有教学，提升了科组老师的课程领导力。

二、深入开展教育教学研究，培养教师信息化教育研究意识与能力

从 1998 年开始，我就结合当时教育教学热点，在教学上进行了多方尝试。当时正在兴起多媒体辅助教学，除了选用一些电脑公司开发的多媒体课件外，很多教师开始设计教学课件。我除了开发多媒体教学软件外，也开始用 ASP 开发教学与检测题库管理系统，将其用于辅助教学；另外，开始制作专题学习网站，并引导教师及学生参与到开发专题学习网站中来，共同丰富完善专题学习网站。进一步开展网络协作知识建构支持工具的应用研究和利用 MOODLE 构建网络学习社区的方法与途径方面的研究，拓展到区域教育公共服务平台资源建设与教学设计研究，并由此展开了系列的研究。例如，“教学与检测题库管理系统的研究与开发”于 2002 年 2 月获广东省电化教育馆结题通过，并获湛江市首届普通教学成果二等奖，其主要的成果有成绩管理系统模块、在线考试等；“专题学习网站的有效性研究”于 2006 年 6 月获全国教育科学规划领导小组办公室、广东省电化教育馆结题通过，并获结题成果二等奖，其成果主要是组织开发了教育信息技术与 STS、生物图文学习方法、太阳能网等八个专题学习网站，促进了教师开发教育教学资源的能力；“微课促进教师专业成长的个案研究”是全国教育信息技术研究“十二五”规划 2012 年度重点课题“中小学‘微课’学习资源的设计、开发与应用研究”的子课题，于 2017 年 12 月结题通过，该课题通过个案研究的研究方法，对微课促进教师的专业成长进行了深入的研究，对于微课的开发途径及方法进行了行之有效的探索和总结，教师通过观摩微课、开发微课、应用微课，促进了专业成长；“区域教育公共服务平台资源建设与教学设计研究”于 2018 年 11 月 11 日立项，是广东省普通高校人文社会科学重点研究基地粤西教师教育研究中心项目委托研究课题。

我越来越意识到，要提升教师的信息化专业发展能力，依托信息化教育教学方面的课题研究是一个重要途径，但这还不够，还要有针对性地开展教师信息化教学能力培养方面的研究。“信息技术环境下教师教育技术培训的理论与方法研究”于 2011 年 7 月由广东省电化教育馆结题通过，2013 年获广东省中小学教育创新成果二等奖，2016 年 7 月获第三届湛江市教育教学成果奖；“信息技术环境下高中教师校本研修的有效性研究”由广东省教育科学规划领导小组办公室于 2014 年 12 月批准立项，2018 年 7 月结题，该项目将校本研修与学校的实际工作及学校所能提供的软硬件环境充分结合，探索出一套信息技术环境下高中教师校本研修的有效途径和方法，取得了一系列成果，成果论文《信息技术环境下高中教师校本研修的有效途径》发表于《教育信息技术》（2016 年第 11 期）。

与时俱进，收获丰硕的课题成果，更见证了教师们扎实工作、勇于创新，实现信息化专业发展能力的大跨越。

三、充分利用信息技术，促进各科教师信息化专业成长

充分利用信息技术，选择合适的信息技术环境下校本研修工具，开展教学实践活动，促进教师的专业成长。校本研修工具包括以下几种：

（1）作为获取信息和分析信息的校本研修工具。有问卷调查类，如问卷星、腾讯问卷等；有数据处理类，分析数据可以使用 Excel 软件，也可以使用专为统计分析数据开发的 SPSS 软件；有校本研修资源类，如国家教育资源公共服务平台的相关资源、广东省教育资源平台、中国大学 MOOC、网易公开课、学习资源网、网盘资源等。

（2）作为对话和交流分享的校本研修工具。有分享交流的工具，如 QQ 群、微信群等；有思维工具，如思维导图、百度脑图等；有远程协助，如向日葵远程控制软件、Teamviewer 远程控制软件、QQ 远程协助等。

（3）作为研修学习平台的校本研修工具。有 UMU、雨课堂、小鱼易连等。

（4）作为演讲、开设讲座、举办会议的校本研修工具。有制作演讲稿类，如 PowerPoint，或利用 Focusky 动画演示大师、101 教育 PPT、希沃授课助手等；有微课制作工具类，可利用录屏软件（如 Camtasia Studio、Adobe Captivate 等）制作录屏类微课；有学科工具类，如几何画板、超级画板、MathType、ChemDraw Std、Maple、中学物理作图工具、动感化学元素周期表等；其他还有常用的辅助工具等。

此外，还有作为成果分享的校本研修工具，如易企秀、美篇、微信公众号等。在培训各科教师适时适当使用丰富的工具过程中，我看到的不仅是教师信息化专业能力的提升，更是对教育信息化信念的愈加坚定。

“一点三面”策略，围绕“提升教师信息化专业发展能力”核心任务，以“开发校本课程、依托课题研究、选择合适的信息技术环境下校本研修工具”为三大策略，相互作用，取得了一定的成效。展望教育的未来，随着信息技术的迅速发展，新的技术、新的应用、新的功能层出不穷。《教育信息化 2.0 行动计划》的提出和推进，学校信息化建设与应用必将进入一个新的阶段。以人工智能、大数据、物联网等新兴技术为基础，依托各类智能设备及网络，积极开展智慧教育创新研究和示范，推动新技术支持下教育的模式变革和生态重构。推动“互联网＋教育”大平台建设，推进信息技术与教育教学深度融合，推动教育信息化转段升级，提升师生信息素养，提升教师信息化教学能力和专业发展能力，我们将大有可为。

教师的课程创生所要揭示和倡导的核心思想就是：教师在整个课程运作过程中都应该充分发挥主体性和创造性，并以此为基础，培养和提升学生在课程活动中的主体性和创造性。[①] 在以分布式领导为主要组织方式的课程创生团队中，每位教师都有可能成为课程领

① 李小红．教师课程创生的缘起、含义与价值．教师教育研究，2005（7）．

导，都要发挥课程领导的职能，承担着多重角色，如学校课程愿景的发展者、国家课程实施的引领者、特色课程的开发者、学生核心素养的培养者、学习共同体中的合作者、其他教师专业成长的助力者等。淬炼课程文化创生力，是落实立德树人根本任务，建设好“以生为本、谋求发展、主动探究、相互合作、平等对话”为基本特征的课程创生团队的重要条件；同时也是优秀教师在课程团队中发挥课程领导力的重要支撑，是其课程领导力的最高表现。

深度反思

阅读本部分后我收获了什么？

我还需要进一步修炼什么？

我将怎样修炼？

第四篇　教学领导力

善歌者，使人继其声；善教者，使人继其志。

——《礼记·学记》

教师的教学领导力，是指教师在教学工作或活动中体现出来的一种对学生的学习与成长的引领力，以及对其他教师的示范力。这种力量是教师的价值观念、教育思想、个性特征、人格修养、课程理念、教学主张、才华学识等在教学过程中形成的一种对他人的影响力。教学领导力常常以精致的教学设计、精细的教学组织、精湛的教学能力、精彩的课堂教学、精妙的教学方法、精超的教学艺术、精准的教学诊断和精诚的教学评价等形式体现，富有教学领导力的教师让课堂教学充满活力、张力、吸引力、指引力和辐射力。

教学是学校教育的中心工作，是落实党的教育方针、国家的教育战略和立德树人的教育使命的主要渠道，是课程实施的关键环节和基本途径，是教师的主要任务和职责。无论是新教师还是老教师，无论是普通教师还是卓越教师，教学领导力始终是教师最需要修炼的专业本领。就教学而言，教师既是组织者又是领导者，同时还是诊断者。做一个富有领导力的教师，最基本的是要不断修炼教学领导力，尤其是教学组织力和教学诊断力。

让我们一起走进本篇，共寻赋能课堂之术、之道，提升教学领导力，从而引领自我和学生更卓越地成长。

No. 7 赋能课堂，磨炼教学组织力

静心思考

1. 你喜欢上课吗？你喜欢自己的课堂吗？
2. 学生喜欢上你的课吗？其他老师喜欢听你的课吗？
3. 如何让你的课堂焕发出生命的活力？

教学是教师与学生以课堂为主阵地的交往过程，是师生“教”与“学”的统一活动。通过这个交往过程和活动，习得知识、方法、能力、态度和价值观等，人格、精神、思想等获得发展。这里想强调的一点是：不仅学生在教学中收获成长和发展，教师也在教学过程中收获成长和发展。“教学相长”才是教学最美、最真、最好的状态。

爱自己，请从课堂开始

你是否有过这样或类似的经历：当课堂教学时有思维碰撞的火花，时有师生的欢声笑语，学习气氛热烈而浓郁，师生互动精彩而自然，轻松而不知不觉地就达到了教学目标时，你的内心往往会感到舒畅、爽快，甜蜜蜜的；而当课堂上死气沉沉、鸦雀无声、冷冷清清，学生的学习激情无法被调动起来，甚至还出现学生打瞌睡或讲话影响课堂纪律而不能顺利完成学习任务时，你常常会感觉不开心、不愉快、苦闷。

为什么课堂教学氛围会左右你内心的“滋味”？

“对于学生而言，课堂教学是其学校生活的最基本构成部分，它的质量直接影响学生当前及今后的多方面发展和成长；对于教师而言，课堂教学是其职业生活最基本的构成部分，它的质量直接影响教师对职业的感受、态度和专业水平的发展、生命价值的体现。”华东师范大学的叶澜教授如是说，“一个教师一辈子从事学校教学工作，就意味着他（她）生命中大量的时间和精力，是在课堂中和为了课堂教学而付出的。每一堂课都是教师生命活动的一部分……课堂教学对他们而言，不只是为学生成长所做的付出，不只是别人交付任务的完成，它同时也是自己生命价值和自身发展的体现。”① 可见，课堂教学不仅是学生生命成长的一段重要经历，而且是教师生命历程的重要组成部分，课堂教学质量即师生生活质量。

教师重视课堂教学，因重视而在乎，因在乎而热爱。但是，有的教师爱得过于热烈，

① 叶澜．让课堂焕发出生命活力——论中小学教学改革的深化．教育研究，1997（9）．

容易成为课堂的控制者，教学一般呈现“满堂灌”；有的教师爱得过于肤浅，教学只教教材；有的教师爱得理性和充满艺术，课堂教学收放自如，有效实现师生的共同成长。这样的差别加上学生的差异，出现“同样的课程，同样的内容，不同的教师授课，给人的感觉不同；即使是同一名教师，当在不同的班级教授同一内容时，也会存在差异”的现象就不足为奇。

一名教师优秀与否、卓越与否，关键在其课堂教学，有的教师的课堂教学精彩生动，让人享受、回味无穷，并使人充满无限的期待；而有的教师的课堂教学枯燥无味，甚至让人难受。通过课堂教学的情况最能看出一名教师教学能力的强与弱、教学水平的高与低和教学效果的好与差。

亲爱的老师，在你的课堂上，学生是享受还是难受？你自己是享受还是忍受？学生上了你的课，是不是就喜欢上你的课？不上你的课时，是不是还怀念或期待上你的课？其他教育同行，是不是也渴望能听你的课？听了一次，是不是还想再听一次？

亲爱的老师，你爱自己吗？你在乎自己的生命吗？如果爱，如果在乎，那就要矢志不渝地捍卫你的课堂。于教师而言，课堂教学不仅是使命，而且是生命；不仅是育人，而且是育己；不仅是履行职责的阵地，而且是兑现专业价值的蓝天；不仅是专业发展的重心，而且是生命的脊梁。真正的名师，无不热爱自己的课堂和坚守一线教学，和学生一起求知、求真、求善、求美，并在其中共同收获成长、智慧和人生幸福。

总之，课堂既是学生成长、成才的殿堂，也是教师发展的平台，还是名师名家成长的摇篮。在某种意义上说，课堂就是教师安身立命的地方。

如何创造好课堂

诚然，好教育需要好教师，好教师创造好课堂，好课堂培养好人才，好人才建设好社会。那么，我们怎样创造好课堂呢？

明确什么是好课堂

福建师范大学余文森教授指出：“好的课堂一定是有其内在的规律，蕴含着教育教学的真谛与生命成长的机理。”他和林高明论述了好课的“四要素”：一是自由的呼吸，即好课在于创造一种自由的空气；二是快乐的旅程，即好课是一次载满师生快乐的旅程；三是智慧的探索，即好课是一次充满智慧的探索；四是生命的成长，即好课是让生命“各美其美”的成长课堂。

拓展阅读

好课的四要素

自由的呼吸，即好课在于创造一种自由的空气。自由是智力生活中最为关键的要素，如鱼得水，如鸟入林。美国人本主义心理学家罗杰斯认为，“心理气氛”对课堂教学来说是至关重要的，良好的“心理气氛”形成与否直接决定了教学活动的成败。

罗杰斯还提出两个有利于创造力培养的条件，即“心理安全”和“心理自由”。显而易见，自由的学习就是一种创造性的智力活动，是一种心灵的舒展。只有自由自在、无拘无束的课堂气氛才能滋育出健康阳光、蓬勃向上的生命气象。在这样的课堂中，每一个人形体自然、身心自在、心灵自由。自由的课堂意味着，摒弃僵硬的条条框框的束缚，拆除禁锢精神的壁垒，让思想的灵泉盈盈流动，曼舞轻扬。

快乐的旅程，即好课是一次载满师生快乐的旅程。快乐是生命的亮色，也应该是课堂的底色。“生而寡欢无趣，何生之有？学而寡欢无趣，何学之有？”一部《论语》就是一部师生之间其乐融融、其趣浓浓的教育史。没有欢声笑语的课堂是死气沉沉的课堂；没有相视一笑、莫逆于心的体验的学习是一种刻板的训练；没有内在愉悦和身心欣喜的教育是对生命的一种背离。快乐不是简单的课堂的点缀与调节，而是教学成果的重要标志与体现。开心，才能“心”开。当一个人开心时，他的心窍就自然而然地打开了，聪明和灵感就汩汩涌流。当然，这种学习快乐不能仅仅停留在浮泛肤浅的感官的快乐上，而应是师生共同发现内心的欣悦，感受学习的欣悦。学有所思，为有所悟，学有所得，学有所长，便学有所乐。所谓的“笃实而生光辉”，因内心的充实、丰盈，从而生发出内在的快乐。苏联著名教育家阿莫纳什维利在其著作中时刻呼唤着课堂快乐和快乐课堂。他说：“如果哪儿的学校生活暗淡无光，不是儿童终生难忘的最幸福的时刻，对此，教育学的科学采取听而不闻、视而不见的态度是不能容忍的，哪怕聋一个耳朵、瞎一只眼睛也不行。”

智慧的探索，即好课是一次充满智慧的探索。从某种意义上讲，教育和课堂也是一种灵魂的探险、人生的探讨、心灵的探索。人生有无限可能，因此它辽阔无垠；思想无限丰富，因此它永无边界；知识如恒河沙数，因此它浩渺无际……正如雅斯贝尔斯所言：“问题是永无终了的，心灵是永无止境的，结论性的答案是永无可能的。”于是，课堂注定要成为“智慧”的养育所与集散地。理想的课堂便是智慧的对话，文化的对话，思想的生成。按照法国社会学家埃德加·莫兰的观点，文化对话意味着观点的多元性与多样性；意味着文化交往，信息、思想、观点、理论的多种交流；意味着允许思想、观念和世界观的冲突。这是一种海纳百川、虚怀若谷、兼收并蓄的智慧交流，是师生与文本间的互动生成；课堂教学是师生与环境之间多方、多边复合的互动交流的生成过程。美好的课堂应该是“杂花生树，群莺乱飞”，应该是“山鸣谷应，音韵谐和”，有不齐之齐的美感。不关注师生的互动生成，就是人为地割裂了教与学的血脉关系。这种割裂必然造成教的盲目与茫然，学的困苦与低效。只有师生互动才有教学相长，才有教学相乐。生成的课堂，是智慧的课堂，也是思想的课堂、文化的课堂！

生命的成长，即好课是让生命“各美其美”的成长课堂。中国人民大学黄克剑教授认为，教育可以放在三个相互贯通的层面上去理解，即授受知识、启迪智慧、点化和润泽生命。而教育及课堂的最高境界就是点化和润泽生命，教育及课堂的第一使命就在于促进学生精神成长。引导学生在课堂中寻求与自己精神血脉互通共融的气息，营建属于自己的心灵“后花园”，在朝夕的温习与探索中，建构和塑造生命的面貌与人生的价值向度。在关爱中学习关爱，在宽容中学习宽容，在民主中学习民主……在各自千差万别的“生命相遇”中不断地走向“生命相融”，走向“生命相生”，这样的课堂就是陶行知先生所说的“人园”：和花园有相类似的意义，我们希望在这里面的人都能各得其所，体现出个人本来之美……

资料来源：余文森，林高明．好课的四要素．中国教师报，2013-09-11.

在我们看来，好课堂要具有“四性”，即课堂教学的生命性、生活性、生成性和发展性。①

课堂教学的生命性。在对象上，课堂教学中的教师和学生都是活生生的、完整的、独一无二的生命个体，课堂教学是师生彼此生命对话的过程。在过程上，课堂教学既是学生生命成长的一段重要经历，也是教师生命历程的重要组成部分。在策略上，教师需要从生命的视角来耕耘课堂教学，要遵循生命成长的内在规律来立德树人。

课堂教学的生活性。教育家陶行知说：“没有生活做中心的教育是死教育，没有生活做中心的学校是死学校，没有生活做中心的书本是死书本。”可见，在价值取向上，课堂教学既要立足师生正在经历的生活和了解过去人们的生活，又要指向师生各自未来的生活。

课堂教学的生成性。华东师范大学钟启泉教授说：“从生命的高度来看，每一节课都是不可重复的激情与智慧综合的生成过程。”从这个视角而言，教师在课堂教学中要帮助学生生成新知识、新认知，产生新问题、新思维，形成新观念、新智慧，比如中国学生发展核心素养的提出，就要求教师在课堂教学中要培育学生生成未来生活所需要的必备品格和关键能力。

课堂教学的发展性。在目的上，教师要明确课堂教学的目的是促进人的发展。这就要求教师要用发展的眼光看待课堂教学、看待学生，甚至看待自己，相信生命成长的可变性、可塑性，即人成长的发展性，相信“鞭下有瓦特”“冷眼里有牛顿”“讥笑里有爱迪生”。在思路上，教师既要关注和着力于学生的“最近发展区”，更要指向和着眼于学生的“未来发展区”。

好课堂的教学价值取向

教育是有立场的，课堂教学是有价值取向的。这不仅是要坚持的前行方向，而且是要彰显的教育气象。我们认为，好课堂的教学价值取向有四：

一是好课堂既立德又立人。教育不仅是民生，而且是国家战略，立国先立人，立人先立德。在本质上，教育即立人。所以，好课堂的根本价值在于立德，在于立人。立德、立人，一方面教师要“育人先育己，育己先立德”；另一方面，教师要“以德育德，以人育人”。法国思想家卢梭说：“在敢于担当培养一个人的任务以前，自己就必须造就一个人，自己就必须是一个值得推崇的模范。”

---

① 李文送．教师要读懂课堂教学的“四性”．中国教育学刊，2017（11）.

二是好课堂既发挥又发现。好课堂既能发挥学生“学”的主体作用，又能发挥教师“教”的主体作用。即在好课堂中，师生都能在对话交流的互动中，生发生命的精彩和获得存在感、幸福感。也就是说，好课堂不是某些人的“殿堂”，更不是某些人的“坟墓”，而是所有学生和教师成长的“乐园”。同时，好课堂伴生着发现，尤其是发现唯有在课堂上才能发现的东西，如师生都能够发现他人乃至自己身上的闪光点，或者发现知识蕴含的人生哲理与智慧。这样的课堂实质上是师生都能相遇惊喜的“发现场”，特别是对“自我”的发现。

三是好课堂既有味又有料。如果把好课堂比作一道美食，那么让人回味无穷的是其独特的味道和食材。教师和学生都是厨师，同时又是品尝这道美食的食客。换言之，在好课堂上没有旁观者，人人都是参与者，共同营造课堂的“味道”。这“味道”于教师即教学风格，于学生即学习风气。“有料”的课堂是教学内容和教学资源高度优化的优质课堂，是深度学习和深度教育相互交融、相互映辉的高质课堂，是可以习得真知、感悟真理和获得深刻情感体验的智慧课堂。

四是好课堂既生动又生长。好课堂是一种生动的生成，因生动而充满“磁性”，从而焕发强大的吸引力和生命力。生动的课堂不是无序的乱动，而是多边的有序互动，既包括师生互动、生生互动，又包括师生与学习文本、教学媒体、学习反馈和教学评价的互动，甚至还包括师生自我互动。成长是教育的目的，是好课堂追求的结果价值。在好课堂中，教师能够依据学生当下的成长状态和差异性，遵循生命成长的内在规律，让学生乃至自己都可以按照生命特性自主、自由、自然地成长。

创造好课堂要根植“四境”

读懂课堂教学的“四性”和明晰好课堂的价值取向后，接下来我们就要掌握创造好课堂的教学策略。根据实践体悟和思考感悟，在策略上，我们认为，创造好课堂要根植“四境”。①

首先，好课堂要根植知识之蕴境。课堂教学最基本的功能是让学生习得新知识，这里的“习得”不仅是对知识的记得、理解、掌握和学会，更重要的是教师要帮助学生认识到每个知识点都不是枯燥无味、冷冰冰的，而是蕴含着许多“温热”的故事和人类探索的历程。比如，DNA双螺旋分子结构相关知识的背后就记录着美国生物学家沃森、英国物理学家克里克等人的感人故事和科学探索的过程。教师要引领学生挖掘和汲取知识中这些“丰富的营养”，使他们在“被教化”中对知识产生敬畏之情，从而爱上学习，主动学习知识，不断拓展自己的知识面，同时增强对知识的理解力和感悟力，从中提升自身的能力、悟性和修为。

其次，好课堂要根植生活之现境。实质上，课堂就是师生一起经历、共同达成课程目标的生活现场，好课堂不仅要立足这一实质，而且要据此进行教学。好课堂要以生活为中心，要以生活为旨趣。在思路上，好的课堂教学要“深深扎根于现实生活，深度融入现实生活，最大限度服务于现实生活”；在方法上，好的课堂要生活化，要依托当地、本校学

① 李文送．好课堂要根植“四境”．中学生物教学，2018（8）．

生的生活方式、生活习惯、生活事件等进行组织教学，使学生能够关注自身生活，能够在生活中做到学以致用，并通过课堂学习改善生活和提高生活质量。

再次，好课堂要根植教学之情境。教学情境是指教师在教学过程中为了激发学生的学习兴趣、热情和动力而创设的情感氛围，具有问题性、情感性、生活性、形象性和学科性等特征。构建主义理论认为，知识不是通过教师传授得到的，而是学习者在一定的情境下，借助别人（包括教师和学习伙伴）的帮助，利用必要的学习材料，通过意义建构的方式获得的。现代心理学研究结果表明，学生对学习内容的认知和学习，与其发生的情境有着密切的关系。也就是说，好的课堂教学生发于好的教学情境。这就需要教师结合具体的教学内容和实际生活，创设有利于激发学生自觉思考和主动解决问题的真实的教学情境。

最后，好课堂要根植师生之心境。好课堂不是“学生是台下的观众，教师是台上的演员”的独角戏，也不是“表面看上去热热闹闹，实际上内心冷冷清清”的走秀课，而是“台上台下的心境合一，内外活动的心率合频”的有趣、有效、有意义、有意思的真实的课。这样的课，需要良好的师生关系和宽松的学习环境，需要师生共同营造和认同的课堂“文化场”，使之在自学、交流、合作、探究、讨论、展示、质疑、追问、争辩等真实的学习过程中，心灵得以震撼，个性得以张扬，智慧得以开启，人格得以健全，素养得以形成。总之，好课堂从心为始，以心为终。“心花怒放，心有芳香，心向远方”就是好课堂的核心要义。

拓展阅读

好课堂的核心要义

“心花怒放”。“怒放”的“心花”就是“绽放”的“花朵”，即自主、自由、自然成长的人。自主是生命成长的属性，教师虽然可以影响学生的学习，但无法取代学生的学习；自由是人的本性；自然是学生生命个体可以依循各自的成长方式、成长节律和成长规律，在适合的环境中成长。好的教学要根植于人的自然本性和成长规律，唤醒学生的生命自觉，点燃学生的生命自律，激发学生的生命自主发展，让每个学生都能在适宜的教学环境中绽放生命，实现全面发展和个性化成长，从而与“心花怒放”的自己相遇。

“心有芳香”。“有芳香”的“心”就是“己善，且与人为善”的人。“善”是一种心态、一种能力、一种行为、一种使命、一种信念。陶行知先生在回答“教育是什么”时，强调“教育是教人变，教人变好的是好教育，教人变坏的是坏教育”。因此，好的教学就是教人变好、变善或变更好、更善的教学。也就是说，好的教学要帮助学生相遇“善”的改变，使学生形成“善根”和“善念”，成为“善”的拥有者、发现者、实践者和传递者，并能各善其善。正如《孔子家语》中所言：“与善人居，如入芝兰之室，久而自芳。”因此，教师要自带“善”的阳光，为善且善为，在教学中做到“有教无类”和“因材施教”，“心之芳香”将随之而来。

“心向远方”。“向远方”的“心”就是有理想、有追求、有信仰的人。好的教学不仅要引导学生理性看待历史，更要帮助学生创造更美好的未来。好的教学要为学生的未来学习和生活积蓄生命成长的力量，使之形成自己所执着的信念和向往的追求，从而拥有良好的成长态势和持续成长的能力。好的教学既要服务好学生眼下的成长，又要“指向远方”，使学生明确自己前行的方向并生发远航的力量。

资料来源：李文送．好教学成就三种“心境”．中国教师报，2019-03-06.

给自己的课堂起个名字

名字是有故事的，课堂也是有故事的。比如，著名作家冰心（原名谢婉莹）的名字就取自“洛阳亲友如相问，一片冰心在玉壶”诗句。著名教育家陶行知（原名陶文濬）改名“行知”的故事不仅成为教育界的一段佳话，而且深深影响了一代又一代教育同行。

现在，你可以算一下，自己从事教学工作有多少年了？几年？十几年？二十几年还是三十几年？你的课堂有名字吗？如果有，不妨和大家分享下；如果还没有，那你现在想好给自己的课堂起什么名字了吗？

熟悉教育家李吉林老师的人都知道，她的课堂有个响亮的名字——情境教学。这个名字是她在对自己从事的语文教学全过程进行探索改革中，从教学中运用情景进行语言训练得到启示，借鉴中国古代文艺理论中的“境界学说”，并吸取传统教学注重读写和近代直观教学的有效因素等基础上提炼出来的教学主张。

给课堂起名字，实质就是提炼自己的教学主张。那么，教师如何提炼自己的教学主张呢？用福建师范大学余文森教授的话来说，教学主张的提炼既要有一定的高度，又要有一定的厚度（内涵），并且要防止大而空、泛而全；同时教学主张的文字表达要力求简洁、有力、富有个性。他还指出，教学主张提炼有学科、教育和儿童（学生）视角。即学科性是教师提炼自己教学主张的基本视角和重要途径；教育性是教师提炼自己教学主张的核心视角和主要途径；儿童性是教师提炼自己教学主张的又一重要视角和途径。① 当然，教学主张的提炼，不仅仅只有上述视角和途径，也可以有其他不同的视角和途径，这些视角和途径也不一定截然分开，可以相互融合，只是各自的侧重点不同罢了。

拓展阅读

教学主张提炼的三种视角

1. 学科的视角

中小学教学是按学科进行的，每门学科都有其特殊性，表现为学科的本质、性质、特点、功能和任务。著名教育家叶澜教授曾说：“每个学科对学生的发展价值，

① 余文森．教学主张：打开专业成长的“天眼”．人民教育，2015（3）.

除了一个领域的知识以外，从更深的层次看，至少还可以为学生认识、阐述、感受、体悟、改变这个自己活在其中，并与其不断互动着的、丰富多彩的世界和形成、实现自己的愿望，提供不同的路径和独特的视角、发现的方法和思维的策略、特有的运算符号和逻辑；提供一种唯有在这个学科的学习中才可能获得的经历和体验；提供独特的学科美的发现、欣赏和表达能力。”

从教学来说，教师一定要“考虑所教学科的精神特质是什么，这样的精神特质对于学生的发展来说究竟意味什么。只有抓住所教学科的精神特质，才能真正彰显这门学科对于学生发展的价值”。学科性是教师提炼自己教学主张的基本视角和重要途径。很多名师的教学主张就是基于对学科特点、功能和精气神的深刻洞察、把握和领悟而提炼出来的。如“语用语文”“文化语文”“感性语文”“有思想的数学”“智慧数学”等教学主张，它们分别从不同视角反映和彰显学科的精神内涵及价值追求。

2. 教育的视角

真正的教学都是教人而不是教书，语文教师不是教语文而是用语文教人，数学教师不是教数学而是用数学教人。各门学科的性质、任务有所不同，但在育人上、在培养人的使命和任务上是一样的，所以，人才是教育的共同对象。正如叶圣陶先生所言：“我如果当中学教师，绝不将我的行业叫作‘教书’。我与从前书房里的老先生，其实是大有分别的。他们只需教学生把书读通，能够去应试、取功名，此外没有他们的事儿了；而我呢，却要使学生能做人、能做事，成为健全的公民。我无论担任哪一门功课，自然要认清那门功课的目标，如国文科在训练思想，养成语言文字的好习惯；理化科在懂得自然，进而操纵自然之匙。同时，我不忘记各种功课有个总目标，那就是‘教育’——造就健全的公民。每种功课犹如车轮上的一根‘辐’，许多根辐必须集中在‘教育’的‘轴’上，才成为推进国家民族的整个轮子。”

我们强调：“人是一切事物有意义和价值的源头。没有人就没有一切，无论何时，教育必须首先去培养一个人，然后才是培养一个律师或医生，而不能相反。教育的最终目的是人性的实现，是让人成为人而不是把人变成工具。”这意味着教学主张的提出要符合教育教学规律和培养目标要求，体现教育教学的永恒价值和终极使命，不要为教育教学的一些表面现象和短期效应所迷惑。教育性是教师提炼自己教学主张的核心视角和主要途径，“真善美意韵的语文教学”“人格语文”“人文素养导向的历史教学”“和谐教学：我的数学教学追求”“科学素养旨趣的物理教学”等教学主张都是强调和体现以人为本的教育价值。

3. 儿童的视角

“教师既要有自己的学科专业，又应有超越学科的专业——‘第一专业’。‘第一专业’具有在先性、前提性、统领性和牵引性，这‘第一专业’就是儿童研究。教师在‘第一专业’发展中，逐步成为儿童研究者，成为儿童研究专家，以至成为儿童教育家，这既是教学改革的走向，又是教师专业发展的伟大目标。”美国当代著名教育学家爱莉诺·达克沃斯明确指出：教学即儿童研究，儿童研究不仅是教学的基础和前提，而且教学本身就是一种儿童研究，教学过程就是儿童研究过程，儿童研究的目的是“诞生精彩的观念”。

这里涉及两个问题：一是教师要研究儿童，研究儿童是怎样学习、思考和发展的，教学过程既是教师引导、组织儿童学习的过程，又是教师观察、研究儿童学习的过程；二是儿童的学习过程也是儿童自己的研究过程，这个过程绝不仅仅是学生接受书本和老师教授知识及观点的过程，而且是学生发现知识和诞生精彩观念的过程。

加拿大教育家马克斯·范梅南指出：教育学是迷恋儿童成长的一门学问。迷恋意味着教师对此非常感兴趣，而且达到了乐此不疲的地步。教师就喜欢琢磨儿童，把儿童都琢磨透了，教学自然也就得心应手了。儿童性是教师提炼自己教学主张的又一重要视角和途径。教学主张要反映儿童身心发展的特点以及体现儿童文化精神。“童韵语文”“生动语文课堂”“学语文”“童趣数学”“快乐品德”“儿童视角的品德”等教学主张就是从儿童视角和立场立意的。

资料来源：余文森．教学主张：打开专业成长的“天眼”．人民教育，2015（3）.

赋能课堂要磨炼组织力

每一个热爱生命、生活的教师，都不应轻视作为生命实践组成的课堂教学，从而激起自觉上好每一节课，使每一节课都能得到生命满足的愿望，积极地投入教学改革。[①] 改革，无非是寻求突破，不断赋能课堂，从而让教学更有活力，更有张力，更有魅力，更有生命力。

如果把课程比作菜谱，那么课堂教学就是由教师这个大厨和学生这群小厨共同合作烹饪而成的菜肴。同样的菜谱，不同的厨师进行烹制，做出来的菜肴，其色、香、味都可能存在差异。就算是同一个大厨，在不同班级进行“烹制”时，参与的小厨不同了，最后做出来的“菜肴”也是不同的。不管哪种情况，想要做出色、香、味俱佳的菜肴，无疑要做好菜式和流程的设计、食材和厨具的选取、时间和火候的把握、人员的分工和合作等，即要科学合理地组织烹制。所以，“大厨”要发挥自身的领导力，特别是出众的组织力。

课堂，是教学发生的地方。赋能课堂，就是赋能教学。教学是经过预设的一种师生共同经历和创造的过程，是对课程进行二次开发而生成的过程。这就意味着，教学的过程不是“背教案”，不是“填鸭式”的灌输，而是教学设计在具体的教学情境中的再造。在这个过程中，教师是教的主体，学生是学的主体，师生共同创生课堂教学，都是课堂教学的参与者和构建者。当然，这些角色作用的发挥，关键要看教师如何进行教学组织。

① 叶澜．让课堂焕发出生命活力——论中小学教学改革的深化．教育研究，1997（9）.

拓展阅读

教学的中心是什么？

当前不少教师认为，在教学过程中，教师是主导，学生是主体。过去的我也这么认为，直到拜读了华东师范大学张华教授的著作《课程与教学论》，结合我工作的学校开展的“双主体教学”教改实验，我才形成了现在的看法。我非常认同张华教授在书中所说：“当教师在教学过程中的主导地位得以确立并发挥主导作用的时候，学生这个‘主体’是被人（教师）主导的，学生的主体地位就无法得到真正体现。反过来，当学生的主体地位真正确立起来时，教师又如何能够‘主导’？”读罢，我似乎有一种豁然开朗的感觉，突然明白了在教学过程中，师生彼此之间是主体与主体的关系，在人格上绝对平等，在相处中要相互尊重，如尊重个体之差异和选择之权利，尊重人格之独立和品性之独特。

因此，课堂教学既不应“以教师为中心”，又不应“以学生为中心”，而应“以学习为中心”，让教师和学生都能发挥各自的主体作用，从而使彼此都能在教学的过程中幸福成长。

资料来源：李文送．微谈教学．中学生物教学，2019（1-2）.

如何磨炼教学组织力

除了掌握教学的一般规律、学生的认知特征和生活习惯等之外，教师需要学会筛选有利教学资源，重构各种教学要素，使教学的各个环节和细节都得到优化，从而有利于学生更高效地达成学习目标。

要做到教学环节和细节的优化，首先，我们需要依据课程标准、教学原理、学生特点、课堂环境和学习进度等对教学进行规划设计和活动安排；其次，在实际的教学过程（教学组织的核心阶段）中，我们不能完全按照预设来实施，而应根据课堂教学的境况进行灵活处理，尤其是遇到突发事件时要学会应对，要善于留意教学过程中的细节，如课堂上的“小插曲”“小意外”“小错误（失误）”“小发现”“小惊喜”“小惊讶”等，从学生或我们自己的变化和反应中捕捉生成性教学资源、偶发的教育契机和灵动的智慧火花，及时做出积极的回应，创造性地“生成”教学，从而使课堂更有温度，更有光泽，更具智慧。

在磨炼自我教学组织力时，我们既要在实践和反思中学习，又要在借鉴和交流中成长。比如，我们不妨看看名师名家们是如何组织教学的，从他们身上去寻找亮点，以照亮自己。下面，我们一起来分享全国著名数学特级教师华应龙老师的《百分比》课堂实录。

案例

《百分比》课堂实录

教学内容：《百分比》选自九年义务教育六年制小学实验课本《现代小学数学》第十一册。

课堂实录：

一、讨论谁去主罚点球？

师：同学们，喜欢踢足球或看足球比赛吗？（展示韩日世界杯足球赛上有中国队参赛的录像片段）

世界杯上终于有了咱中国人的身影！虽然比赛成绩不尽如人意，但“足球是圆的”，我们相信中国队会有灿烂的那一天！假如在下届世界杯上，我们中国队获得了一个宝贵的罚点球的机会，如果你是主教练，将会安排哪位球员来主罚这个点球？

生1：孙继海！

生2：祁宏！

生3：范志毅！

师：你为什么安排孙继海来主罚？

生1：孙继海有在国外俱乐部踢球的经历。

师：那你为何让祁宏来主罚？

生2：祁宏的脚法最好！

师：（看着生3）请说说你的理由。

生3：范志毅是“三朝元老”，心理状态最稳定。

师：三位都言之有理。那究竟安排哪位主罚呢？我想，主教练会比较一下球员中罚点球最好的那几位的成绩，然后再定夺。你们认为呢？

学生们点头称是。教师出示以下表格：

	罚点球总数	进球数
1号	25	22
6号	20	18
15号	50	43

师：看了这张表格，你认为几号球员去主罚最好？为什么？

学生们大多说“6号”。

生4：我觉得应让6号来主罚，因为他罚球最稳、最准。

生5：我觉得哪位失球最少，就该让哪位主罚，所以安排6号去主罚。

师：有道理。1号失球数是：25－22＝3，6号失球数是：20－18＝2，15号失球数是：50－43＝7。这样看来，应让6号去罚。同意这一理由的，请举手。

全班学生都举手了。

师：还改吗？

生（齐说）：考虑好了，不改啦！

师：按这样的说法，如果我罚点球，罚1个球，可踢飞了。我的失球数是：1－0＝1，最小，那个点球倒该我去罚了不成？

学生们都笑了，笑过之后是思考。

生6：我会安排6号来主罚。因为1号踢25个进了22个，照这样计算，1号踢100个会进88个；6号踢20个进了18个，那么，6号踢100个会进90个；15号踢50个进了43个，那么，15号踢100个会进86个。这样一比较，我会安排6号去踢这个点球。

师：是个好主意！乍看不明白，照这样计算之后，都踢满100个球就一目了然。

生7（抢着说）：应该算进球数与罚球总数的百分比。1号是88%，6号是90%，15号是86%，所以应让6号去踢。

学生们眼睛一亮，颔首赞同。

师：好主意！为什么要算百分比呢？如果不求进球数是罚球总数的百分比，而是求几分之几，行不行呢？这88%、90%、86%又是怎么算出来的？生6和生7的想法有联系吗？请前后桌四人组成小组讨论讨论。

学生们热烈地讨论起来……

当学生汇报“为什么要算百分数”时，教师板书：百分数。并在“百”字下加着重号。

二、交流课前参与的收获

师：借助百分数，可以很好地解决由谁主罚点球的问题。看来百分数是个好助手！你们课前收集到哪些百分数？在小组内交流交流，说说这些百分数表示的意思，然后小组推荐代表在全班交流。

…………

生1：（视频展示台上投影“异乡人”商标）我找到的百分数：妈妈衣服商标上有“成分：100%棉”。我认为这个“100%”是说这件衣服是全棉的，不含涤纶等。

生2：（投影“小柴胡冲剂使用说明书”）这上面有“临床验证表明其对病毒性肝炎的有效率达70%”，这个“70%”是说100个有病毒性肝炎的人喝了这种冲剂，有70个人会产生效果。

生3：（投影“品王酒”商标）品王酒商标上有“酒精度：42%（v/v)”，我认为这个“42%”是说酒精的重量是整瓶酒重量的42%。

生4：我基本同意他说的42%的意思，但酒精度不是指酒精的重量而是指酒精的体积，是说酒精的体积是整瓶酒体积的42%。

师：其他同学的意见呢？

生5：是体积比不是重量比，我问过我爸爸。大家请看［指商标上的“酒精度：42%（v/v)”]，括号内“v/v”中“v”就是指体积。

师：你爸爸是？

生5：我爸爸是品王酒厂的办公室主任。

师：噢，请教了权威人士！我原来也以为是重量比呢。谢谢！

生6：（投影“消疲灵”滴眼液药盒）这个药盒上有个“0.012%”，我不知道这个“0.012%”是什么意思，向同学们请教。

师：这是个很特别的百分数，究竟是什么意思呢？

生7：可能是指某种药的成分占整个眼药水的0.012%。

师：我们都说不准，怎么办呢？

生8：课后请教医生。

师：好主意！

生9：（出示《半月谈》杂志2001年第22期中《“9·11”后的全球经济》一文）这篇文章中写道：“墨西哥经济亮红灯：今年增长率为0%”，这个“0%”是说2001年墨西哥经济没有增长。

生10：我们在电脑上装载一个软件时，显示屏上会不断地显示一串百分数，从0%变化到100%。那些百分数是表示已完成的任务占整个任务的百分之几。

生11：（出示“佳雪植物护肤霜”说明书）这个说明书上说：“极高度保湿配方：相对保湿率>180%，尤其适合干性或偏干性肌肤使用”，我想这个“180%”是说这个化妆品中的水分是化妆品总质量的180%。

有好多学生反对。

师：是啊，这个百分数非常特别。可是，女儿的年龄是不可能比妈妈大的！（生11是位女生）

生12：这个“180%”是说：用了这种化妆品后，皮肤中的水分是原来的180%。

师：其实我对这个“180%”也不理解，怎么会是“180%”呢？但听他这么一说，我觉得有道理。

学生纷纷点头。

生13：（快步上前，指着说明书下面的两行字）这个说法是对的。这两行广告语可以证明：“晶莹·水灵，只在佳雪芦荟”。

学生们兴奋得鼓起掌来。

…………

师：你们课前通过查找资料、请教他人，已经知道百分数的哪些知识了呢？

生1：百分数又叫百分比，也叫百分率。（教师板书：百分率）

生2：百分数相当于分数中的分率。

生3：百分数通常不写作分数形式，只在数字后面加个百分号。

生4：百分数后面不带单位。

师：有没有看到百分数带单位？是根本没有，还是你看丢了？为什么不带单位呢？

教师出示下面一题，组织学生回答。

下面哪几个分数可以用百分数来表示？哪几个不能？说说为什么。

一堆苹果$\frac{91}{100}$吨，运走了它的$\frac{75}{100}$。

$\frac{23}{100}$米相当于$\frac{46}{100}$米的$\frac{50}{100}$。

师：你们知道百分数为什么又叫百分率了吗？

生：因为不能用百分数来表示一个具体的数量，只能用它来表示分率。

师：（微笑着点头称是，慢慢地在“百分率”的“率”字下加上着重号）

师：对于百分数，你们还有什么不懂的问题？

生1：有没有十分数、千分数、万分数？

生2：是不是分数能百分之百地化成百分数？

生3：我在电视上听到增长几个百分点，那是不是百分数？

生4：百分数为什么不约分？

生5：$\frac{1}{5}$%是不是百分数？

…………

学生提出的问题，先让学生解答、讨论，然后教师再帮助解答，有的问题留给学生课后查询。

三、尝试百分数写法

师：从交流过程中，我已经知道同学们会读百分数了。你们会写吗？会写的同学请到黑板上写一个。

学生一拥而上，在黑板上写下大大小小、各不相同的百分数。

师：同学们写了各种各样的百分数，这些百分数表示什么意思呢？你愿意说哪个就选哪个，好吗？

生1：我选“50%”。如果你今天身体不舒服，一碗饭只吃了一半，那就是吃了这碗饭的50%。

生2：我选“16.7%”，因为它有点特别，百分数的分子是个小数。拳王霍利菲尔德和刘易斯第四番较量，网上调查统计，刘易斯赢的可能性是16.7%，也就是刘易斯赢的可能性很小。

师：那就是霍利菲尔德赢的可能性很大，他赢的可能性是多少呢？

不少学生回答是“83.3%”。

生2（十分得意地）：不对，还有可能两人打平，打平的可能性是4.3%，所以霍利菲尔德赢的可能性是79%。

学生们笑了：确实存在这种情况。

师（微笑着）：你这是一则虚拟新闻，是吗？

生2笑得非常开心。

生3：我选“1 010%”。一辆汽车装货，严重超载，装的货物是限载重量的1 010%。这个司机要被吊销驾照。

全班学生都笑了。

…………

师：再看这些百分数，哪些写得规范、好看呢？你认为写百分数时要注意什么？

…………

师：（出示10个百分数）请同学们练习写百分数，比比谁写得好看。如果写完，你可以自己出题再写几个。咱们男女分小组比赛。

学生看着板书或课本认真书写起来。

师：停。数一数，你写了几个百分数？直接说出你写了几个百分数，这太简单了。你能用刚学的百分数说一句话，让大家猜一猜你完成的情况吗？

生1：我完成了80%。

生2：你写了8个？

生1点头。

生3：我只完成了任务的65%。

生4：你写了6个半。

生5：我完成了120%。

生6：你写了12个？

生5：是的，我自己出题加写了2个。

师：写完10个以上百分数的女同学，请举手。（点数之后，板书：17）写完10个以上百分数的男同学，请举手。（点数之后，板书：20）

男生欢呼起来："我们赢了！"女生神情沮丧。

师：真的吗？

有女生来劲了："是啊，你们男生本来就多！"这时，学生们都安静下来。全班男生共29人，女生共25人。当老师再板书出这两个数时，有女生欢呼了："我们赢了！"

师：到底谁赢了呢？谁先解答出这个问题的，谁赢！

资料来源：华应龙．改造学习方式，享受课堂生活——《百分比》课堂实录与解读．人民教育，2003.

当你阅读完华应龙老师《百分比》这堂课的实录，相信你会情不自禁地赞叹：这堂课上得真好！满满的活力，满满的魅力，满满的张力，满满的能量。让我们再次重温和品味华应龙老师这堂课，看看他是怎样通过教学组织来赋能课堂的。

在角色定位上，华应龙老师坚守儿童立场，把自己当作学生中的"一个"，参与到课堂教学的学习活动中，做活动的组织者、引导者、激励者、参与者和平台的创造者，以及为学生的学习提供环境、条件，而不是"自作权威，高高在上，成为机械传递知识的简单工具"。正是因为如此，他把准了学生的"脉搏"，进入学生的内心世界，和学生的情感产生了共鸣和撞击，从而收获了"天光云影共徘徊"的教学效果。

在教学理念上，华应龙老师立足生活，以学生为本，容错和融错并举，筑路和引路同行。他说，学生学习的数学应是生活中的数学，是学生"自己的数学"；教学不等同于发展，只有那些能够激发学生强烈的学习需要与兴趣的教学，只有那些能够带给学生理智的挑战的教学，只有那些在教学内容上能够切入并丰富学生经验系统的教学，只有那些能够使学生获得积极的、深层次的体验的教学，只有那些能给学生足够的自主空间、足够的活动机会的教学，才能有效地促进学生的发展，创建一种开放的、浸润的、积极互动的课堂文化。[①]

在教学组织上，华应龙老师根据精准的角色定位和独到的教学理念，创造了富有生活气息的、师生共生气象的、人人参与的、有思维碰撞和情感交流的、富有情绪变化的，且注重情境学习、生活学习、体验学习和思辨学习的，有趣、有味、有料、有意思的课堂教学。取得这样的课堂效果，离不开华应龙老师对本堂课的精心设计和用心组织，让学生在“思”“找”“查”“问”“议”“悟”等经历中学习“百分数”的概念、意义和价值。

在导入环节，他先根据学生对足球感兴趣等学情，非常巧妙地把极具吸引力的足球与数学学习结合起来，引领他们进入数学的课堂学习，这无疑是十分有趣的。“如果你是主教练，将会安排哪位球员来主罚这个点球?”导课、导思、导学，引发学生们的“头脑风暴”，激发他们的学习激情，使他们兴趣盎然。这在学生们“仁者见仁，智者见智”的各抒己见中可见一斑，他们充满个性化的见解让课堂教学有味、有料。就在“山重水复疑无路”时，生 6 与生 7 的发言好像一颗石子投进平静的湖面，激起层层涟漪，又如在黑暗中打开手电筒，瞬间让人发现光亮，从而有了“柳暗花明又一村”的惊喜。

“为什么要算百分比呢？如果不求进球数是罚球总数的百分之几，而是求几分之几，行不行呢?”华应龙老师不是在学生说出“百分数”后，迫不及待地以“裁判”自居，而是组织学生讨论。他解读说：“这样既尊重学生的主体地位，让学生自探明之，自求得之，又以完成‘由谁来主罚点球’这一具体任务为驱动，巧妙地把教学内容隐含其中，抓住了本节课的教学重点。这样，学生的课堂学习内容就是现实的、有趣的、富有挑战性的。他们在学习时就会感到一种乐趣，体验到一种成就感，从而激励他们进行更深入的学习与研究。”

接着，华应龙老师再组织学生交流课前参与的收获（课前，教师布置学生进行了“一找”“二查”“三问”。一找：寻找身边的百分数，想想它表示的意思；二查：查资料，可以上网搜索，也可以请教他人，了解有关百分数的知识；三问：对于百分数还有哪些疑问）。为什么华应龙老师要这样组织安排？为什么不一开始就组织学生交流收集的百分数资料，然后学习百分数有关知识，在回答为什么生活中要用百分数时再安排“罚点球”一题？如果是这样安排，用他的话来说，“那样的话，‘罚点球’一题的解答将是例行公事，思路闭锁，空间狭小，了无生气。”组织次序的调整，有时会别有洞天，从而产生意想不到的教学效果。经过课前的“一找”“二查”“三问”和在生活中积累的知识、经验等，已经使学生对“百分数”有了一定的认知和了解，只是没想到在熟悉的足球中可以用上罢了。所以，当学生置身“罚点球”的情境时，就能体验到“学了知识，原来是可以用上的”。这样的教学处理，学生学到的绝不只是“百分数”的知识，而是围绕这一知识而获得的在“知”“情”“意”“行”等方面的综合发展。

---

① 华应龙．改造学习方式，享受课堂生活——《百分比》课堂实录与解读．人民教育，2003.

虽然这堂课学习的是“百分数”，但是整堂课中华应龙老师既没有提及“表示一个数是另一个数的百分之几的数叫百分数”的经典概念，也没有一步一步地概括这一经典概念，而是借助学生的嘴把严密且抽象的概念表达出来。“百分数又叫百分比，也叫百分率”“百分数相当于分数中的分率”“百分数通常不写作分数形式，只在数字后面加个百分号”“百分数后面不带单位”。

当学生会读百分数后，华应龙老师紧接着引领学生“写百分数”和“说出百分数的意义”。“写百分数”一环的教学组织，让黑板不再是“教师神圣的领地”，使板书不再是“教师独有的专利”，而是学生“自由涂鸦”的乐园，教师在黑板上只写了“百分数”“百分率”六个字，非常“惜墨如金”，但却允许学生涂鸦，黑板上写满了百分数，从而让课堂绘就了创新的色彩，让生之花尽情地绽放。随后的“说出百分数的意义”环节，华应龙老师没有指派学生来完成，而是让学生自主选择，让求异的心态驱使学生选择各具特色的百分数来解说意义：小于100％的，等于100％的，大于100％的；分子是整数的，分子是小数的。在这丰富、生动的学习活动中，学生悄然达成了学习目标，突破了“百分数的意义”这一教学重点和难点。这一切的一切，都离不开华应龙老师对课堂教学的苦心经营和匠心运作。

总之，组织教学就是教师对教学各种要素进行合理的规划设计，并在课堂中实施落实的过程。这过程就像装修房子一样，我们得从“心”开始构建，先“爱课堂”，接着向往和构设“好课堂”。所以，在本部分内容的表述上，我们不采取直白的方式解构教学组织力和能赋的组成，而是希望你心中先有好课堂的样子，然后通过提炼教学主张来定义自己的课堂，即你的房子的装修主题和风格。在教学组织力的磨炼上，华应龙老师的课例相信能给你带来思考。我们希望你能从根本上提升教学组织力，如教学组织力的方位、方向和方法，进而达成赋能课堂，特别是思想之能、思维之能和思路之能，即重点在“心能”上着力，塑造自己的教学品质和教学气象，致力打造有自身教学主张的课堂教学。赋能课堂，在教学上，首先需要扎实自己的学科专业知识和学科教学知识；然后在实践中磨炼教学技巧、探索教学方法、修炼教学艺术、提炼教学理念和锤炼教学思想。即教师应先掌握“教会”之术，而后领悟“会教”之道，而后再到“好教”“乐教”“慧教”之境界。

拓展阅读

卓越教师的十项教学法则

1.“学生中心”法则。用学生关心、想知道或学生认为他们知道的东西来开讲，而不是一上来就展示课程、数据、概念、符号、公式、理论，即从学生本身而不是从学科出发。必须将知识纳入一定的有意义的情景中，体现教学的“人性化”和“亲和力”。真正做到“以人为本”，从学生已有生活经验出发，以学生的真实生活作为教学的起点。

2.“主动靠近”法则。教学应具有一种主动走向学生，向学生靠近的姿态与倾向，不能只是静静地“站在远处”等待学生的靠近，而必须主动“走向”学生，实现知识的“活化”和“生命化”。要做到这一点，教学必须是开放的，这就意味着要消除知识的冷漠外壳，破除知识的边界，为学生进入知识并与知识对话铺设多样的路径，向学生靠近，学生与知识的对话就能在不知不觉中进行，教学形成一种将学习者“卷入”其中的能力。这就要求在教学中更加突出知识的心理形式，建立融洽教学“心理场”，提高教学“亲和力”。

3.“优选教法”法则。教学的出发点就是如何使每一位学生都能体会到成功，设法帮助每个学生达到最佳状态，并以此作为一种教学责任。优选教学方法就是让学生想要学习、能够学习，让学生获得“活化”的高级知识。反之，如果学生不想学习甚至厌恶学习，那么将是教学的失败。卓越教师总能为学生提供丰富多样的基于学习优势的教学方法。

4.“关注全体”法则。最富感染力的教师具有很强的责任感，绝不只是把目光放在某几个他喜爱或坐在前排的几位学生身上，在大教室里，他随时会把目光投向教室后面的学生，或者是“纪律失常”的学生，并通过行为与洞察改变处于课堂“不利”地位学生的处境，唤醒了他们沉睡的意识，必然能收到促进每一位学生发展的效果。

5.“理解而教”法则。最有效的教学就是让学生真正理解知识的来龙去脉。这样的知识可以让学生感觉到学习的价值以及使知识在大脑中长期存留，这种知识就是高级知识和内化知识。因而，教师应该从学生如何理解知识的角度来重组教学内容和选择教学方式。

6.“反思自我”法则。当卓越教师面临教学失败时，不是把失败原因归结于学生的过错。相反，他们总是从“我没有做到位”的视角看到问题的所在，并且尽量避免让失败影响自己的自信心，并相信自己通过加倍努力可以将问题解决。

7.“成功激励”法则。考试绝不是确定优劣和奖罚学生的手段，而是与学生沟通、了解教与学质量、期待学生成功的手段。千万不要把考试当作一种投机行为，让学生挖空心思去预测考试中可能涉及的题目。最明智的做法是：提前给出考试范围—提供模拟样题—训练与评阅—充分准备—让绝大多数学生成功。学生在参加考试前有足够的机会来修正、改进他们学业中的不足。把考试变成一种激励与期待，并且帮助学生继续学习，以取得更好的成绩。接连的失败经验将会导致学生意志消沉，可贵的成功能让学生看到一线希望。考试不能成为对学生自信心造成伤害的“刽子手”。这样，“差生”也能享受成功，所有学生会回归你的课堂。这种将美好的期待与成功的自信相结合的方法会创造出教学的神话。

8.“投入正比”法则。每一位卓越教师的背后都有一个成功的秘诀：比别人倾注更多的心血。教学设计、教学沟通、课后辅导、了解学生、作业分析、解题诊断、反馈跟踪……可以发现，每一位充满传奇色彩的卓越教师原来也是后天造就的：有责任、有态度、有激情！

9.“批评艺术”法则。赏识和表扬并不是教育的全部，缺乏管理和控制的课堂教学不可能是高效的，没有批评和惩罚的教育会导致学生人格上的异化。批评与惩罚有效性的唯一原则：以博大的爱为基础，在尊重、赏识的基础上运用，用智慧施爱。一旦造成对学生心灵的伤害，带来的只是一种排斥与攻击的后果。

10. “诊断反馈”法则。卓越教师具有优良的诊断素养，他们善于对教与学问题进行监控，找准教与学成效低的症结，反馈教情、学情，并适时采取纠正和补救措施。卓越教师总能将教学诊断置于整个教育系统来考虑，从而使教学诊断与课程、学校管理和教学责任结合起来。

资料来源：王后雄．成为卓越教师的十项修炼．教师教育论坛，2015（6）.

深度反思

阅读本部分后我收获了什么？

我还需要进一步修炼什么？

我将怎样修炼？

No. 8 引领发展，增强教学诊断力

静心思考

1. 你现在的教学诊断力如何？你知道为何要进行教学诊断吗？
2. 我们怎样提高教学诊断力？

就教学而言，教师既是组织者又是诊断者。做一个富有领导力的教师，要不断修炼自己的教学诊断力。教学诊断力是教师专业化发展的内在需要，是发展教师专业判断力的重要表现，是对教师综合能力深层次的要求。这种能力，既包括教师对自己课堂教学的自我诊断的纠正，又包括对他人课堂教学的诊断和引领。

发现问题比解决问题更重要

有这样一则故事：在二十世纪七八十年代，有一家企业从国外进口的机器设备出现了故障，一开始，他们找了一位普通技术人员上门维修，但技术人员找不出原因所在。没办法，企业只好请专家来诊断。经仔细检查后，专家发现是一颗螺丝松了。于是，专家把它拧紧后，再通上电源，机器就恢复正常运行了。当企业问要多少费用时，专家开出了 1 000 元的账单。对此企业大为惊讶，说："你只是拧了一下螺丝，就收 1 000 元，这也太贵了吧，怎么算的?"专家说："那好吧，我把账单分开算，拧紧螺丝只收 1 元，但发现问题收 999 元。"听此，企业无奈地支付了这笔费用。

看完这则故事，或许你会想到"发现问题比解决问题更重要"这句不无道理的名言。毋庸置疑，发现问题是解决问题的基础。这就如医生诊病和治病一样，要先诊断出病人的病因、病型和病情，然后根据各种医学检查的结果进行综合分析，从而判断病人所患为何病及所患疾病的原因、部位、性质和功能损坏程度等，这样才能对症下药，治好病。也就是说，医学诊断为医生做出最终的医学判定、确定解决方法和治疗方案提供了非常重要的依据。

教学和医学有别，前者主要解决学习与成长的问题，后者则解决个人疾病与健康的问题，但不论是成长还是健康，都是个体发展的重要保障和基础。教学和医学是有相同、相连和相通的地方的。因此，人们自二十世纪初开始把源于医学上的一个专用术语"诊断"用到了教育教学上，尔后出现了"教学诊断"。

什么是教学诊断

什么是教学诊断？美国学者克拉克和斯塔尔说："教师看到学生学习中存在的困难，精

确地找到这个困难是什么，并发现产生这个困难的原因，这就是诊断。”① 他们还强调：“诊断之后的教学必须纠正错误的东西或补足缺乏的东西。没有诊断，教学就没有方向。”

北京师范大学肖川教授认为：“诊断是为使教学能更好地适合学习者的需要和背景情况，对教师的教学情况和对学生能否达到教学目标所必需的基础（包括知识、技能、态度、情感等）所做出的评定。通过诊断，设计出一种改进教师的教和排除学生学习障碍的教学方案。”② 成都大学严先元教授说：“教学诊断是针对教师和学生的、为达到教学目标而运用一定的方法和技术所进行的一种问题分析与判断。”③ 南京师范大学研究生代天真和其导师李如密教授认为：“课堂教学诊断是指诊断者通过看、听、问、思等手段对课堂教学的过程进行诊断，发现教师教学特色及存在的问题，并提出改进策略的教育活动。”④

在以上学者的研究基础上，结合我们自身的教学实践和体悟，我们认为，教学诊断就是指对教学活动及影响该活动的各要素、各因素进行的理性分析和科学判断，从而发现问题之本质、原因之本源，继而找到化解之策略，或解决之方法，或提升之路径，最终引领教学得以改进，关系得以改善，质量得以提高，品质得以提升，师生得以发展。

教师要不断增强自己的教学诊断力

教学诊断和医学诊断一样，都是一种非常专业的行为，这种行为的主体应具备相关的资格或资质条件，尤其是要具备相当专业水平的能力（即教学诊断力）。如果行为主体缺乏教学诊断力，或者教学诊断的能力不够，那么在进行教学诊断时则容易发生“错诊”或“误诊”的危险。这种危险，教师要尽可能避免发生，最好杜绝。英国哲学家约翰·洛克说：“教育上的错误比别的错误更不可轻犯，教育上的错误正和配错了药一样，第一次弄错了，绝不能借第二次、第三次去补救，它们的影响是终身洗不掉的。”

教学中会存在这样或那样的问题，这就需要教师对教学进行科学诊断，方能找到且找准解决问题的“良方妙策”，从而更好地促进师生实现教学相长的发展。有学者指出，课堂教学诊断的目的在于营造科学研究的氛围，促进教师专业发展，最终促进学生的健康成长，课堂教学诊断的最根本价值在于通过激发师生活力，优化教学结构，提高系统恢复力，从而促进学生的身心和谐发展。⑤ 著名教育家苏霍姆林斯基说：“只有善于分析自己的工作的教师，才能成为得力的、有经验的教师。在自己的工作中分析各种教育现象，正是向着教育智慧攀登的第一个阶梯。”⑥

因此，要做一个有教学领导力的教师，就要不断增强自己的教学诊断力。教学诊断力是教师实施教学诊断所需具备的主观条件，是教师内在的教学诊断思维、思想的外在体现。可以说，教学诊断力是教师专业化发展的内在需要，是发展教师专业判断力的重要表现，是对教师综合能力深层次的要求。这种能力，既包括对自己课堂教学的自我诊断的纠

① L. H. 克拉克，I. S. 斯塔尔．中学教学法（下册）．北京：人民教育出版社，1985：239.

② 肖川．课程发展名词：术语诠释（三）．教育导刊，2002（7）．

③ 严先元．教师怎样作教学诊断．长春：东北师范大学出版社，2007.

④ 代天真，李如密．课堂教学诊断：价值、内容及策略．全球教育展望，2010（4）．

⑤ 尹达．课堂教学诊断研究总结与展望．教师教育学报，2014（6）．

⑥ 苏霍姆林斯基．给教师的建议．北京：教育科学出版社，1984.

正，又包括对他人课堂教学的诊断和引领。综上，所谓教学诊断力，是指为使教学能更好地满足学习者的需要，以及教师成长和发展的需求，以师生共同生成的“教”与“学”的活动及其影响因素为诊断的客体，在发现问题、分析问题和解决问题的过程中所表现出来的一种专业能力。

你需要读懂教学的优质特性

在本质上，教学诊断就是在对教学活动做出科学研判的基础上，发现存在的问题，寻求合理、合适的教学解决方案，以实现教学最优化目的的过程，从而使教师和学生更优质地完成教与学，进而得到更好的发展。在某种意义上说，教学诊断就是对优质教学乃至卓越教学的一种追求。所以，教师需要读懂教学的优质特性。

德国教育家第斯多惠说：“我们认为，教学的艺术不在于传授的本领，而在于激励、唤醒、鼓舞，而没有兴奋的情绪怎么能激励人，没有主动性怎么能唤醒沉睡的人，没有生机勃勃的精神怎么能鼓舞人呢?”不过，在我们看来，教学不但需要艺术和科学，而且需要学科知识和学科教学知识，还需要技巧和方法；好的教学过程，自带教育性，注重科学性，讲究艺术性，凸显生成性。

第一，自带教育性。教学是教师和学生共同参与的有目的、有计划的交往过程，是教与学相互交融的活动，是落实教育目标的重要手段和主渠道。没有教育性的教学，是没有目的的行走，是没有方向的航行，是伪教学、假教学。教学的教育性，意味着教学育人的根本使命。所以，在好的教学中，教学内容育人、教学方式育人、教学方法育人、教学过程育人、教学评价育人。也就是说，学科知识、学科技能、学科活动、学科思想、学科文化等都要以育人为旨归、旨趣。育人的教学，根植教师和学生的生活、个性、认知特征及优势，使彼此在教与学的互动中收获教育、收获成长，从而不断地提高自己的悟性、德行和修为。

第二，注重科学性。教学的科学性，意味着好的教学不仅遵循教育的本质规律、学习的发生规律和人的身心发展规律，而且遵照“因地制宜”“因人而异”“因材施教”“因时而变”的教学原则，同时依循教学的情境性、内容的适切性、群体的共性和个体的特殊性等。这里的“科学性”指的不是科学上的可重复性，而是强调教育理论、教学经验与课堂实际情况相统一的理性。科学性的教学，就如面对缺钙的儿童，不是直接进行补钙，而是调适肠胃，或在补钙的同时补充维生素 D。所以，好的教学既要知道鲍鱼、龙虾等富含营养，也要清楚对于口渴的人来说水才是最需要的，而对于对海鲜过敏的人而言，不吃海鲜则是最佳选择，就算对海鲜不过敏的人，在生病时，饮食都要清淡。

第三，讲究艺术性。教学的艺术性，意味着好的教学的生命在于创造。教学的过程，实质是教师的“教”和学生的“学”甚至学生的“教”和教师的“学”共同作用的一种创造。这种创造发生在教师与学生之间、学生与学生之间以及每个行为主体之内的认知的、情感的和价值观念的碰撞与交融。艺术性的教学，不是简单问题复杂化，不是故弄玄虚，不是矫揉造作，而是一种充满智慧、富含思想和体现灵性的一种唤醒和点燃。这种唤醒和点燃是围绕“心”、尊重“心”、走向“心”、走进“心”、化开“心”的一种教学机制，即好的教学力求打开心门，启迪心智，润泽心灵。在好的教学里，“心”是教育的“场”，是教学的“田”，是力量的“源”。

第四，凸显生成性。教学的生成性，意味着好的教学是基于具体教学情境的动态的主体构建过程。东北师范大学柳海民教授在一次主题为“优质教学境界与优秀教师的专业成长”的讲座中说：“情境之于教学内容，就如同盐与汤、咖啡与水、骨骼与血肉的关系。情境的价值在于激发学习热情，唤起求知欲望。情境既是直观的方式，又是理解的桥梁。”这里所指的“生成性”，既指课堂教学活动本身是“动态生成”的，也指学生对教材文本内容或教师传授的内容等的“内化生成”，还指在分析、解决问题的过程中“再生成”新问题，以及在教与学的互动中师生“深化生成”新的思想观念和生命智慧。由此可见，好的教学是生成新知识、新认知，产生新问题、新思维，形成新观念、新智慧的“生成场”。当然，生成性的教学，不是随意或随机生成的，而是在科学的教学设计“预设”的前提下，经过课堂中师生和环境条件的共同作用，包括对教学现场生成性教学资源的捕捉和利用，从而艺术性地、生动地和创造性地生成，从而达成教学的教育性，最终实现人的成长。

以教育的眼光诊断教学

众所周知，医生对患者进行诊断，不仅需要扎实的医学知识、医药原理和丰富的临床经验，而且需要相应的医疗设备，甚至医疗团队。同样道理，教师对教学进行诊断，既需要丰厚的专业知识、系统的教学理论和丰富的教学经验，又需要配套的诊断依据（如课程标准、诊断量规、教学要求）、诊断工具（如诊断量表）和设备（如录音机、摄像机），甚至教学诊断团队。诚然，课堂教学是落实立德树人教育使命的主阵地，教学诊断的目的是促进教师的专业成长和学生的健康发展。这就意味着，教师进行自我教学诊断或对他人教学进行诊断时，都应有教育的眼光。

我们以为，教学自带教育性，懂教学诊断的人，是懂教育的人，是有教育眼光的人。什么是教育眼光？教育部长江学者特聘教授李政涛在《教育常识》一书中说：“教育的眼光需要独特的想象力。他对生长过程和转化过程中所遭遇到的种种可能，包括潜伏的各种危机、挫折，展开充分的想象，每一种情形，每一条路径，每条成长道路上的不同风景，都将在教育的眼光里一一呈现，共同构成一幅生动复杂的教育画卷……教育的眼光具有道德重量。他对一切不利于儿童生长的现象保持敏感和进行谴责的同时，还承担了建构的重担：建构促使儿童生长的环境生态，用自己的热情、真诚、智慧和细致入微的行动，为儿童的健康成长遮风挡雨、开辟道路，这种目光里饱含道德的柔情和建构新世界的力量，目光所及之处，一切都是教育，一切都与教育有密切的关联，一切都通向教育，教育通向一切。”① 可见，在李政涛教授看来，教育的眼光，就是生长的眼光。依我们来看，生长的眼光，就是一种发展的眼光。

在教育的眼光下，教学诊断是一种基于教师生命成长需求或专业发展需要的教研方式。这种方式可以帮助教师实现“教学”“科研”“教育”一体化的构建和追求。教学诊断的过程，是反思课堂教学的过程，是解决教学实际问题的过程，是源于教师成长的真实需

---

① 李政涛．教育常识．2版．上海：华东师范大学出版社，2016：34－36．

求的过程，是为了提高教学质量、促进师生的生命成长，怀着向上、向善的发展愿望和学习热情，主动进行自我教学诊断或邀请更高水平教师帮助自己诊断号脉，从而开出具有针对性、指导性和建设性的药方的过程。

以上表明，教学诊断和传统的教学评价或教学巡视有着本质的区别。教学诊断更多的是一种内在需求、主动行为，诊断者不是站在检查管理者的角度，而是和教师站在同一角度帮助其找出真实问题并提出解决问题的方案或策略，二者之间是统一的关系。教学评价或教学巡视通常是从管理者的视角，是一种自上而下的检查行为，教师是被动的，且这种行为是存在风险的，一旦被查出问题，就可能和被批评甚至被处分等联系在一起，这样的环境下，检查者和被检查者之间是监督与被监督、管理与被管理的“对立”关系。正因为如此，在教学评价或教学巡视中，教师不仅是被动的，而且或多或少是害怕的，有时更是应付，检查一过就又恢复原样。也就是说，教学评价或教学巡视看到的结果未必是真实的现象，甚至可能导致滋生一些不良的教育现象。因此，我们提倡教师开展教学诊断，并不断修炼自己的教学诊断力。

不可否认，教学诊断是要求比较高的专业性活动，诊断主体既需要具备相应的资质、资历和能力，又需要具备教育的眼光，并遵循尊重性原则、鼓励性原则、发展性原则、互动性原则和自主反思性原则等。

拓展阅读

教学诊断应秉持的六大原则

1. 尊重性原则。尊重，就是把自己融入他人的生活情境之中，并用心体会他人的心理感受与生命体验。唯有这样，教学诊断才不会仅仅追求外在的标准，而不顾及师生的生命感受，成为一种冷冰冰的评判。

2. 鼓励性原则。要以灵心慧眼来理解课堂教学的每一环节、每一细节，真诚地感受上课教师一点一滴的努力与用心。

3. 发展性原则。课堂教学诊断不能只针对一时一地的一节课加以指点。如果不尊重教育教学的生长性与发展性特点，教学诊断就可能是自以为是的“武断”。

4. 实事求是原则。教学诊断如果不以事实为依据，不以教育教学的客观依据为标准，不以课堂教学的智慧和艺术为导向，就不足为凭，不足为信。

5. 互动性原则。只有通过尽可能地互动，千方百计地采集与掌握课堂教学生活的诸多综合信息和背景，才可能做出比较切合实际的评析。

6. 自主反思性原则。对一名教师来说，有自主反思与诊断课堂教学生活的意识，诚恳地接受来自不同人、不同角度的批评，主动地接纳他人的提醒与提示，并将他人有益的意见一一涵纳成为自我改进的营养，则会思想日益丰富、敏锐、深刻，培植出精微丰盈的课堂精神生活。

资料来源：杨兰娥．教学诊断应秉持的六大原则．河北教育（综合版），2009（11）．

教学诊断的四个根本性问题

教学诊断应凸显教学诊断的态度、向度、精度和准度。也就是说，教学诊断要弄清楚“为什么诊断”“诊断什么”“为谁诊断”“怎样诊断”四个根本性问题。

其一，为什么诊断？目的即“初心”，“为什么诊断”是教学诊断的“初心”问题。清楚了这个“初心”，我们就找到了教学诊断正确的心态和姿态。传统的教学评价，主要强调评价的甄别功能，以利于选拔“适合”的学生，树立“典型”的教师，甚至以此来“定义”教学效果或教学质量，关注的是结果，即为了“选择适合教学的师生”。教学诊断是根据教学现象，既关注结果又关注过程，是一种反思性活动，是为了“创造适合学生的教学”和“培养适合教学的教师”，其旨趣不是“鉴定”师生的表现，而是“服务”师生的发展。

其二，诊断什么？教学即内容，“诊断什么”是教学诊断的内容问题。教学诊断的实质就是诊断教学，不但师生的教与学行为是教学诊断的内容，而且还要综合分析与师生或与教学活动相关联的教学环境、家庭环境、社会环境、课堂文化、教学设计、作业布置、成绩分析和激励机制等。比如教学设计是否科学、合理？是否符合师生彼此的认知规律？教学是以教师为中心还是以学生为中心，或者是以学习为中心？学生上课没精神是教师教得不好，还是学生休息不好，或者存在身体健康问题，又或者是受到家庭的影响？作业和试题是注重考查死记硬背的知识训练，还是注重综合能力的发展？

其三，为谁诊断？人就是对象，“为谁诊断”是教学诊断的对象问题。教学诊断的对象无非是教学中的人，而教学中的人主要是教师和学生。好的教学诊断不仅要面向师生，而且要指向他们当下的成长和未来的发展方向。要到达未来发展的“远点”，除了要给予师生适当的激励和导向外，好的教学诊断还需帮助师生实现自我诊断的构建，形成正确的价值观、世界观和人生观。实践表明，通过课堂教学的诊断，可以促进教师的理论学习，使学科知识得以充实，教育观念得以转变，教育教学行为得以改进，专业素养得以提升，从而成就更好的教育，培育更优秀的学生。

其四，怎样诊断？诊断贵精准，“怎样诊断”是教学诊断的方法问题。无论是医学诊断还是教学诊断，诊断都贵在精准。所以，教学诊断要注重精度和准度。要使教学诊断做到精准，教师需要练就一双发现课堂教学问题的“火眼金睛”，需要修炼一颗有着敏锐的教育洞察力的“教育心”。要炼就这样的眼睛、这样的心，需要不断地厚积自己的教学理论和教学经验，不停地探寻教与学的规律和生命成长的本然规律，尤其是要去深究学习发生的原理、路径和条件。此外，要做到精准诊断，教师还需要不断强化自己的教学诊断思维。那么，什么是教学诊断思维？教学诊断思维是指由教师依据教师专业标准、课程标准、教学规律、学科特点、学习规律以及学生身心发展状况在教学实践和教学诊断过程中调查研究、分析综合、判断推理、做出决策的思维过程。[①] 教学诊断思维无疑是进行教学诊断的重要基础。只有厚植了这一基础，我们才能在教学诊断的高山上行走自如。

---

① 尹达．教学诊断思维的内涵、价值与策略．天津市教科院学报，2015（1）．

拓展阅读

教学诊断思维的特征

除了思维所具有的间接性、概括性和能动性之外，教学诊断思维还具有如下特征：

（1）目的性。教学诊断思维的目的是优化课堂教学，提高教师专业发展水平，促进学生的健康发展。

（2）教育性。教学诊断思维的目的性决定了其必然具有教育性，医学领域的诊断思维与教育教学领域的有效整合也决定了教学诊断思维的教育性。

（3）发展性。教学诊断思维是一个动态发展的过程，是不断反思、判断、推理和实践的过程。

（4）合作性。教学诊断思维离不开与学生的合作与互动，离开了学生的参与，教师的一切活动将会失去现实意义。

（5）实践性。教学诊断思维只有付诸实践活动，才能验证诊断效果，促进诊断的完善与提高，实现诊断思维在课堂教学诊断过程中的意义与价值。

资料来源：尹达．教学诊断思维的内涵、价值与策略．天津市教科院学报，2015（1）．

教学诊断的方法

诚然，精准的教学诊断是改进教学问题的前提，是开展精准教学和提高教学质量的基础，是衡量教师专业发展水平的重要指标，是教师教学领导力的重要体现。要做到精准的教学诊断，除了前面所述，我们不妨学习中医的诊断方法和诊断智慧，用“望、闻、问、切”来诊断教学和对教学诊断进行分类。

一是望诊式教学诊断。望诊就是医生运用视觉，通过有目的地观察病人的形体、面色、神情、舌体、舌苔、皮肤、喉咙等，以了解病情和诊断病位、病性的过程，然后根据形色变化来诊断。在中医上，观人之形体，可知五脏之盛衰。同理，教学的问题，也会通过各种不同表征表现出来，所以我们可以通过课堂观察或观课来诊断教学，有时还需借助录像机等设备来辅助观察。这是教学诊断最主要的方法和途径。我们把这种通过课堂观察来诊断教学的过程称为“望诊式教学诊断”。

二是闻诊式教学诊断。闻诊是医生运用听觉和嗅觉的手段，通过对病人发出的声音和体内发出的各种气味来诊察病情，进而推断疾病的诊法。闻诊也是一种不可缺少的诊查方法，是医者获得客观体征的一个重要途径。俗话说：“言为心声。”在课堂教学上，我们也可以通过听师生之言语，闻课堂之气息来诊断教学，这就是闻诊式教学诊断。好的课堂教学，充满欢声笑语，弥漫愉悦的气息。

三是问诊式教学诊断。问诊是医生通过询问病人或陪诊者或家属，了解疾病的发生、发展、治疗经过、现在症状和其他与疾病有关的情况，为诊断提供依据，以诊查疾病的方法。问诊的目的在于充分收集“望、闻、切”三诊无法取得的与辨证关系密切的资料，如疾病发生的时间、地点、原因或诱因以及治疗的经过、自觉症状，以及既往健康情况等。

这些通常是辨证中不可缺少的重要证据之一，掌握这些情况有利于对疾病的病因、病位、病性做出正确的判断。根据医生的临床经验，“望、闻、问、切”四诊中，所获征象，大半均由问诊得来。这就启发我们，在开展教学诊断过程中，不但要进行课堂观察、听教学中的声音，而且要和教师、学生，甚至学生家长等进行对话交流，以获取更多有关教学问题的信息，从而有利于原因的分析和诊断，进而顺利地解决问题，以改善教学和提高教学质量。

四是切诊式教学诊断。切诊是指医生通过用手触按病人身体来诊断疾病的方法，分为脉诊和按诊，前者是按脉搏，后者是在病人身体的其他部位进行触、摸、按、压，以了解疾病的内在变化或体表反应，从而获得辩证资料的诊断方法。人体生理学研究表明，人的心脏搏动的强弱、脉络的张弛，能引起脉象的变化。在教学上，根据切诊的原理对教学进行的诊断称为切诊式教学诊断。那么，教学的“脉搏”是什么呢？在我们看来，教学的“脉搏”，就是教学中跳动的教师教学思想、教学主张和教学观念，甚至包括教学风格。这些都是让教学更有张力、更有生命力和更高品质的核心。这也是引领教师走向卓越的必由之路和必经之路。

总之，教学活动是立体的、综合的，所以教学诊断也是立体的、综合的，常常需要融合“望、闻、问、切”等多种方法。因此，做富有教学领导力的教师，要不断增强教学诊断力，从而引领自我和他人更卓越地成长。

深度反思

阅读本部分后我收获了什么？

____

____

____

____

我还需要进一步修炼什么？

____

____

____

____

我将怎样修炼？

____

____

____

____

第五篇　班级领导力

班主任工作是引导心灵成长的学问，领导力是班主任的核心素养，班主任要成为引领学生心灵成长和自我专业成长的教练。

——李季

你是否对身边的班主任工作效果做过比较？有的班主任所带的班井然有序，积极向上；有的班主任所带的班杂乱无章，问题不断。他们的工作效果差异到底是什么原因造成的？我们经过访谈和问卷调查等途径，列出了二三十种结论。决定班主任工作效果的肯定不只是某一方面的因素，应该是综合的，由某几个重要因素共同组成。那么，究竟哪些是重要因素和核心因素？应该如何表述？我们认为，决定班主任工作效果的关键因素就在于班主任是否具有高超的领导力。要想成为优秀的班主任，就得努力提升班级领导力。

班级领导力是班主任在带班过程中所发挥出来的人际影响力，是由班主任的行政权力、专业能力和人格感召力三部分组成的综合能力，是权力影响力和非权力影响力的综合体，其中非权力影响力更为突出。班主任工作本身就具有重要的组织管理色彩，班级领导力的提出是对班主任专业地位的肯定，是教师领导力在班级管理领域的表现。本篇主要介绍班级组织力和心理领导力两方面。

No. 9 用好两大法宝，提高班级组织力

静心思考

作为一个有经验的班主任，你认为提高班级组织力，最有用的法宝是哪两个？如何运用这两个法宝呢？

所谓组织，是指具有明确的共同目标导向、精心设计的结构和协调统一的规范系统的人群。所谓组织力，就是设计组织的共同目标导向、建立和完善组织结构以及配置组织资源的能力。

班级是学校中重要的基本组织，是教师教书育人的重要舞台，班主任是否能够管理好班级，是班级组织力的重要体现。那么，提高班级组织力最有效的途径是什么？我们认为，班主任的班级组织力表现在以下方面：制定全班学生愿意并且能够共同遵守的班规，使班级有共同的目标愿景和集体规范，给学生提供努力的共同目标，让班级生活井然有序；建立科学完善的班级管理队伍，赋予每个人责任、权利和义务；使班级具有良好的人际关系和优良的班风，让学生感受家一般的温暖，让学生为班级感到自豪和愿意主动努力。

制定和运用好班规以及建立科学完善的班干部机制，是提高班级组织力的两大法宝。

制定科学可行的班规，提高班级组织力

班规是班级成员共同承诺遵守的行为规范和评价标准，是班主任管理班级的主要依据，是班级教育教学秩序的保障。班规能培养学生遵守规范的意识，养成良好的行为习惯，规范班级行为，保证班级行为有序进行。班规的科学制定和有效实施是班主任班级组织力的重要体现。

制定班规的主要依据有：第一，要遵守教育行政部门的法律法规，如《中华人民共和国教师法》《中华人民共和国教育法》《中小学生守则》《中小学生日常行为规范》等；第二，要符合中小学生身心发展规律等教育科学规律，如作息时间、具体要求和奖罚的方式及尺度等；第三，要符合当地的文化、风俗和习惯等；第四，要符合本校的校规校纪等；第五，要从班级实际需求出发。

班规的内容包括：第一，各种常规。从时间上看，有日常规、周常规、月常规、学期常规、学年常规等；从学生活动的空间来看，有课堂常规、课间常规、实验室常规、宿舍常规和食堂常规等；从内容来看，有学习常规、纪律常规、劳动卫生常规、文明礼貌常

规、作息常规和群体活动常规等。第二，岗位职责制度。就是对班级管理人员的具体分工和职责规定。

制定班规的原则有：第一，内容要遵循科学性、必要性、具体化和可操作性原则；第二，表达要具有艺术性，符合学生的身心特点；第三，岗位设置要遵循“事事有人做，人人有事做”的基本原则。①

制定班规的过程应该是在班主任指导下，全班学生共同参与。低年级的班规可以由老师根据制定班规的五个依据自行制定；中年级的班规可采取民主集中的方式，由师生共同制定；高年级的班规可以在教师的引导下，由学生自行制定。在班级的不同阶段，班规制定的方法应该有所不同。一般在班级建立之初，可以采用模拟样本法制定班规；当班级已经发展成熟，对已有班规进行修改时，可以采用问题商讨法。

拓展阅读

李镇西老师和学生一起制定班规

上午最后一节是班会课，我和学生一起制定班规。说实话，要制定班规是很容易的，但如果班规不是来自学生而仅仅是来自教师，这样的班规是不会真正起到应有的作用的；而且我还认为，制定班规的过程应该成为民主启蒙的过程。

因此，一上课我便说：“今天我们一起制定班规。我有三个问题要问大家，请大家一定要实话实说！第一个问题：同学们是不是真的想让我们班以后成为一个优秀的班集体？”

我话音未落，同学们大声说：“当然想！”

这个问题潜藏着一个答案：制定班规正是达到这一理想的必经之路。但我没有一步到位地说出来，而是一步一步地引导着学生：“好！我也和你们一样，希望我们班成为优秀的班集体！但是，我们在建设班集体的过程中，肯定会遇到许多困难，包括我们会犯各种各样的错误，这些都妨碍我们实现目标，怎么办呢？所以李老师想问的第二个问题是：你们是不是真的觉得应该制定班规？”

学生们纷纷说：“应该制定！”

我说：“有没有不同意的？”张帆和魏岷江同学把手举起来了。

“好！我非常赞赏你们的独立精神！不过，你们能说说为什么不同意制定班规吗？”

张帆说：“制定班规让我们觉得不自由。”魏岷江说：“我认为制定班规是对大家的不信任。”

我问：“刚才举手同意制定班规的同学中，有没有听了这两位同学的观点认为他们说得有道理而改变主意的？”有四个同学举起了手。

我又问：“同意制定班规的同学，你们怎么看待张帆和魏岷江的意见呢？”

许多同学纷纷发言。张长春说：“不能说制定班规就不自由，班规是对不守纪律

① 魏书生．班主任工作艺术．南京：河海大学出版社，2005.

的同学的制约。”文跃海说：“班规不是束缚我们，而是引导我们！国有国法，家有家规嘛，一个集体必须有统一的行为规范，不然会乱套！”……

我对张帆和魏岷江说：“制定班规就是不信任吗？我认为不是。尊重、信任和严格要求是不矛盾的，严格要求就包括遵守合理的规章制度。要知道，人的天性里有懒惰因子，有自我放纵的潜意识，需要外在的约束，其中就包括制度的约束。我以前说过的‘真正的教育是自我教育’和我们今天所说的外在约束是不矛盾的。既有自我教育，又有外在教育，通过‘他律’最后达到‘自律’，他律和自律的统一，才是完整的教育。其实，我们的班规也是自我教育和自我约束的一种形式，因为班规是大家制定的呀！其实，好的制度应该是让遵守制度的人感觉不到制度的存在，而同时，不守规矩的人又处处感到制度的约束。从理论上说，人人都会犯错误，我们制定班规就是为了防止大家犯错误或少犯错误。因此，我认为，制定班规是必需的。”

接着，我问张帆：“你对制定班规想通了吗？”张帆说：“快了！”学生们善意地笑了。

我又问魏岷江：“你呢？”魏岷江说：“我还是不同意制定班规。”

我说：“不要紧，继续保留你的看法。”我转身对大家说：“但我们只能少数服从多数，制定！”同时我补充了一句：“我们也尊重魏岷江同学的意见。”我特别大声地强调：“就制度而言，民主有两个原则：行动上，少数服从多数；精神上，多数尊重少数。”

我看绝大多数同学都同意制定班规了，便提出了第三个问题：“班规由谁制定？”

这次学生们的回答让我满意：“由我们自己制定！”

“非常好！”我赞叹道，“班规应该由同学们制定，而且是每一个人都要参与，李老师当然也要参与，但我主要是和大家讨论班规制定的原则。”我继续引导大家：“我们制定班规应该遵循哪些原则呢？”

学生们面面相觑，显然没有想过这个问题。

我说：“我先谈谈我的想法，供同学们参考。制定班规是不是应该遵循这样三个原则：第一，广泛性。”我解释说：“这个班规应该尽可能穷尽我们今后可能发生的任何违纪现象。”

学生们笑了，“不可能！”

我说：“是呀，很难做到。但我们‘依法治班’，而‘法律’在制定的时候就应该尽量不要有漏洞。”

学生们点头表示同意。

我接着说：“第二个原则是可行性。我们的班规制定出来后，要能够落实而不是一纸空文。要做到可行性，首先，班规的条文应该是对行为的约束，而不是思想道德的提倡。如规定不能迟到，但不要出现热爱家乡这类的倡导。其次，班规要有弹性，如果没有一点弹性，规定是很难实行的。举个例子，我们规定按时交作业，但总有一些时候因为特殊原因不能按时交，那么，我们可以这样制定：‘每学期缺作业或不按时交作业不得超过一次’，也可以规定‘两次’，这个大家决定。但同时要写明，

'缺交作业必须有充分、正当的理由，并要向老师做出说明'。富有弹性并不是降低要求或迁就不交作业的同学，而是让班规更加符合实际，从而能够真正实施。"

学生们深表赞成，认为这样很有人情味儿。

我继续说："关于可行性，还有一点要明确：违反班规了怎么办？也就是说，需不需要惩罚？"

学生们齐声说："需要！"

我紧接着问："怎样惩罚？"

学生们纷纷说："罚做清洁！罚抄作业！罚款！罚站！罚跑步！"……

我说："劳动是光荣的，怎么成了惩罚呢？罚抄作业我也不同意，学习应该是愉快的。至于罚款我更反对，又不是你们的钱，是家长的钱，怎么你犯了错误居然要罚家长的款呢？"

学生们没辙了，他们望着我，似乎在问："那您说怎么办？"

我说："和同学们一样，我也主张应该有惩罚。我写过一篇文章，说没有惩罚的教育是不完整的教育。但我要说的是，惩罚不等于体罚！我想，我们的惩罚措施能不能既有精神的，也有行动的。前者比如如果谁犯了错误，就让他给大家表演一个节目，给大家带来一些愉快，以表达他的歉意；后者比如如果谁做清洁不认真，可以规定他重新做！没有做好，重做一遍，理所应当！"

学生们纷纷说："可以。""应该这样。"

我继续引导："但是这样还不具备彻底的可行性，因为由谁来监督执行没有明确。"

学生们说："班干部！"

我说："班干部当然应该监督执行班规，但如果班干部监督不力，怎么办？"

学生们一下子被这个问题难住了。

我说："我们要定期评议每一条班规的执行和监督情况，我们的制度要把每一个人都置于监督之中！这一条非常重要！"

我开始给学生们说最后一条原则："我们制定班规，除了尽量做到广泛性和可行性，还有第三条原则：制约性。这个班规应该约束每一个人！"

…………

最后我说："关于制定班规的原则，我就说这么多，同学们谈谈你们的想法。"

学生们说："我们同意李老师说的几条原则！"

我说："班规由你们来制定，这里的'你们'是指你们每一个人！国庆节假期后回到学校，请每一个同学交一份班规！"

学生们很惊讶，制定班规怎么会花这么长的时间。

我说："制定班规是一件非常严肃的事。如果老师匆匆抛出一份班规让大家照着做，效率是很高，但这样的班规多半不能兑现。我们还是多花一些时间好。过了国庆，我们请班干部将每一个同学制定的班规进行整理、综合，提出一份草案，大家再来修改。最后，我们将以无记名投票的方式对班规进行表决。如果通过了，就执行；

如果没有通过，我们重新制定！这是大家的事，一定要严肃认真。”

学生们都表示同意。下课的音乐声响了，我简单总结道：“这份班规将是我们班的‘法律法规’，法律面前，人人平等。体现集体智慧和意志的班规，能保证我们班逐步成为一个优秀的班集体！这是我们共同的理想！”

资料来源：李镇西．心灵写诗——李镇西班主任日记．北京：科学出版社，2005.

李镇西老师的这篇文章，给我们展示了他是如何和学生一起制定班规的，李老师不仅仅是出台一纸班规，而更着眼于学生的自我教育和自我管理意识的唤醒与能力的培养；不仅仅让学生遵规守纪，更着眼于班主任和学生的共同成长；不仅仅达到民主管理的结果，而更着眼于民主教育——把班规制定的过程同时变成对学生进行民主精神启蒙和民主实践训练的过程，充分体现了班主任对学生的引领，是班主任班级组织力高超的经典案例。

班规如何实施才有效

科学的班规制定出来了，怎样实施才能不虎头蛇尾、半途而废呢？可以通过以下途径确保班规的顺利有效实施：第一，带领全班同学通过各种形式一起学习班规，例如知识竞赛、主题班会等，使班规这种外在的行为约束转化为学生的内化需求；第二，班主任和班干部带头践行班规，为学生树立榜样；第三，了解和收集学生对班规的态度和遵守情况，适时进行情绪安抚和引导；第四，把班规执行的结果和期末评优评先相挂钩；第五，坚持定期考核和监督，使学生养成遵循班规的习惯。

学生作为独立的个体，具有向往自由的天性，让学生自愿放弃自由的权利，服从班规，是对班主任班级组织力的考验。班主任要善于把自己的意图变成全班学生的共识，还要善于引导学生就某些问题达成共识。通常要达到思想统一和步调一致的途径有三种：行政命令、说服教育和讨论协商。这三种途径各有长短，不过总的来说，前两种是自上而下的，行政命令和说服教育是基于教师为尊的关系，是不平等的；讨论协商是基于师生关系平等的前提，充分尊重学生的思想。如果涉及原则性和政策性的问题，可以适当采用行政命令和说服教育的途径，当涉及学生的自由权利时，最好采用讨论协商的方式，争取到大多数学生的认同，方能阻力较小的实施班规。

对于一个集体而言，总会有步调不一、出现差错的时候。如果在执行班规的过程中，出现执行不力的情况，就要有惩罚性举措。惩罚性条款的执行既要有力度，又要有灵活性。在制定班规、有“法”可依之后，需要的就是执“法”必严，尤其是执行班规中的惩罚性条款时更要严格，以彰显班规的严肃性与不可侵犯性。但是违反班规的原因不同，情节后果轻重也不同，因此，具体执行惩罚性条款时就需要灵活运用了。

班规制定好了之后，为了让班规更好地为班级发展服务，应该适当灵活地调整班规。当然，一般情况下，班规不能随便变动，但是学生在成长过程中思想认识会不断发生变化，因此，为适应班级的发展，可以在适当的时候进行调整。通常是在学期初或者是学期中，班主任和学生经过讨论，依据新的实际情况，进行局部增减，或者加以解释。陶行知说：教是为了不教；魏书生也说：管是为了不管。我们应该用这样的思路制定班规、管理班级，提高班级组织力。

请大家看下面的案例：

张妙龄老师这两周很是头疼，因为班级已经两周没有获得学校的流动红旗了。为什么呢？都是眼保健操惹的祸！尽管班规明确规定必须做眼保健操，每次不做或者动作不标准都要扣分，但法不责众啊！大部分学生尽管都在做操，但是动作非常不标准，有的用手在眼睛周围一顿乱揉；有的用手指在脸上胡乱点画；有的眼睛半睁半闭，手指却在眼周围掩护……张老师也曾私下进行过调查，调查的结果也是很令人困惑：有91%的学生不喜欢做眼保健操，有88%的学生认为做眼保健操没用，有64%的学生认为做眼保健操不如小憩。学生们纷纷表示，之所以每天都在做，就是因为要检查，如果学校没有组织检查，那肯定是不做的。

作为班主任，如何让学生喜欢做眼保健操，顺利执行班规呢？

张老师回想自己读书的时候，有认真做过眼保健操吗？有从中受益吗？好像也没有。难道做眼保健操真的没用？张老师决定自己先试试。旧版的眼保健操共四节，分别是按揉天应穴、按揉睛明穴、按揉四白穴、按揉太阳穴和轮刮眼眶。新版的眼保健操共五节，分别是：按揉耳垂及脚趾抓地；按揉太阳穴，刮上眼眶；按揉四白穴；按揉风池穴；按压头部督脉穴。说实话，对中医穴位，张老师了解不多，自然也不知道按揉这些穴位和经络的好处。她想学生应该和她的想法差不多，按揉这些穴位和经络真的有用吗？

张老师借助网络、中医穴位经络书和从事中医职业的朋友，认真学习眼保健操中的每一个穴位和经络。弄清基本的位置后，张老师自己慢慢做，慢慢感受刺激穴位的作用，用心体会，感觉做眼保健操是很有用的。在实践过程中，张老师发现旧版眼保健操的按揉天应穴和睛明穴更有利于缓解视疲劳，为什么在新版眼保健操中删掉了呢？经过查阅相关资料发现，新版眼保健操去掉了按揉离眼球位置非常近的睛明穴，把轮刮眼眶改为刮上眼眶，增加了几个动作——按揉耳垂，脚趾抓地，按头部督脉穴，主要是着重于眼部保健的整体性和用眼卫生。

张老师感觉自己的准备工作已经做得比较充分了，决定开一次主题班会。在班会课上，张老师先问学生："同学们，相信你们一定看过金庸的《天龙八部》吧！记得段誉的'六脉神剑'吗？"

"老师，我看过，我看过！"很多学生表示看过，而且印象很深，特别感兴趣。学生们还举了许多其他的例子，不过也有的同学马上下了结论说："老师，这些你也信？这是小说中的想象，如果是真的该多好啊！"

"难道经络和穴位仅仅是小说中的想象吗？"接下来，张老师从中医的始祖理论《黄帝内经》开始说起："同学们，今天就让我们一起来科普一下经络知识吧。经络穴位学说已经在中国流传了几千年，中医是非常奇妙的，绝对不只是几副中药的问题。"学生们还是半信半疑，张老师又向学生介绍中医的经络和穴位已被现代科学证实的简单过程。

学生们的兴趣越来越浓了："老师，眼保健操中提到的穴位都存在吗？在哪儿呢？”

接下来，张老师用了整整一节课的时间帮学生们一个一个地找准穴位，介绍相关经络和穴位知识，一起来体会按揉穴位的特殊感觉，学生们感觉到了！按揉穴位会有或痛或痒或麻的感觉，有些穴位的感受是很明显的，如睛明穴，大家都认可它对缓解视疲劳的明显效果，同学们也普遍认为做眼保健操是有用的，是紧张学习生活中必需的，一天做一次根本不够。所以大家达成共识，学校规定做操的时候必须做，另外在课间视觉疲劳的时候，自己也应该有选择性地按揉眼睛，如睛明穴。

张老师还提醒学生：“同学们，按揉前要保持手的卫生；冬天手指凉，按揉前要先搓手。如果手指凉就按揉，会使经络和穴位塞滞，效果不好。按揉时还要心情愉快。”

这节班会课之后，张老师的学生做眼保健操再也不用监督了，因为他们都知道做眼保健操不是应付学校检查，而是真的对自己有好处；班规也不是为难大家，而是为了让大家好好做眼保健操，保护视力。此后，张老师还和大家一起探讨其他一些常用穴位及相关知识，例如风池穴和风府穴在预防感冒方面的功用，劳宫穴、涌泉穴和足三里穴，心包经和胆经等知识；饮食方面对眼睛的保护；一天中身体各器官工作及排毒的时间；提醒学生回家和爸爸妈妈一起分享；提醒爸妈早睡，不要熬夜……很多学生以及他们的家长对中医变得越来越有兴趣了。

面对学生集体不喜欢做眼保健操、班规执行不力的现象，张老师的做法可谓高明。她没有强制学生执行，也没有苦口婆心地说了一遍又一遍，而是通过协商讨论的方式，让学生体会到做眼保健操的好处，真正地、深深地打动学生的内心，把工作做到学生的心里去，把“说服教育”变成了学生的“自我教育”，从他律到自律，也使得班规能够顺利实施。小小的眼保健操可以做成大文章，教育无小事。在这个过程中，班主任的班级领导力表现突出。

科学选拔和培养班干部，助力班级组织力

班干部：班级的领头羊，执行班规的中坚力量

长期以来，班主任起早贪黑，班级工作事无巨细，这种“保姆式”的管理，一方面使班主任疲于奔命，事务缠身，既不利于自身的提高又容易产生职业倦怠；另一方面，学生的主体性被忽视，压抑了学生自主、自理、自治能力的发挥，不利于学生健康成长。班主任要建设一个积极向上、朝气蓬勃的优秀班集体，就必须依靠一支素质良好、认真负责、积极肯干、能独立高效开展工作的班干部队伍。班干部是班级的核心和纽带，是班级建设的骨干力量，是带领全班同学迈向共同奋斗目标的“领头羊”，也是执行班规的中坚力量。

班干部是天生的还是靠后天培养？

研究发现，大约30%的领导力与基因和先天有关，而剩下的70%取决于环境因素。[①]

---

① 艾伦·卡特勒．领导力心理学．钱思玎，译．北京：人民邮电出版社，2017.

可见领导力既不全是天生的，也不是全靠后天培养，领导力既包括先天遗传性因素，也包括后天积累的经验。对于中小学班干部来说，我们也应该遵循这样的规律，既要找出先天素质较高，适合担任班干部的学生，又要做好班干部的培养工作，提高班干部的领导水平。选拔具有领导才能的学生和科学培养班干部是班主任班级领导力的突出表现。

班干部应具备哪些特质?

班干部应该具备哪些特质？这是班主任首先应该考虑的问题。

詹姆士·库泽斯和巴里·波斯纳在1983年至1987年期间所做的研究对人格特质理论有着极大的贡献。他们调研了630位经理人，并深度访谈了其中的42位，从中提炼出他们所认同的10个领导力特质：诚实、前瞻性、感召力、胜任力、公正、为下属提供支持、心胸开阔、聪明智慧、简洁明了、值得信赖。在接下来的20年里，库泽斯和波斯纳继续扩大了他们的研究范围，访谈了数百位相关人士，收集了数千个案例，分析了许多调查问卷，最终将成果收录于他们最畅销的著作《领导力》中，该书介绍了领导力智能模型，并将其称为“卓越领导者的五种行为习惯”，总结归纳如下：以身作则，共启愿景，挑战现状，使众人行，激励人心。库泽斯和波斯纳总结道：“卓越的领导力是能够让追随者理解并追随的。”卓越的领导力是身居高位的领导者们，通过培训和经验积累之后所做出的一系列领导力行为，这些领导力行为可以积极地影响被管理者的行为。对于他们来说，领导力是可以习得的一项技能，不是少数人所拥有的天生特质。引导者是可以锻造的，而不是天生的。[①]《孙子兵法》在论述为将者应该具备的特质时，提到了五种：智、信、仁、勇、严。军队的将领，要具备足智多谋、赏罚有信、爱护士卒、勇敢果断、纪律严明的素质。作为将领，智谋为先，不能多谋善断，就会被敌人所欺骗；不能赏罚有信，则士卒不会拼命；不爱护士卒，士卒不会赴汤蹈火、冲锋陷阵；不勇敢果断，则不能身先士卒；不纪律严明，则军队没有强大的战斗力。

根据中外对成年人领导力特质的研究成果，通过分析众多班干部的特点，并结合管理学上对管理者素质的要求，以及学校生活的实际，我们认为班干部应该具有以下特质：

诚实公正：诚实守信，客观公正，不弄虚作假，工作踏实，这是班干部得到同学信赖和支持的基础。

自信向上：自信乐观，勤奋好学，充满希望，积极向上。

责任心：有敬业精神和很强的集体荣誉感，能够为完成任务保持高度的热情和持久力。

组织力：具有较好的组织能力，富有人格魅力、号召力和聚合力，善于组织开展活动。

沟通力：表达能力强，善于对话沟通。

自控力：能很好地控制自己的欲望和情绪，意志力坚强。

执行力：行动力强，对于制定好的规定和计划能够很好地完成。

如何选拔班干部?

了解学生是选拔班干部的前提。班干部是班集体的核心和纽带，是班主任建设班集体

---

① 艾伦·卡特勒．领导力心理学．钱思玎，译．北京：人民邮电出版社，2017.

的骨干力量，非常重要。怎样才能选出得力的班干部？了解学生是选拔班干部的前提。教师可以通过调查法、观察法和访谈法等了解学生的思想品行、兴趣爱好、性格特征、学业成绩、成长经历、家庭情况和生活环境等，尽可能详细地了解学生的工作能力（会不会做）和工作热情（愿不愿做）。比如调查法，教师可以通过眼看（比较直接，但有可能会看走眼）、书面调查（让学生或家长填写信息表）和口头调查（询问以前的班主任和熟悉同学等）来进行，多方面了解，得出的结论就比较接近客观事实。

选拔班干部的方法

第一，任命制。任命制是由班主任推荐和指定班干部的选拔方法。任命制一般在以下情况下比较常用：一是在班级刚刚组建，建立临时班委时；二是发生在低年级或起始年级；三是针对一些特殊岗位，如兴趣小组等。任命制的优缺点都非常明显。其优势是操作简便，只需要班主任直接任命即可；任命的班干部能在一定程度上体现班主任的意图，最合班主任的心意；比较能保证班委的质量，整体水平较高；班干部能够协助班主任开展工作，有利于贯彻班主任的工作思路。任命制发挥其优势的条件是班主任必须充分了解全班每个学生，否则任命的班干部可能就不尽如人意了。当然，任命制也存在明显的缺点：难以体现教育民主的思想，学生的思想和意图得不到认可；学生的自治意识和能力较差，班干部和学生往往只是被动地服从命令，较难激发学生的主动性等。

班主任要慎重使用任命制，非要使用任命制时，应该先建立临时班委，观察效果后再正式任命。

第二，民主选举制。民主选举制是由学生自荐或推荐候选人，经由投票选举产生班干部的一种方法，其前提条件是学生之间有一定程度的了解，并清楚班干部的岗位职责和素质要求。民主选举制的优点是：能充分体现教育民主化的要求和学生的主体意识，激发学生参与班级管理的愿望和积极性；由这种方式产生的班干部是众望所归，有较高的威信，与大多数学生的关系比较融洽，有利于班干部开展工作。民主选举制的不足是：选举出来的班干部不一定是班主任希望的人选，班委的整体素质可能不高，班委之间的关系不一定和谐；在选举过程中容易滋生一些不良现象，如请客、送礼拉票、威胁、讨好等。

为了使选举局面能在班主任的可控范围内，选举前班主任可以按照自己的意图进行造势，动员、正确导向和私下打气等。

第三，自由竞争制。邱淑慧老师在《班级管理与班主任工作技能》一书中提出自由竞争制。自由竞争制是指在自由平等的气氛中，每一个学生都参与班干部的竞选，由得票多者当选班干部的一种选拔方法。它与民主选举制不同的是，不必推选候选人，每个学生都参与竞争。其优点是让学生更加全面地认识自己和全班同学，缺点类似于民主选举制。①

第四，轮流制。轮流制是每个学生轮流担任班干部的一种选拔方法。轮流制一般有四种方式：全体同学轮流、部分同学轮流、常务班委和轮流班委双轨制、小组轮流。任期可以是一天、一周或一个月。轮流制的优点是：每个学生都有机会成为班干部，参与班级管理，成为班级的真正主人，有利于学生自治；每个学生都有机会得到锻炼，有助于增强学

① 邱淑慧．班级管理与班主任工作技能．广州：暨南大学出版社，2015.

生的自信心、服务意识和各方面的能力，使学生个体的聪明才智和个性得以发挥；每个学生都能体会到管理者和被管理者两种不同的心态，有助于主动配合工作。轮流制的不足是：学生的领导能力参差不齐致使班级管理可能较为混乱；短时间的轮岗，学生的能力不一定能得到发展；轮流制容易使学生把担任班干部视为儿戏，不严肃认真对待自己所担任的岗位；某些同学对所担任的岗位不感兴趣，影响工作积极性。

如果要采用轮流制，一定要明确岗位职责，对全班学生进行岗前培训，使每个学生都能选出适合自己的岗位。

每种班干部选拔的方法都有其优势和不足，没有最佳的方法，最好是把几种方法综合运用，取长补短，以满足实际需求。可以有以下不同的组合，都能达到较好的效果：

任命制＋民主选举制或自由竞争制＋轮流制。主要班干部如班长和兴趣小组组长由班主任任命，其他委员和科代表的选拔采用民主选举制或自由竞争制，小组长在组内轮流。

民主选举制或自由竞争制＋轮流制。班委和科代表的选拔采用民主选举制或自由竞争制，小组长的选拔采用轮流制，或双轨制中的常务班委如常务班长的选拔采用民主选举制或自由竞争制，轮流班委如值日班长的选拔采用轮流制。

任命制＋轮流制。主要班干部的选拔采用任命制，其他班干部的选拔采用轮流制。

任命制＋自由竞争制。主要班干部的选拔采用任命制，其他班干部的选拔采取自由竞争制。

班主任可以根据本班的情况和自己的需要进行不同的组合和调整。其中，民主选举制、自由竞争制和轮流制有利于学生的自治，比较符合现代教育理念，建议常用、多用。

班干部选拔时容易遇到的问题

选拔班干部时容易遇到以下问题，应该引起班主任的注意：班主任独断专行，自己说了算；家长通过种种途径索“官”；本意是发扬民主，结果成了随意选举；学生索然无趣，纷纷表示“别选我”；局面失控，选出不适合的人选；落选给学生带来阴影，产生负面影响等。

案例

人人都是班干部

每当学期开始，班级里都要开一个大家很关心的班会——分配每个人的岗位职责。班上需要做的事情很多，很琐碎，所以职责会分得很细，这样也保证了班上30多个同学每人都有事情做，儿子在小学4年多的时间里就曾经做过“鞋箱清扫员”、“宅急便员”（负责给老师传递东西）、“体育员”、“门窗、电视、电灯员”（负责关门窗、电视及电灯）、“保健员”、“计划员”（班里有活动时，组织讨论）、“动物、生物员”、“失物管理员”、“小先生”等。

这些职位的产生并非教师指定，而是大家毛遂自荐。当教师在黑板上写下各个职位后，同学们便争先恐后地投报自己想要当的职务。有的岗位报名的人数超标，有的则可能还有缺位，这时候，老师就会用一种最公平的方法解决这一矛盾——猜拳，赢了的同学自然庆幸无比，输了的孩子只能怨自己运气不好，再去找还有空缺的位子。

儿子为了当上保健员，一共争取了两个学期才如愿以偿。保健员的工作是负责每天早上全班点名，同时询问每个人当天的健康状况，平时如有同学头疼脑热或者是磕着碰着，保健员就要陪着他一块去保健室。这有一种当小老师的感觉，儿子很认真、很满足地干了一个学期。

每到一个新的学期，就要重新选择一次岗位。所以，每个同学都有机会负责不同的工作，在兴趣、能力得到开发和提高的同时，责任意识也会以一种“润物细无声”的方式在孩子们的心中生下根来。

资料来源：陆涴．儿子在日本上小学之二．教学与管理，2007（7）．

上述案例中岗位的设置值得我们借鉴。班主任应该根据班级建设的需要和学生个性、特长的不同设置足够多的岗位，为各类学生提供锻炼机会。比如在原来设置学习委员、纪律委员等的基础上增设心理委员。比如多设置各种兴趣小组，各兴趣小组可以包括学科类（课本剧、课外阅读、口才与演讲、数学思维训练、生物标本制作等）、科技类（航模、船模、车模、科学小发明、小制作等）、艺术类（舞蹈、合唱、乐器、书法、美术等）、体育文娱类（各种球类，各种运动如跳绳、踢毽子，各种棋类如象棋等）。各班不需要设置所有的兴趣小组，而是根据本班每个学生的爱好、特长设置相对应的兴趣小组，组长可以由各类学生担任。这样可以更多地激发学生的潜能，发挥自我教育功能，在自我教育过程中自己管理自己，提高每个学生的自治能力和水平。可见，班主任班级组织力的重要表现之一就是如何科学设立班干部岗位，激发全班同学的“参政意识”。

关于班干部岗位设置，根据实践经验，有几个建议：关于要不要设立副班长的问题，如果班长和各个委员的能力都很强，可以考虑不设立副班长；关于班长数量的问题，如果有两个势均力敌的学生在竞选过程中难分胜负，班主任可以考虑设立两个班长，但要协调好关系。

如何培养班干部?

在开学之初和选拔班干部之前要开展面向全班学生的岗前培训，让全班学生认识到班干部的作用、要求以及每个岗位的职责，使学生在上岗之前就有一定的了解，这样在选拔班干部的时候就会在一定程度上减少随意性和盲目性。

班干部正式选拔出来之后，要进行岗位培训，知人善任，量才而用，不要大材小用，也不要小材大用。岗位培训内容包括思想观念教育、岗位职责教育、管理班级的方法等，尽可能通过培训提高班干部的领导能力。班主任要建立对班干部的充分信任，大胆使用，发挥他们的主体作用；要对班干部严格要求，建立班干部监督和奖惩机制，如设立班干部奖惩制度，定期对班干部进行评议等。

培养班干部的步骤和做法如下：

第一阶段：牵着走。

此阶段，班干部一般对所负责的工作不是很熟悉，不知道如何做和怎么做，缺乏必要的经验与能力。此时班主任要具体指导，手把手地教，可以通过定期培训班干部的方式进行。一般情况下一周培训一次，让班干部边学习边实践，达到最佳效果，此项培训争取在一个月内完成。培训的主要内容可以包括：(1) 让学生明确自己在班级中的地位；(2) 班干部应具备的素质；(3) 班干部的基本职责；(4) 班干部工作的基本方法；(5) 班干部必须处理好几种关系；(6) 当班干部与学习之间的关系；(7) 如何对待挫折；(8) 怎样做好活动等。

第二阶段：扶着走。

当班干部熟悉了工作，积累了经验，提高了能力，已经可以独立地处理一些具体的事情时，班主任应逐步放权，锻炼班干部。具体做法有：(1) 树立班干部在学生中的威信，鼓励其独立工作，发挥他们的主观能动性与工作积极性，使他们真正成为班主任的得力助手与班级的中坚力量，而不是成为班主任与学生之间的传话筒；(2) 加强对班干部言行的监督，违纪班干部要严加处理，做到班规面前人人平等；(3) 加强班干部的理论学习和工作方法训练，提高其领导水平，但同时要密切关心，在出现麻烦时随时“补台”。

第三阶段：放开走。

当班干部已经有了丰富的经验和较强的能力与工作责任心，积极性、主动性大大提高时，班主任要当好参谋，把握大方向，大胆放权给他们，使他们有一个宽松的工作环境。班干部将会从“班主任要我做”变为“我要班主任指导着做”。定期对干部进行述职评议，表彰优秀班干部，对不称职者要及时帮扶，甚至调换。当然，对一些必须由班主任解决的事情，班主任必须亲自解决，不能将一切重担、全部工作都一股脑儿地推给班干部，对他们提出过高的要求，使班干部的工作处于被动地位，影响他们工作的积极性。

关于班干部的培养和使用，总的来说，班主任可以充分信任，大胆使用；量才而用，发挥特长；鼓励为重，谨慎批评；严格要求，正确对待问题。

在培养班干部的过程中，班主任要特别重视班长的选用和培养，因为班长是班级的“领头羊”和“排头兵”。选好班长、培养好班长、用好班长，不轻易换班长。如果班长在实际工作中出现了消极问题，怎么办？请看下面的案例[①]：

云眼泪汪汪地站在张妙龄老师的面前，她还没有开口，张老师就知道她要说什么。其实，张老师已经发现她的问题了，在等她自己觉察并主动和老师交流，因为这样效果会好些。

张老师今年带的是高一 (7) 班——一个成绩优秀、很活跃、个性张扬的班，云是班长。新生报到时，张老师第一眼看见云就很喜欢她，云是那种非常出众的女孩子，个子高，漂亮，成绩拔尖，给人的感觉是性格外向，多才多艺，有很好的领导才能，是难得的班长人选。所以，开学第一天张老师就指定她为临时班长，暂时负责班级管理。开学第二天开始军训，在军训过程中，多才多艺的云赢得了全班同学的拥戴，在军训结束后的公开竞选班干部时，云以全票的绝对优势竞选班长成功。可是，为什么开学不到两个月，云就不受欢迎了呢？

云哭诉道：“应该是我没有做到竞选时的承诺——全心全意为同学们服务吧。还有，我有时不注意和同学们交流的语气和方式。”

云对自己的分析是对的，张老师了解到的是：大家认为班长摆官架子，并且为同

① 张妙龄．自我批评很幸福．广东教育，2011 (4).

学们服务的意识不强。张老师问："你还想当班长吗？"

"当然想，但是我怕，因为同学们不喜欢我了。"

"还想当班长就好，说明你不是一个遇到困难就退缩的孩子，你自己有解决的办法吗？"

"没有，我现在不敢接近同学们了。"

"逃避不是办法，只可能让事情变得更糟。事在人为，我有一个大胆的办法，不知你敢不敢用？"

"什么办法？"

"在全班同学面前公开进行深刻检讨。"

"啊？那样我会更没有威信了。"

"不，当同学们看到你的诚意后，会再次认可你的。"

"真的吗？"

"嗯，但前提是你的检讨要真诚、深刻，能打动同学们。"张老师拍拍她的肩膀，鼓励地看着她。

周一的班会上，云作为上周的值周班长，先是总结了班级情况，然后进行了深刻的自我批评，剖析了自己的问题。最后她说："我错了，我用错误的态度和方式对待大家，使本来相亲相爱的兄弟姐妹渐渐远离我了。我好害怕，我害怕大家不理我了，因为我想当好班长，我想更好地为同学们服务，我想和大家一起努力，使高一（7）班成为最好的班级，但我没有做好，我辜负了大家的期望。我真诚地向大家道歉，希望同学们能够原谅我，大家可以公开指出我的不足，我一定会改正！我们不是单独的个体，我们离不开班集体，班集体也离不开我们，为了高一（7）班更好，请大家批评我！"说到最后一句，云已经是泪如雨下。

有些同学一开始显出一副不以为然的表情，像是在看好戏。渐渐地，他们被云的真诚打动了，目光热切起来，等云说完后，大家自觉地鼓起掌来，从掌声的热烈程度来看，张老师知道大家基本上已经原谅云了，但这还不够，张老师趁热打铁，说："同学们，班长是有错，但一个女孩子能公开道歉，这份诚意和勇气非常可贵。大家对班长还有什么意见和建议，现在可以当众指出。"没人吭声，同学们有所顾虑，张老师就点名。他们开始支支吾吾，张老师说："现在不说，以后可不许背后说哦！"同学们开始指出班长的一些问题，还高姿态地表示，已经不怨班长了。张老师说："你们以后可要监督班长，不能让她再犯同样的错误哦！"大家都点头称是，接着不断有同学站起来指出云的失误，都很真诚，语气慢慢从指责变成建议，同学们已经是在真诚地帮助云了。

事情看似圆满地结束了，突然，学习委员站了起来说："老师，班长的道歉让我感触很大，谁能无过呢？我在工作中有时也急躁了些，尽管是为大家好，但态度也有不当的地方，我也向大家道歉，请大家原谅并监督我！"体育委员也说："我以前也对大家粗鲁了一些，我道歉……"转眼间，课堂变成了大家开展自我批评的场合，气氛因为自我检讨变得越来越友好、融洽。张老师站在旁边，听着听着，感动起来，多好的孩子啊！多么融洽的班集体啊！于是，张老师又趁机倡导同学们每日三省吾身……

当晚，云发信息给张老师："张老师，压在我心中多日的大石头突然不见了，好轻松，好快乐啊！我太爱您了！我太爱同学们了！"

云经历此事后，在处理人际关系和担任班长方面有了很大的进步，承受挫折的能力更强了。并且通过此事，班里形成了批评和自我批评的良好风气，同学们坦诚相待，互相帮助，这不是一件很幸福的事吗？班主任工作中会不断遇到突发性事件，如果能充满智慧地解决好，会收到意想不到的效果，正所谓"塞翁失马，焉知非福"。

用好班规和班干部是提高班级组织力的两大法宝，班规的科学制定和有效实施，选拔具有领导才能的学生担任班干部并科学培养，是班主任班级组织力的重要体现。用好两大法宝，可锻炼学生，提升自己，管理好班级，优化班主任工作效果。

深度反思

阅读本部分后我收获了什么？

我还需要进一步修炼什么？

我将怎样修炼？

No. 10 开展体验式活动，发展心理领导力

静心思考

什么是班主任心理领导力？可以通过哪些途径发展班主任的心理领导力？

优秀的班主任善于用正能量去拨动学生的心弦，唤醒学生的心智，感化学生的心灵，引领学生健康成长，这是班主任心理领导力的体现。班主任心理领导力是一个比较新的概念，学术界没有太多论述。李季教授认为，班主任心理领导力是指班主任应用认知、情感、人格等心理学原理与技术，积极带领、指导、激励学生与班级进行自我管理和建设班级心理共同体的育人智慧，以及心理自我激励、自我引导能力。班主任心理领导力的实质是班主任引领学生自主成长和引导自我专业成长的内动力。[①] 心理领导力的内涵主要体现在三个方面：一是班主任要在德育工作中运用心理学的知识、技能、方法解决实际问题；二是班主任凭借自己的影响力，积极带领、指导、激励学生与班级，提高心理自我激励、自我引导能力；三是建设班级心理共同体，引导学生心灵成长。

从本质上说，教育是引导心灵成长的学问。班主任引导学生心灵成长的过程，实质上是师生心理互动，从而促使彼此心理结构不断建构的过程，德育活动本身就是一种特殊的心理活动。我们可以通过以下方面来修炼班主任的心理领导力：提高班主任的师爱水平，增强人格魅力；加强心理学理论修养，发展心理领导力；进行心理健康教育，修炼心理领导力；开展体验式德育活动，引领学生心灵成长等。

提高师爱水平，增强人格魅力

师爱不同于母爱，人们都说母爱是无私的，但社会生物学认为，母爱并不无私，因为母亲与儿女有着共同的基因和血缘关系，决定了母亲对孩子的爱是天然的。因此，和母爱相比，师爱更伟大且无私。师爱也不同于友爱，友爱者之间往往有着共同的利益，因此师爱比友爱更加纯洁且高尚。师爱作为一种特殊的社会性情感，在教育中发挥着独有的教育功能，可以说，没有师爱就没有教育。

师爱的特征是：（1）对象性。教师以培养人才为职业，教师的职业活动要求教师必须热爱学生，罗素说："凡是教师缺乏爱的地方，无论是品格还是智慧，都不能自由的发展。"爱学生，也是教师责任感和事业心的体现。（2）原则性。师爱服从于人才培养总目

---

① 李季．心理领导力：班主任的核心素养．中小学德育，2016（5）．

标的需要，不是无原则的溺爱和宠爱，应将爱和严格要求相结合，赞可夫说："不能把教师对学生的爱，仅仅设想为用慈祥关注的态度对待他们，这种态度当然是需要的。但是对学生的爱首先应该表现出教师毫无保留地贡献出自己的精力、才能和知识，以便在对学生的教育教学上，在他们的精神成长上取得很好的成果。因此，教师对学生的爱应当同合理的严格要求相结合。"（3）广博性。师爱是一种真正的博爱，它表现为有教无类，对所有学生一视同仁、公正不偏等，研究表明，学生最难容忍的教师缺点就是偏心。

师爱具有重要的心理引导功能，包括：（1）激励功能。学生渴望得到教师的认可、理解、欣赏和师爱，师爱可以激发学生努力学习、积极向上的欲望和热情，成为学生进步的动力。（2）感化功能。师爱对学生有感召、感染和转化的教育功能，它能使自卑者自尊，后进者上进，悲观者鼓起生活勇气，冷漠者充满激情。（3）调节功能。师爱是一个双向交流的过程，当学生对教师打开心扉，教师就可以有的放矢地对学生进行教育。苏霍姆林斯基指出："如果学生不愿意把自己的欢乐和痛苦告诉老师，不愿意与老师坦诚相见，那么谈任何教育都是不可能的，受教育者向他爱戴的教育者敞开自己的心灵，是一个彼此促使思想和感情高尚起来的过程。"（4）榜样功能。师爱可以激发学生对教师的尊敬、爱戴、感激和依恋等情感，会引导学生学习教师的言行举止和人格品质，使教师成为榜样和楷模。

师爱表现为关怀和爱护学生，爱护和发展学生身上的积极因素，抑制消极的不良因素；师爱表现为尊重和信任学生，尊重学生的人格，师生关系民主；师爱表现为同情和理解学生，用同情心去唤起学生的自尊心、自信心和上进心，设身处地地为学生着想；师爱表现为热切期望和严格要求学生。班主任要努力提高自己的师爱水平，增强人格魅力，从而修炼自己的心理领导力。

加强心理学理论修养，发展心理领导力

纵观国内外教育教学的发展历程，从孔子的"不愤不启，不悱不发""温故而知新""有教无类"到苏格拉底的"产婆术"，都是对心理活动规律的自觉运用。从杜威倡导的进步主义教育运动到人本主义教育运动，每一次教育教学的飞跃发展，都是对心理学研究成果的吸纳与融合。从维果斯基的社会理论到认知主义、建构主义，再到最近发展区等基本心理学原理都为教育教学理论与实践提供了科学依据和发展基础。对于德育的发展来说，心理学的作用尤为突出。心理学有助于学校道德教育实践的科学化和合理化，道德教育实践如果要收到良好的效果，直击学生的心灵，教师就需要提高教育过程的针对性，准确理解和遵循学生道德发展的内在规律，而心理学的作用就是对这些问题做出回答。道德教育的科学化过程是与心理学的研究密不可分的。比如认知发展理论、精神分析理论、社会学习理论等心理学流派都对教育教学产生了重要的影响。

对心理成长来说，柯尔伯格提出的道德认知发展理论是非常重要、有影响的理论。在道德发展问题上，柯尔伯格同皮亚杰一样，也认为儿童能够主动地建构自己的内心世界，儿童有自己的关于价值观问题的考虑方式，能主动地形成自己的道德观念，这些道德观念又形成有组织的思维方式。柯尔伯格认为，儿童的道德成熟过程就是自身心理认知发展的

过程。柯尔伯格对儿童道德判断发展的研究采用的是道德两难故事法。也就是每个故事中都包含一个道德哲学问题，如生命的价值与财产、人们相互间的责任和义务、法律和规则的意义等，这些道德问题之间存在着冲突，并没有很容易的解决办法，比如海因兹偷药的故事①：

> 欧洲有个妇女患了癌症，生命垂危。医生认为只有一种药可以救她，就是本城药剂师最近研制的一种新药，研制这种药的成本为200元，但药剂师却索价2 000元。病人的丈夫海因兹到处借钱，最终才凑到1 000元，迫不得已，只好告诉药剂师，他的妻子快要死了，要求药剂师将药便宜一点卖给他，或者允许他赊欠。但药剂师说："不能！我研制这种药就是为了赚钱。"海因兹走投无路，夜晚撬开药店的门，为妻子偷来了药。

柯尔伯格在用道德两难故事法研究儿童的道德心理认知时，关注的不是对错，而是个体在对道德两难问题反应中所产生的思考或所用的思考方式，儿童对遇到的问题产生认识上的矛盾和冲突是促进儿童心理发展的内在动力。教师可以让学生在矛盾、冲突和选择的过程中进行心理的自我激励、自我引导，从而实现心灵成长。

柯尔伯格的认知发展理论对发展班主任心理领导力有很好的启示作用：第一，班主任心理引领工作要有科学的心理学依据，符合学生的心理发展规律。第二，班主任心理引领工作应该避免教条式的强制性灌输。因为就学生心理成长的方法和途径而言，灌输的方式很难达到促进发展的目的，应该让学生对遇到的实际道德问题产生认识上的矛盾和冲突，做出自己的选择，逐步培养学生在面临道德问题时明辨是非，做出正确道德判断和心理选择的能力，不断向心理的高阶发展。

案例

如何评价阿凡提？

我所教的中文班学生都是十二三岁，在美国上初中，课堂使用的教材是暨南大学为国外中文教学编的一套12册的中文课本。上个星期天上课，学到了一篇课文：《阿凡提借锅》。

故事讲的是阿凡提到地主家借锅，还的时候锅上还放了一口小锅，地主就问："你只借了一个锅，怎么还回来两个呢？"阿凡提回答："借去的这口锅在我家生了一个小锅，所以一起还回来了。"地主很高兴地收下了，告诉他以后想用锅就来借。

很快，阿凡提将地主家最大的那口锅借走了，然后一直都没有还。地主去要，阿凡提说："那口锅死了。"地主很生气地问："锅怎么会死呢？"阿凡提回答："锅都可以生孩子，怎么就不会死呢？"地主很生气，但是却拿他没有办法。

读完了课文，我和孩子们讨论这个故事，他们的回答颠覆了我以前对阿凡提的

① 檀传宝．德育原理．北京：北京师范大学出版社，2007.

印象。

我：关于这篇课文，你们有没有不懂的问题？

学生：锅是家里做饭用的东西，应该属于比较私人的物品，阿凡提为什么要到别人家去借呢？

我：因为他比较穷，家里没有足够的锅用，就需要借了。

学生：什么是地主？

我：地主就是农村里比较富裕的人，家里通常有很多田地，雇人来耕种。

我：你们读了这个故事之后，有什么感想？

学生：我不喜欢这个故事，也不喜欢这两个人，这种文章不应该放在教科书里，会教坏小孩的。

我：为什么？

学生：这个故事里面的人都不诚实。

学生：对，他们都欺诈、贪婪。

学生：我觉得阿凡提看似聪明，实际上很蠢，花那么多心思设计圈套，就是为了用一口小锅骗一口大锅，还是人家用过的旧锅。

学生：他之所以穷得要借锅，大概就是因为只想着不劳而获，耍诡计骗别人的东西。他如果把心思用在努力工作上，一定可以赚很多钱，买很多锅。

学生：是啊，如果他把用来买那个生出来的小锅的钱攒起来，再去干活，赚点钱就可以自己买一口大锅了，何必去骗人？

我：你们说得对，努力工作，自食其力，是做人的本分。

学生：还有，他再去跟别人借东西，肯定没有人借给他了。

学生：就是，他借东西不还，失去信用了。

我：分析得很有道理，做人一定要讲信用，这是根本。不能贪一时小利而失去信用。

我：那你们对地主这个人物怎么看呢？

学生：他太贪心了，第一次阿凡提还锅的时候，多还的那口锅不是他的，他就不应该要。

学生：他没有做人的原则，既然是有钱人，别人都穷得要借锅了，他怎么还能多要人家的东西呢？

学生：是啊，他有钱应该主动帮助穷人，做慈善事业才对。

我：说得好，我们要想着去帮助别人，而不是占别人的便宜。做人要忌讳贪心，中国有句老话“贪为死门”，很多祸事都是由贪心引起的。

资料来源：观察者网，2014-01-21.

我们小时候读阿凡提的故事时，老师和家长都是直接告诉我们结论，阿凡提多么聪明，多么有智慧，和地主斗智斗勇，可以斗败愚蠢又贪婪的地主，很了不起。在很多孩子的心里，阿凡提是个正面人物形象。而在上述案例中，教师没有直接做出阿凡提和地主两个故事形象的价值判断，而是让学生根据自己的已有道德经验进行心理价值建构。在这些孩子们眼里，阿凡提却是个既狡诈又愚蠢，还没有信用的人。本案例对班主任工作实践的改进有一定的启发意义。目前，教条式的强制性灌输仍是班主任工作实践中一种惯用的教育方式，强制向学生提供所谓的正确答案，而无视激起学生心理的分歧和冲突，无视学生心理选择能力的锤炼，降低了学生心理发展的水平。时代在变化，生活在变化，思想观念在变化，教育也应该变化，班主任应该积极学习心理学理论，加强心理学理论修养，发展自己的心理领导力，带领学生心灵成长。

进行心理健康教育，修炼心理领导力

自改革开放以来，我国的社会主义建设取得了举世瞩目的成就，目前，我国正处于向社会主义市场经济体制转型的历史时期，因社会转型而产生了不少问题。比如，市场经济带来的诸多观念冲突，思想多元化带来的选择困惑等，这些都对班主任工作构成了巨大的挑战。随着社会的发展和新问题的不断出现，心理健康教育已成为当前中小学教育面临的重要任务。实施心理健康教育正在逐渐成为教育发展的必然趋势，也是修炼班主任心理领导力的主要途径。班主任是与学生接触最为密切的师长，也是学校德育工作最直接的承担者，应该是在日常班级管理中对中小学生进行心理健康教育最适宜、最有效的承担者。

心理健康教育是根据学生生理和心理发展的规律，运用心理学的教育方法，培养学生良好的心理素质，促进学生整体素质全面提高的教育。切实有效地对学生进行心理健康教育是现代教育的必然要求。

心理健康教育的主要内容包括：（1）学生心理健康维护。这是以面向全体学生为主，通过常规的教育训练来培养学生心理品质，提高学生基本素质的教育内容，具体可以包括智能训练、学习心理辅导、情感教育、人际关系指导、健全人格的培养、自我心理修养的指导、性心理教育等。（2）学生心理行为问题矫正。这是面向少数具有心理、行为问题的学生开展的心理教育，具体可以包括：学习适应问题，如考试焦虑、学习困难、注意力不集中、学校恐惧症、厌学等问题的咨询和调适；情绪问题，如抑郁、恐惧、焦虑、紧张、忧虑等情绪的调节与辅导；常见的行为问题，如多动、说谎、打架、胆怯等行为的咨询与矫正；身心疾患，如神经衰弱、失眠、神经性强迫症等身心疾患的治疗和矫正。

班主任应该从以下方面入手，修炼自己的心理领导力：

首先，提高人格感召力，以健康的心理来影响学生。教育家乌申斯基说："没有教师对学生的直接人格方面的影响，就很难有深入性格的真正教育工作，只有人格能够影响人格的发展和形成。"教育的使命是唤醒心灵，促进心灵自主成长。就像雅斯贝尔斯的名言："教育就是一棵树摇动另一棵树，一朵云推动另一朵云，一个灵魂唤醒另一个灵魂。"班级领导力是由班主任的行政权力、专业能力和人格感召力三部分组成的综合能力，是权力影响力和非权力影响力的综合体，其中，班主任的非权力影响力更为突出。所以，班主任的人格感召力是班主任班级领导力的重要体现。作为班主任，要有良好的自我修养和健康的心理，才能将心理健康教育渗入学生的心灵，潜移默化地引领学生。

其次，全面了解和研究学生，对学生的基本情况了如指掌。每个学生的个性心理和性格特征千差万别，教师只有充分了解和研究分析学生后，才能把心理健康教育真正落实到每位学生的心坎上。班主任可以通过下列渠道全方面了解学生：查看学生档案；听取前任班主任及任课老师对学生情况的介绍；通过个别谈话、家访、周记等形式直接获取学生的想法；与家长沟通交流，进行心理测量和数据分析等。只有全面、深入地了解学生，熟悉学生在校内、校外的表现，才能正确把握学生的心理，对学生进行有效的教育。

再次，根据学生的个体差异，加强个别心理疏导。人的心理有共性的一面，但更多地表现为个性化的一面。班主任对一部分需要特殊帮助的学生要进行个别心理疏导，这是对学生进行心理教育的最直接、最经常的途径。班主任要充分发挥心理领导力，运用自己的教学机智，因时、因地、因人、因事对学生进行心理教育，帮助学生健康成长。

最后，对班主任进行心理健康教育辅导。提高班主任自身的心理问题预防意识和教育教学中的心理健康教育意识，组织班主任进行心理健康知识专题培训，对班主任进行班级心理辅导讲座，引导班主任在德育工作过程中创造宽松环境，以学生为主体，调动学生自主学习积极性，努力避免师源性心理健康问题的发生。

对学生进行心理健康教育，是新时期教育对班主任的要求，是引领学生心理成长的重要途径，也是班主任心理领导力提高的表现。

拓展阅读

哀伤团体辅导

四年级的孩子，正是花骨朵一般的灿烂年纪。活泼开朗的小丽，在一个早晨突然在教室昏迷，送往医院抢救无效，永远离开了人世。这件事在本班、本校、本地引起了轩然大波，噩耗来得如此突然，班上的孩子们议论纷纷，还有部分孩子表现出了恐慌、悲伤、失眠等状况。

作为班主任，我要不要对孩子们进行哀伤辅导？有些老师认为，小孩子什么都不懂，难过一段时间就没事了，不需要心理帮助。有的老师认为，非常需要，因为孩子的情感受到伤害，如果不及时进行心理疏导，很可能留下心理阴影。

学校和部分家长委托我给孩子们进行一次专业性的辅导，说实话，这是我第一次接手哀伤团体辅导。我感觉压力很大，担心自己在这个重要事件中会因为处理不当而被推到风口浪尖。

同时，我的身边也出现了很多质疑的声音，不少人说："小孩子什么都不懂，哪需要什么心理帮助呢？没必要把事情闹大，你做这些没意义。"种种因素让我感觉压力特别大，焦虑的情绪让我寝食难安，甚至已经开始痛苦地思考是不是应该推掉这个委托。

在这样彷徨和纠结的心情下，我求助了从事心理工作的前辈，前辈帮助我分析了我的不合理信念，谈话中他问了我一个问题："如果你只从帮助学生这样一个角度出发，你会怎么选择呢？"这句话让我如梦初醒，对外界因素的在意让我对困难产生了畏难逃避的情绪，也让我产生了错误的认知。我认识到，这件事也许并不如我想的那般糟糕，作为一名班主任，我有义务去关注学生的心理健康成长，并给予必要的危机干预，孩子们需要我。

哀伤辅导，就是提供一个哀伤的机会和过程，这是很有必要的，不管辅导对象是成年人还是未成年人。哀伤辅导的四个步骤如下：

（1）接纳失去至亲的事实：失去至亲有时候是突发性的，让人一下子难以接受，需要帮助哀伤者接纳亲人离去的真实。

（2）处理伤痛的情绪：接受至亲离世是伤痛的过程，伤痛的情绪需要处理，不能压抑忽略，身边的人要给哀伤者提供支援和协助疏导其伤痛的情绪。

（3）调整和适应失去至亲的生活：包括生活规律的调整、生活习惯的改变和适应、家庭责任上的重新分配等。

（4）生活重回正轨：哀伤者的情绪得到处理，时间帮助其减轻心灵的伤痛，使哀伤者能够健康地面对生活。

在《依附理论》一书中，约翰·鲍比认为，哀伤者若想起死去的亲人，再也没有恸哭、身体不适的状况，甚至能够把情感投放在生活里，哀伤的处理就进入了完成阶段。根据实际情况，我先确定了我本次哀伤团体辅导的目标：一是让孩子们接受丧失好同学的这个事实；二是体验情绪，协助他们表达自己的情感，充分地去哀伤，完成内心的“未完成事件”，帮助学生学会正确地体验和表达自己的情绪和感受，这也是我们中小学心理健康教育的重要目标。

围绕以上辅导目标，我设计了一份哀伤团体辅导方案，主要用到的技术为放松训练以及完形疗法中的空椅子技术。当我见到孩子们的时候，他们都在嬉笑打闹，甚至还和我开玩笑：“老师，我的心理可是很健康的哦。”这让我的心里仍有一丝不安，这次团体辅导会达到我预期的效果吗？我让他们围成一个大圈，先带领他们闭上眼睛进行了放松训练，接着我平静地宣布了这个沉重的消息，引导孩子们去正视自己的情绪和想法，想想自己有什么话最后要对小丽诉说。

当他们睁开双眼的时候，会看到我提前放在圆圈中心的一张小丽生前坐的空椅子。孩子们一改常态，现场一片寂静，每个人的表情都很凝重。孩子们纷纷说出了自己想要对小丽说的话，并和小丽做最后的告别，表达了自己的悲伤、不舍或者内疚。许多孩子在讲述的过程中忍不住失声痛哭，互相用牵手或者拥抱的方式安抚着对方。接下来，我又通过情绪爆破、寄往天堂的一封信等环节和孩子们一起完成了活动。

这次团体辅导收到了很好的效果，孩子们在这次活动中表达了自己真实的感受，在表达的过程中他们获得了疗愈。而我，也获得了一次迷茫中突破的机会，给予了自己以后面对新的挑战的勇气，也更加坚定了自己作为班主任，对学生进行心理健康教育，引领学生心理健康成长的信念。

资料来源：张妙龄．德育从心灵开始——中小学典型德育案例荟萃．北京：北京师范大学出版社，2018.

开展体验式德育活动，引领学生心灵成长

目前，我国学术界对德育课程的解释大致可分为两类：一类是从较为严格的意义上对德育课程加以界定，认为德育课程主要指在学校范围内有目的、有计划、有组织地实施的各种教育影响；另一类则是从更广泛的意义上理解德育课程，认为德育课程即对学生身心发展产生影响的因素，或一切有教育意义、教育作用的影响因素的总和。[①] 一般来说，学校德育课程体系内涵丰富，包括德育学科课程、德育活动课程、德育隐性课程以及各学科的德育活动等。目前，学校德育课程取得的效果不够理想，其原因复杂，仅从以下两方面进行分析。

第一，德育内容表现出滞后性和封闭性。许多班主任（或相关教师）还是将教材作为主要的德育资源，不敢面对现实中的种种德育问题，比如向社会主义市场经济体制转型过程中产生的价值冲突，传统与现代、中国与世界多种价值观交融带来的价值判断和选择等，不敢深入分析和触碰现实问题，把学生与现实社会隔离开来，这严重影响了德育课程的实施效果，而且引发了学生对德育课程的反感情绪。

第二，传统德育模式受到质疑。传统德育模式基本上是以知识传授为主体的灌输模式，也就是“知识德育”。这种模式强调自上而下，由外而内地对学生进行知识灌输和传授，德育知识的获得是主要目的，班主任在德育教育过程中具有权威地位。当前社会情况下，学生需要的是通过对不同价值观的认识和判断，选择正确的价值观来指导自己的行为，而不是被动地接受知识和观点。传统德育模式忽视了学生主体性及其发挥，班主任的德育工作不仅没有达到应有的效果，还消解了班主任在德育教育过程中的权威，甚至引发学生的叛逆心理。

班主任常有这样的苦恼：我们想告诉学生的道理，其实他们都懂，但是知行脱节情况十分严重。为什么会出现这种情况？其主要原因是在传统德育模式中，学生的品德和心理习惯的形成只停留在知识层面的构建，缺乏情感体验和认知感悟，因而妨碍了从道德知识到道德观念和道德信念的建构及内化。所谓知识德育，是指用道德知识的传授代替真正意义上的道德教育，其本质是把德育教育过程等同于智育的认识过程，在方法上偏重于理论说教与灌输，在评价上用分数衡量学生的思想和行为。因此，贯穿于德育教育过程的同样是说教、形成概念、记忆，进行反复练习等。知识德育实质上是一种低效的德育，表面上看起来轰轰烈烈，而实际上收效甚微，甚至是适得其反。这种情况会带来以下不良后果：重“成绩”轻“做人”，不利于学生形成正确的道德认知；重“理论”轻“实践”，忽视了学生养成正确的道德行为；重“认知”轻“养成”，不利于学生道德心理能力的提升。

2000 年，共青团中央针对学校德育的种种弊端，提出“体验教育”：“心理品德的形成和创新精神与能力的培养，需要在获得真实感受的基础上完成”。认知心理学家皮亚杰指出：“活动，尤其协作活动是儿童思维和道德心理发展的根本动力。”让学生在自主参与活动的过程中能动地改造自我、创造自我、完善自我，这是促进学生心理发展的一条重要

---

① 刘济良．学校德育．北京：北京师范大学出版社，2018.

途径。而我们提倡的体验式德育活动课程又称经验课程。儿童中心课程，是指从儿童的需要和兴趣出发，以儿童的经验为中心组织的课程，是与学科课程相对应的一种课程形式。[①] 其主要特点是以儿童的活动为课程的中心，以儿童的兴趣和需要为基本出发点，体验式德育活动课程的主要目的不是传授与实际生活脱离、与学生生活经验脱离的所谓的系统文化知识，而是帮助学生解决他们当前认为重要的问题，并且设法扩大和加深他们已有的兴趣和生活经验，体验式德育活动课程的实施不是通过教师的灌输，而是通过学生参与活动、自己的探究而进行的，在活动中体验，在体验中感悟，在感悟中成长，让学生自主建构，成为自己心灵成长的主人。

体验式德育活动课程的核心就是“以生为本”，是班主任根据一定的教育目标，有意识地创设活动情景，让学生亲历德育实践活动，获得生命认知，升华道德情感，形成品质态度，培养高尚情操。体验式德育活动课程要在“多边对话”中进行，在“情境创设”中实践，在“主题活动”中深化。体验式德育活动课程强调学生感受、情感等因素的教育价值，是体验下的感悟、震撼下的思考，具有隐形渗透性；强调实施潜移默化、润物细无声的影响，使学生的思想品德得到升华，更适合学生叛逆的心理特点，是德育教育的一种重要方式。其实，“体验”只是一种手段，目的是更好地教导学生，引导学生对道德的认同。当他们遇到各种各样的问题时，一个小故事、一个小游戏都可能引起学生的改变，引导他们回到正确的道路上来。体验式德育活动课程虽然少了很多的说教，但是对教师而言，不仅没有因此减轻负担，反而还要掌握更多的理论知识，特别是心理学和教学技巧，充分调动学生的积极性，发挥他们的主观能动性，调动学生的参与热情和体验积极性，在体验的基础上感悟交流、认知升华、确认内化，从而使学生形成积极、健康的心理状态。

拓展阅读

有趣、有意义的体验式德育活动课

——叉手和习惯

一、叉手（原形）

（1）全体同学注意，请大家举起双手，放于胸前。

（2）请全班同学跟随老师口令将双手自然地交叉握在一起，连续做6次，最后一次保持交叉的姿势（教师发出口令，同时高举双手做示范）。

（3）请同学们注意自己的手指是怎样交叉的，是左手大拇指在上还是右手大拇指在上？每次手指交叉姿势一样吗？为什么？

感悟分享：每次手指交叉的姿势都是一样的，因为习惯了，这就是习惯的力量。习惯无处不在，也许就在你不经意之间，习惯就在影响乃至改变着你的决定，习惯的力量对我们的生活非常重要。

① 刘济良．学校德育．北京：北京师范大学出版社，2018.

二、叉手（变形）

（1）请大家恢复刚才的叉手姿势（即按照习惯叉手的状态）。

（2）现在请大家把手指交叉的顺序颠倒过来（例如本来左手拇指在上，改为右手拇指在上），重新叉手，连续做5次。

（3）当姿势和刚才的姿势有所改变时，你有什么感受？有什么感想？

感悟分享：感觉很不习惯，很不舒服。这说明当我们想要改变自己长期养成的习惯时，会不舒服、不适应。所以，改变不良习惯，我们要有面对困难的勇气，并努力寻找到合适的方法。只要坚持并多次练习，习惯是可以改变的。

蒙眼跨越障碍

（1）摆好障碍物，选择一名志愿者，给予1分钟左右的时间记忆眼前的障碍物，可以尝试跨越2～3次，直到学生有信心跨过。

（2）让学生站在起点位置，用眼罩蒙上眼睛，等候“开始跨越”的指示。

（3）教师迅速移走三个障碍物中的1个或2个，移走障碍时要做到安静、快速（不能让学生听到，时间不能太久，以免引起学生怀疑）。

（4）教师发出“开始跨越”的指示，学生开始跨越障碍。

（5）走到终点，在蒙上眼罩的情况下问学生是否跨越了障碍，然后打开眼罩。

采访：有些障碍物已经不存在了，那么你刚才跨越的障碍物来自哪里？

感悟分享：他跨越的障碍物存在吗？不存在。既然不存在，那么他跨越的障碍物来自哪里？来自内心，因为心里还有以前看到的障碍，这就是我们所说的自己给自己设定的内心障碍。我们前进的路上难免会有很多的障碍，有些障碍是客观存在的，有些障碍则是我们在心理上给自己设定的。只有发现并突破这些心理障碍，才更有利于我们继续前进，做更优秀的自己。

资料来源：李季，梁刚慧，贾高见．小活动 大德育——活动体验型主题班会的设计与实施．广州：暨南大学出版社，2012.

上面的两个体验式德育活动课设计得很精彩。体验式德育活动课程设计的关键是明晰问题的“症结”所在，遵循科学性、教育性、趣味性、可操作性等原则，紧紧围绕“症结”寻找承载工具，借助合适的承载工具解开“症结”即可。体验式德育活动课程要突出四个表征：一是身心投入，即“以身体之，以心验之”；二是产生交往，尤其是情感、心灵、精神的交流与对话，即“以情感之”；三是生成反思，即生成积极的自主思维与领悟、自我发现与建构的意识；四是认识与实践活动。

在体验式德育活动课程结束后，班主任要对活动中学生们的表现进行综合评价。例如，本次活动的成功主要表现在哪些方面，哪些同学的贡献最突出、感悟最深刻，活动还存在哪些不足，具体表现在哪些方面，有哪些教训和经验值得我们在今后的活动中借鉴等。体验式德育活动课程不能简单地停留在活动过程中，教师一定要引导学生参与活动后回味自己的认知和情感体验，同时力争让家庭、社会和学校形成教育共同体，让学生的知、情、意、行达到统一。

体验式德育活动课程，对学生而言，是亲身体验、经历、感受，是一种自内而外的自我教育；对班主任而言，则更多的是策划与指导。它较好地实现了“解放大脑、解放双手、解放眼睛、解放嘴巴、解放空间、解放时间”，远比说教式德育教育对学生和班主任的影响更大且更久远、更深刻。作为班主任，当我们充分认识到体验式德育活动课程的重要意义之后，便可以将其视为学生自主成长和班主任专业发展的途径，进行班级发展的系统活动规划。可以体验式德育活动课程为载体，将学生成长的体验权还给学生，真正将班级活动构建成学生自主成长的快乐平台，引导学生了解自己、走向社会，在体验中完成心理成长。

实施体验式德育活动课程的注意事项

第一，要明确班主任和学生的分工。在活动实施中，班主任是策划者、组织者、指导者。就学生具有较高自主能力和水平的班级而言，班主任可作为活动策划者的参谋者、协调者和评价者，而不是包办活动。在活动实施过程中，最忌讳的就是班主任不尊重学生的意愿，不考虑学生的感受，采用专断、强制、包办等方式推进活动。班主任要重视激发学生参与活动的积极性，重视学生在活动中的分工，明确每个学生的职责和任务以及活动的完成期限；同时，班主任还要定期了解活动筹备的进度、落实情况，及时解决活动实施过程中遇到的困难，主动参与活动，对活动的过程进行必要的监控、调整。当然，小学、初中和高中不同阶段班主任的管理方式有所差异。

第二，要有备用方案、后备人员和储备资源，防范不良突发事件于未然。德育活动实施常常受到环境、天气、资源、人员等因素的影响。因此，为了确保活动实施顺利，班主任一定要考虑多方面的因素，如外出活动时要及时了解天气情况、车船信息，室内活动时要考虑场地布置、设备运行状况等。另外，举行重要活动时，还要在人员安排上考虑备有候补人员，准备好备用物资以及周全科学的应急预案等。

第三，要充分发挥不同类型学生的作用。德育活动是为了让班级所有学生都获得不同程度、不同层次的发展，所以就需要关注不同类型学生的作用。按照多元智能理论，每一位学生的智能各有偏重，只要学生身心发展正常，就不存在“教不会的学生”，关键是学生学了多少、成长了多少的问题。德育活动是转变学习困难学生的有效途径，班主任要通过多种渠道、多种活动了解学习困难学生的特长和闪光点，以便抓住教育契机。实践证明，许多学习困难学生正是在活动中获得了集体认可，融入集体之中，从而健康成长的。

体验式德育活动课程的评价方式和方法

为了进一步了解活动实施的效果，提高活动质量，需要对活动实施进行全面评价。这些评价包括实施前的评价、实施中的评价和实施后的评价，评价内容涉及活动的主题、内容、形式，还包括学生的参与程度、活动效果等要素。实施前的评价主要是针对活动方案的评价，是预评价，重点考虑方案的适切性和可行性问题；实施中的评价，要重视对实施过程的调控和监督，重点是确保活动顺利开展；实施后的评价，主要在于了解活动效果，实施活动反馈。

在这里，我们将着重谈一谈活动实施后的评价。活动结束后，为了进一步获得反惯信息，提高活动质量，就必须实施评价。按照评价的角度不同、评价的目的不同等，可以分为不同类型。按评价形式，可分为口头评价和书面评价；按照评价主体，可分为学生评价和教师评价；按照评价性质，可分为质性评价和量化评价。一般而言，对活动实施后的评价，可以从学生的角度进行，了解学生对活动的感受、体悟，了解活动受学生欢迎的程度、学生是否通过活动得到锻炼和提高；还可以从教师指导的角度进行，反思活动实施的效果与不足，提升教师在开展班级活动时的经验。从活动评价的方式而言，可以采用非正式谈话、座谈会、书面总结、课后反思、问卷调查、访谈、活动纪实、教育叙事等形式，以便及时进行活动总结。

在评价的过程中，一定要警惕评价存在的误区：第一，评价内容过于狭窄和程序化。这样就会导致评价的片面性和呆板效果。第二，评价方式太主观化或完全数据化。如果评价太主观化，则会影响结果的客观性；如果评价完全数据化，则会导致评价僵化。第三，评价目的功利化。很多评价重成绩轻过程，获得评价的高分只是证明优秀的一方面，评价的目的不应该只追求分数、等级等停留在奖惩层面，应以分析、诊断学生的品德发展状况为目的，为改进活动提供依据，从而促进学生品德向更好的方向发展。不完善、不科学的评价会产生负面影响，客观性和公正性是评价工作一直的追求。

德育活动是学校德育工作的主阵地之一。但因为种种原因，德育活动往往被忽视，或者带有非常浓厚的政治“运动化”色彩，离学生的实际需求较远，加上教师在操作执行上常存在应付心理，策划活动时间仓促、准备不够充分、形式化的活动过多等因素，导致学生对活动的冷漠和心理隔阂，从而有悖于活动的基本价值和核心精神。其实，真正的体验式德育活动蕴含着巨大的教育价值，可以促进学生的身心发展，形成健全人格；可以增长知识，发展能力，锻炼体力；可以实现学生的自我教育，提升自我管理水平；可以提高班级的集体荣誉感，增强班级凝聚力，提高班主任的威信，强化班级管理；可以促进学校与家庭、社会的连接，实现全面、全方位育人。

案例

主动整合，改变“应景式”活动

我曾经问过一位班主任，一个学期你召开几次主题班会？他回答我说：“我们学校对主题班会是有统一规定的，从主题到内容都是德育处策划好了，不需要自己动脑子，甚至有时候连 PPT 都会帮我们做好，班主任只要下载就行了。”我没想到，竟然有服务这么“周到”的德育处，竟然有依赖性这么强的班主任！全校采用一个主题、一样的内容，连 PPT 都是一样的，那不是“主题校会”吗？这样的主题班会连班主任都没有自主性，还谈得上学生的主体性吗？不是根据本班学生成长需求或者班级问题设计的主题班会，还能有多少教育效果！

其实，德育处主任也有自己的苦衷：“很多部门都可以向学校布置工作，举个例子吧！有一个学期，光是上级部门压给学校的征文就有十九种，比如交通安全征文、消防安全征文、垃圾分类征文、绿色出行征文、慈善爱心征文、环保低碳征文等。再加上学校要创特色，也要向班主任提出工作要求。我们也提倡班主任工作创出自己的特色，但是也知道这很难，他们实在是没有自己的空间和时间，所以，有时就会简单地以行政命令来落实，有时就会包办代替……”

明白这个道理，一个有自主专业成长追求的班主任就会变“被动”为“主动”，在这种状况还难以改变的背景下，在现实和理想之间寻找结合点，我的办法就是：主动整合，改变“应景式”活动。

我当班主任已经十七年了，最初带班的时候，我会有种种美好的设想，可是，后来都一一放弃。因为每学期学校都会传达上级要求，学期中还会有各种临时任务，我的班级计划就总是被冲得七零八落。后来我发现，班主任根本不需要制订工作计划，制订了也没用。上面的工作不落实，你干得再多，也是吃力不讨好。所以，很长一段时间，我就陷入了盲目应付的状态，根本不考虑本班学生的需求。

再后来，我发现这样不行，“应景式”活动根本唤不起学生的热情，也让我变得懒惰和迟钝。有一次，学校组织秋游，班里竟有12个学生提出请假！这件事让我意识到，班级工作如果脱离学生的积极性，是一点教育价值都没有的，可能还会适得其反。我改变不了现状，能不能改变一下思考问题的角度，把规定的活动看作一种机会和资源，拿来为我所用，为学生所用？比如：有一次，学校组织去佘山春游。我带的班是初二，学生已经去过很多次佘山了，这种活动对于他们来说一点新鲜感都没有，可以说是毫无吸引力。怎么办？我和班干部一起商量：既然大家已经对佘山比较熟悉了，我们怎样组织才能既按照学校要求全员参加活动，又能充分调动同学们的积极性，让大家得到锻炼？

班委们果然想出了好点子，然后又在全班征集方案，最终我们班分成四个项目组：第一组是小导游组，任务是给本班和低年级同学做景点介绍；第二组是爱心护理组，任务是协助班主任，为需要的同学做爱心护理；第三组是环保宣传组，任务是在春游路上宣传和劝导文明出行；第四组是摄影资料组，任务是一路上负责抓拍精彩镜头，回来制作成宣传材料。

活动结束后，我们还专门召开了一次主题班会，由各项目组汇报活动收获，由于都是亲身体验，班会开得生动有趣，同学们感觉收获很多，兴致盎然。

资料来源：马兰霞．提高班主任领导力．南京：江苏凤凰科学技术出版社，2015.

学校每年组织的春游和秋游，初衷往往是为了达到某种教育目的，但因为是学校统一行动，很难顾及每个班级的兴趣和需求，这就很有可能变成走马观花式的随便玩玩，提不起学生的兴趣，当然更谈不上“促进成长的价值”。上述案例中的班主任非常优秀，“把规定的活动看作一种机会和资源，拿来为我所用，为学生所用”，从例行公事的活动中，开发适合本班的“小项目”。这些“小项目”能够引起学生的兴趣，还能开发学生潜能，获得了理想的效果。确实，在现实中，班主任有很多身不由己的地方，但是，如果我们坚持自己的教育追求，也总能在有限的空间里找到发挥自主性的机会，引领学生的自主成长和激发班主任的专业成长，发展班主任的心理领导力。

总的来说，班级的健康发展，师生的共同成长，都离不开班主任班级领导力的提升。班主任应该在自我发展中修炼领导力，多读书、多观察、多思考、多请教，不断提升自身素养，不断提升自己的工作水平和能力，走上专业化成长的道路。班主任的整体素养提升了，班主任的人格、学识和才能等才会增强，才会赢得学生的钦佩，才能提升班级领导力。

每一个班主任都应是学生的人生导师，带领学生和班级健康发展。

深度反思

阅读本部分后我收获了什么？

我还需要进一步修炼什么？

我将怎样修炼？

第六篇　社会影响力

如果你有行动力，你就会成功；如果你有创造力，你就会卓越；如果你有影响力，你就会有成就。

——牛根生

人才的成长离不开家庭教育、学校教育和社会教育三方面的共同影响。学校教育不是独立于家庭教育、社会教育之外的孤岛，而是要与家庭教育、社会教育形成合力，才能更好地培养人才。具有卓越领导力的教师一定会对家庭和社会产生很大的影响力。在学校、家庭、社会“三位一体”的教育体系中，学校是专业机构，教师是教育专业人员，教师的影响力会辐射扩展到家庭和社会。

No. 11 家校共育，活化家长指导力

静心思考

1. 什么是家校共育？
2. 你在家校合作上遇到过什么问题？
3. 如何修炼教师的家长指导力？

2018 年习近平总书记在全国教育大会上指出，办好教育事业，家庭、学校、政府、社会都有责任。可见，构建完善的家校协同育人机制，显得尤为重要。优秀教师的影响力不局限在学校，具有卓越领导力的教师一定会对家庭和社会产生很大的影响。

家校共育形成合力

家校合作、家校共育是教育界非常关注的话题，也是非常重要的教育实践。家校共育是指学校和家庭，教师和家长在环境创设，在孩子的习惯养成、知识获取、品德培养、性格发展、能力培养等方面通过沟通交流、活动开展、问题探讨等方式密切合作，力求步调协同、形成合力，共同帮助孩子健康成长的培育方式。①

拓展阅读

家庭、学校、社区合作激活教育磁场

家庭、学校、社区是相互联系和相互推动的，家庭教育指导、学校生活参与，家校互动沟通、社区融合协作，家庭、学校、社区共育，能促进父母对于教育机构的信任与支持，能培厚学校教育的土壤，也能在全社会形成关心教育的氛围。随着信息技术的深入发展，传统的教育方式正面临深刻变革，在可以预见的未来，单一化、封闭式的教育，将被更为开放、更为丰富的学习方式取代，在这样的大趋势下，家庭、学校、社区携手前行的家校合作共育机制，将成为未来教育的一种常态。

对于教师来说，家庭、学校、社区合作共育使教育工作者能够更加全面、客观地认识学生，在与家长和社区的不断互动中，教育工作者也能加强与社会各界的交往能

① 刘晓红．家校共育的现状及提升路径．教育科学论坛，2017（8）．

力，既为本职工作增效减负，也能创新教育工作的方式方法，推动教育向更好的方向发展。

家庭、学校、社区合作共育，能形成一个强大的教育磁场，让所有参与者实现精神共振，产生潜移默化的“不教之教”的良好效果，更有着辐射社会并提升全民素养的重要功效。激活这样的教育磁场，有利于家庭增强教育功能，促进家庭、家教和家风建设；有利于学校建立现代学校制度，拓展教育教学资源，提升教育教学质量；也有利于师生、亲子和相关参与者共同成长。

资料来源：朱永新．家校社合作激活教育磁场．人民日报，2019－06－05.

教师的家长指导力很重要

家校共育的关键是家长综合教育能力的提升，家长对子女的教育需要教师指导。教师的家长指导力是什么？是指为实现家校共育目标，教师对家长的育人理念、育人目标、育人内容、育人方式、评价方式等方面的指导，实现教师和家长的密切合作、步调协同、形成合力，共同帮助孩子健康成长的能力。通俗点说，就是教师指导家长提升家庭教育水平的能力。

孩子成长，不仅是学校的事情，是学校教育、家庭教育、社会教育共同努力的结果。其实，家庭教育对一个人一生的发展影响非常强大。美国霍普金斯大学教授科尔曼曾说：“家庭教育一直在幕后操纵着孩子的学校生活，家庭教育是学校教育永远的背景和底色。”习近平总书记在谈家风建设中指出：千家万户都好，国家才能好，民族才能好。2016 年 12 月 12 日，习近平总书记在会见第一届全国文明家庭代表时讲道：“家庭是人生的第一个课堂，父母是孩子的第一任老师。孩子们从牙牙学语起就开始接受家教，有什么样的家教，就有什么样的人。家庭教育涉及很多方面，但最重要的是品德教育，是如何做人的教育。也就是古人说的‘爱子，教之以义方’，‘爱之不以道，适所以害之也’。”同时，他还强调，作为父母和家长，应该把美好的道德观念从小就传递给孩子，引导他们有做人的气节和骨气，帮助他们形成美好心灵，促使他们健康成长，长大后成为对国家和人民有用的人。

家庭教育尽管重要，但是由于家长所受教育不同、从事行业不同、人生经历不同，理想信念、价值观不同，教育方式方法、经验也不同，导致家长的教育水平参差不齐，家庭教育效果千差万别。家庭教育也会经常出现一些问题，家长需要得到专业人士的指导。

教师作为受过专业训练的教育从业者，有责任做好家庭教育的指导工作，将学校教育与家庭教育形成合力。因此，教师要不断修炼自己的家庭教育指导能力，通过活化机制、丰富内容、拓宽渠道等将家庭教育指导落到实处。

当前家校共育存在的困境①

家校教育观念上的差异

大多数家长对自己的孩子都予以厚望，“望子成龙”“望女成凤”至今仍是家长对孩子

① 高晓娜．家校共育：标准、困境与突破路径．基础教育研究，2019（12）.

的最大期待。为了避免孩子犯错、少走弯路，家长会将自己的“成功经验”传授给孩子，这样的言传身教反而让孩子被束缚，失去尝试生活的勇气，并且父母在教育孩子上往往“重智轻德”，把重点都放在孩子的学习成绩上，忽视对孩子品德情感的关注，对成绩的说教占据了家庭教育的大部分内容，并且也误认为孩子上学之后，教育的重担应该都由学校来承担，家庭只负担孩子的衣、食、住、行。在学校方面，特别是教师，多数认为自己在教育学生上居主导地位，认为家长在文化水平上良莠不齐，就忽视了与家长的交流，学校也忽视了对家长心理教育上的引导。如果学校没有认识到家校共育的重要性，就会使工作流于形式，只是为了完成任务去实施。

家校合作内容与途径窄化

家校共育活动的开展是一种双向互动的合作，需要家庭和学校互相了解、配合。然而，在如今的家校合作中，往往是教师单方面努力，要求家长积极配合家校教育的开展，也往往局限于家长会、家访等固定时间的活动，教师与家长谈话的内容也多是学生成绩的升降、名次的高低、是否遵守纪律等方面，考高分、上名校成为很多家长认为的孩子能出人头地的唯一方式，升学率成为评估一所学校好坏的唯一标准。在家长和学校的双重压力下，教师在教学过程中也只会关注学生的成绩，与家长交谈的内容很少涉及学生的品德、情感方面。并且，教师在跟家长交流时，往往将交流的重点放在孩子存在的问题上面，只让家长知道孩子的问题，没有与家长共同交流解决问题的方法，并且这样的交流会让孩子觉得是教师在跟家长“打小报告”，久而久之，孩子会对家校合作产生厌恶情绪，这成为家校合作共育过程中的一大阻碍。

家校教育边界模糊

在家校合作过程中，也产生了家长和学校模糊了教育责任界限的问题。在家校合作中，让家长走进学校，并不是让家长去承担教师所要做的工作。一些中小学教师让家长过多地进入班级负责自己的部分工作，等于压缩了孩子相对于家庭的独立成长空间，这是违背教育规律的做法。家长配合教师布置的任务，辅导孩子的作业，检查孩子的背诵，甚至教师布置的很多工作，孩子一个人是完成不了的，这种作业也就成了家长的作业，学校的教育任务就延伸到了家庭，缩短了家庭教育的时间。此外，家庭教育的生活功能、情感功能和道德功能一直被挤压，没有时间和空间发挥效能，部分家长将教育孩子的责任都交给了学校，造成家庭教育功能的缺失。

家校缺位或越权

由于家校边界模糊，导致责任、义务、权利也模糊。就家长而言，主要存在两种极端观念：一是教师决定论，即认为学生的学习成绩与教师的教育水平密切相关，跟家庭教育无关。二是环境影响论，即认为学生学习品质好坏、行为规范是否符合标准都是由班级风气决定的，而班级风气好坏在于教师教育水平的高低，在于有没有履行好管理、监督孩子的责任。而有些教师认为家庭教育决定学生的品性和成绩，责任在家长。对立导致互相推诿。同时，两者相互的不良印象都会在学生身上有所转嫁，教师和家长之间的嫌隙不断加深。越权现象也比较突出，家长越权尤为明显。近些年，随着国家对家庭教育的重视，越权现象也出现了：一是家长易偏听偏信孩子的话，主观评判学校教育，对教师的教育教学行为进行干预，要求教师这样教学、那样管理班级，甚至要求学校频繁更换教师；二是在班级管理中，家委会为“班级发展”做了很多班主任（学校）不知情的工作，看似促进班级发展，但很多行为违背教育规律，与学校教育理念冲突，有时甚至会影响学校的正常教育活动，班主任被积极主动的家长或者家委会“绑架”了，甚至还出现家委会“绑架”班级其他家长的现象。所以，“准确定位、补足责任、明确权限”也是家校共育中要解决的问题。

拓展阅读

家长也是教育者

从教 20 多年，我的学生中有不少出类拔萃者——不仅仅是考上名牌大学，而且走上工作岗位后事业有成。但我从来不在任何场合说自己如何如何“培养”了许多“人才”，这不是因为我谦虚，而是我清醒地知道：对于学生来讲，他的真正成才，教师或者说学校教育的功劳最多占三分之一，还有两个三分之一分别是其家长的教育培养和孩子自身的天资以及勤奋。因此，我对一些教师爱把自己班上考上大学的学生仅仅作为自己的教育成果不以为然。在我看来，一个孩子考上了大学乃至以后成就了一番事业，这首先要归功于其父母。因为父母是孩子的第一任老师——从某种意义上说，也是伴随终身的老师。

从学校教育的角度看，家长的教育者身份也是至关重要的，尤其是现在提出素质教育，学校所进行的每一项教育改革如果没有学生家长的理解与支持，几乎是不可能成功的。曾有一位年轻教师对我说：“现在教育上的种种弊端是明摆着的，我很想进行一些改革，但我怕呀！”我说：“你怕什么呢？校长不是很支持你的工作吗？”他说：“我怕家长呀！我想通过提高课堂效率少给学生布置点作业，家长有意见；我想取消星期六的半天补课把时间还给学生，家长有意见；我想让学生每晚看《新闻联播》，家长有意见；我想叫学生每天吃完晚饭后刷一次碗，家长反对……”他的话让我沉思：是呀，教师是为孩子好，家长也是为孩子好，可为什么这两个“为孩子好”竟然“打架”了呢？问题就出在这些家长不是教育者，他们非常希望自己的孩子健康成长，但是他们对教育一窍不通。

资料来源：李镇西．做最好的家长——李镇西教养女儿手记．北京：文化艺术出版社，2014.

家校共育，需要达成的几点共识

要想走出家校共育的困境，我们认为家校需要达成教育共识，成为教育的同盟者。家长和教师要清楚地知道虽然家庭教育和学校教育的内容和功能等有所不同，但是二者都是朝着培养学生全面健康发展这个目标共同努力的，家庭和学校是处在一个努力方向上的两个主体。

苏联教育家苏霍姆林斯基曾经把学校和家庭比作两个“教育者”，两者不仅要有一致行动，要向学生提出同样的要求，而且要志同道合，抱有一致的信念。有了这样的共识，才能实现家校合力，形成有效的教育同盟关系，教育的效益才可能最大化。我们认为需要达成以下四个共识：

第一，家校相互认同是共育的前提。从教师角度看，具有不同职业和文化素养的家长，都是影响孩子成长的重要因素。家长是可以促进孩子成长的平等的教育者，教师与家长是一种主导与主体、服务与被服务的关系，都是孩子成长的同盟者和受益者。家长的一切言行都出于对孩子健康成长的需要，都是为了解决孩子成长过程的问题。从家长角度看，教师是教育的专业人士，教育的一切出发点和落脚点都是为了解决孩子成长的问题，促进孩子健康快乐成长，要认同教师的管理理念，教育方式、方法，多以欣赏的角度支持和配合教师的教育教学管理，这样才能更好地实现教育目的的一致性。

第二，家校同步学习是共育的基础。教育虽然是有规律可循的，但教育问题个性突出，千差万别。每一个人的成长都是一个复杂的工程，有时即使情景基本相同，使用同样的方法，效果也不尽相同。面对每一个教育个体，以往的教育经验都可能不适用，教师、家长都需要学习，才可能顺时而教、因材施教。在教育孩子的过程中，教师和家长将伴随着孩子的成长而成长。

第三，家校各司其职是共育的保障。孩子的教育过程需要家校合作，但必须分好工。我们认为，学校教育应侧重在德育、智育、美育，而家庭教育应侧重在德育和美育，其中良好行为习惯的养成十分重要。家校教育之间相辅相成，互相渗透、延伸，双向互动，效果才能最佳。这就需要家长和教师互相了解、配合，各司其职、各尽其力、各施其能，二者不能替代。

第四，家校理念趋同是共育的关键。理念趋同，方向才能一致，力量才能往一处使。无论是素质教育还是核心素养培养，都指向“教育离不开生活，而是为了回归生活”。杜威先生提出“教育即生活”，陶行知先生主张“生活即教育”，证明教育离不开生活，生活也离不开教育。面向未来，从核心素养发展的角度来看，我们认为教师要引导家长转变一种观念：不应该一味、过重地看待孩子的智育，而忽略了学生的自主发展和社会参与的素养培养，更不能弱化德育和美育。

案例

人生离不开排队

每年开学初，七年级新生报到，班主任就会接到很多全寄宿学生家长的电话，询问一些问题，例如：孩子吃饭了吗？孩子能洗衣服吗？有没有刷牙等。父母的关心是正常的，不正常的是如果七年级的孩子还被关心到吃饭和刷牙的问题，就说明在家长心里孩子在这些方面做得不够好，心存隐忧。

一天，在班级的微信群里，一个家长向老师反映：学生回家说在学校经常吃不到饭，学校食堂排队很长，排到最后就没有饭菜了，孩子就吃零食和泡面，孩子的健康无法保证。

班主任在群里这样回复：关于吃饭问题，我去食堂考查了，不存在没有饭菜的问题，但一定有排在后面学生能选择的菜的种类不全的问题。学校同时有三千多人就餐，排队是不能避免的。有些孩子不愿意排队，就去吃零食和泡面是不可取的。人是生活中的人，就要面对生活中存在的问题，人生离不开排队。建议正面鼓励孩子自己去想办法解决问题，规划好时间，尽早适应新生活。

家长回复：老师的话虽然看似是对孩子的教育与指导，但也是给我们家长上了一课！感谢您的实事求是精神、独到的教育视角，以及对孩子们的爱心！按照您的建议，经过指导，孩子近日可以早早就去排队，也不挑食了，懂得排队了，回家还能帮助我们做家务了，孩子已经适应学校生活。谢谢您的指导！

把生活还给孩子，让他们感受真实的生活，现实生活有幸福和美好，也有不可预估的风险和困难。只有这样，他们才能更好地珍惜生活、感受生活、体悟他人，才可能珍爱自己、强大自己、保护自己，感恩他人、真爱他人、回报他人。

我们可以这样活化教师的家长指导力

以接纳力为钥匙打开家长更新观念的门

只有教师和家长的育人理念、育人目标、育人内容、育人方式实现一致，达成教育共识，教育效益才可能实现最大化。共识，从接纳开始。“接纳力是一种能力，一种获取幸福的能力。妈妈一旦拥有了接纳力，不仅获取了让自己幸福的能力，也成就了孩子一生的幸福力。”① 同样，我们想到了教师接纳力。教育实践中，教师和家长之间多存在不解或误解，矛盾不少，甚至是对立的；有的互相设防或诋毁，结果两败三伤，最受伤的是孩子。那么，什么是教师接纳力呢？我们认为，教师接纳力是教师对自我或者家长的教育孩子的思想、行为的最大化了解，并对其教育孩子的思想、行为产生原因予以理解和接纳，能够发自内心地倾听、共情家长，建立信任、欣赏、尊重、合作、感染、接纳通道，找到教育问题的关键，和家长建立良好的共育关系，帮助孩子健康成长，同时实现自己和家长共同成长的能力。

当接纳成为现实，教师、家长才会凝神静气地寻找解决问题的办法。接纳，可以实现对自我、对他人本真的认识，是尊重教育的出发点。接纳是沟通的良好开端，教师能和家长互相接纳、有效沟通，是卓越教师应该具有的最基本的，也是走向优秀的卓越能力。

以沟通为路径实现家校换位共情

有效的家校沟通是赢得家长支持的关键，是教师领导力中的重要能力之一。教师与家长沟通要做到以下几点：

第一，主动沟通，有方向。主动沟通是指教师尽量保证在一定时间内跟班级所有孩子家长进行交流，例如每周做到一个轮回常规沟通，特殊学生加密沟通。有方向是指在沟通

---

① 海文颖．接纳力．北京：电子工业出版社，2016.

过程中讲究方法，沟通内容以沟通目的做正向性选择，比如：汇报孩子在校表现、心理需求；孩子在家里的表现和优缺点；孩子的家庭状况、成长环境和历程。其中，对于家庭状况的了解、掌握是十分重要的，孩子行为往往是家庭教育的呈现，这一点往往被教师忽略。教师与家长沟通前，应先肯定孩子的优点，对家长的教育给予对应性的认可，即使是面对问题学生的家长，也要先理解和接纳孩子的问题，尽量营造轻松愉快的氛围。在轻松气氛下，互相认识的老师和家长在对孩子的问题交换看法时，相互之间很少保留意见。老师和家长经常交换意见有助于双方相互了解，也能促进更好地了解孩子、教育好孩子。实践证明，主动与家长沟通，会让家长更能理解老师、认同老师、信任老师。通过这样的沟通和交流，家长和教师之间更加了解，也能更好地帮助孩子健康成长。但要注意，不宜做长时间的交谈。

第二，换位思考，能共情。家长为生计会有很多事情要做，很忙、很累；家长的职业不同，文化素养不尽相同，思维方式和表达方式也会不同。家长对孩子的教育多存在没有时间、没有经验的问题，或者有时间没方法，家庭教育无力感明显。我们建议教师应多站在家长角度思考问题，对家长给予理解，往往会赢得家长的好感，家长会认为这种老师是通情达理的，也喜欢和这种老师沟通。想一想，我们作为职业教育者对自己的孩子的教育有时都会手忙脚乱，更何况家长是非专业人士、非职业教育者。所以平时在跟家长沟通时，教师应更多地从家长的角度考虑问题，主动了解家长的需求，积极配合。不排除有个别家长会提出一些不合情理的看法，甚至一些无理的要求，教师要保证对孩子教育的公平和一如既往的关注度。久之，家长内心深处就会理解教师的良苦用心，也会换位思考，通情共情，教育渠道就会畅通，教育效益才可能实现最大化。

第三，语言得体，很贴心。语言得体是沟通顺利进行的关键。人类最主要的沟通方式是语言，包括口头语言、体态语言和书面语言。口头语言除了字面的意思，还因为地域的差异，文化的差异，年龄的不同，音调、声音高低、语速、停顿等表达有所不同，听者收到的信息也会有所不同。面对家长，口头语言表达沟通时要多用一些礼貌语，如“您好”“谢谢”“非常感谢您的支持”“您对咱们班级帮助太大了”“您的参与会促进班级的多元发展”等。沟通过程中多用“咱”“咱们班”“咱孩子”，易于拉近与家长的距离，有时还会传递出教师的自豪感和幸福感，增强教师的自信度，有利于家校形成命运共同体。面对“咱班”的事情，家长会乐于置身其中。很多教师喜欢用“你”和“你们”的称呼与学生、家长交流，一下子就把自己和学生及家长划出了界限，无形中设置了沟通障碍。沟通过程中，一般不赞同教师过于自谦。例如，见到家长，一些年轻教师常常会表达：“我还很年轻，教学经验少，对于班级管理还不太懂，请您多指导。”谦虚是教师应该具有的品质之一，但这样看似谦虚的说法，会暗示给家长，自己是一个不懂教育的人，或没有教育经验的人。不但会让家长对你产生怀疑，还会对你发出的管理班级的指令半信半疑，甚至会教你如何当老师、教孩子。当专业的教育行为经常被非专业意见干扰时，教育的结果不会好。但要注意，过于浮夸也是不得体的表现。

教师与家长沟通时，要注意身体语言和书面语言的特点。身体语言包括目光与面部表情、身体运动与触摸、身体姿态、生理反应等，在沟通中也会起到很大的辅助作用。身体语言往往是伴随口头语言同时出现的，易于传达沟通对象的真实心理，所以教师一方面要注意自己的身体语言，另一方面也可以通过家长的身体语言来判断其表达意图，为沟通传递或反馈重要信息。心理学家研究表明，身体语言的可信度远远大于口头语言。

书面语言在新媒体时代的沟通中使用得越来越频繁，但这种表达有局限性，容易被误解。随着微信、QQ、钉钉等越来越多的交流软件的出现和使用，教师和家长的沟通方式多是通过上述交流软件运用书面文字或表情、图片来沟通的。这种沟通方式缺少了口头语言和身体语言的丰富性，虽然直接明了，但仅从字面理解，容易产生误解。例如，教师给家长发信息"家长您好，某某同学的数学没考好，请管好他。""没考好"，可以是没有上次考得好，可以是比原来还差，也可以是没有考满分，还可以是跟别人比较差；表达的语气可以理解是教师的温馨提示，可以是关心，还可以是责怪，甚至是有愤怒的情绪。如果在文字的后面再打上几个流泪或者伤心的表情，家长的理解就可能更丰富了。我们的建议是，跟家长沟通，尽量少用书面语言，能面谈的最好面对面沟通。若是用书面语言，要注意前后语境、对方心境，信息尽量多，表达才可能清楚，沟通方可顺畅。合理运用语言的多种形式，给家长以贴心的关爱，融化一颗颗"望子成龙""望女成凤"之心，家校共育就会落地生花。

以网络为渠道多样化指导家长

随着信息化社会的发展，家校交流如果仅依靠传统的家长会、家访等形式，已经不能满足教育的需要。近些年，受居住地的分散、集中办学的异地就学以及家长不想暴露家庭隐私等问题的影响，家访已经不再是沟通的主渠道。通过家长会的形式进行沟通成为主流形式，但这些远远不能实现教师指导家长的目标。依托网络进行指导是必然，如 QQ 群、微信群、微博、校园网专栏等网络渠道。

一是分享自我经验。在班主任的支持下，将家长私下提出的在教育中遇到的问题发布到 QQ 群或者微信群，请有此经验的家长或教师有针对性分享自己的经验，可语音、可视频分享。

二是分享他人经验。教师和家长都可以将网络上或图书上好的育儿文章或者链接发布到群里，供大家学习。

三是开设论坛或者沙龙。家长或教师在群里发布家教论题，家长和教师在群里进行研讨，得出结论供大家参考学习。

四是网络讲座。利用网络语音功能，约定讲座开播时间，家校同时上线学习，可以是视频，也可以是语音，这种方式方便实用，且听者可以选择，不受空间限制。

五是开设微博或微信公众号。教师可以将指导思想和教育方法发布到微博或微信公众号上供家长学习。采用这种方法，发布内容要有关联性，尽量做到递进式，指导效果具有持续性和持久性。

需要注意的是，进行网络指导，要对网络渠道（主要是指 QQ 群或微信群类似的渠道）加强管理，重在分享，趋利避害，针对问题不对人；避免将网络渠道作为教师传达任务的场所，家长在交流过程中通常扮演倾听者和任务执行者的角色；也要避免网络渠道成为家长吵架和泄愤的渠道，出现不和谐的情况。另外，还要加强以上社交自媒体平台的管理，不要出现不当言论。

以家长培训为依托，提高家长的教育素养

每个班级的学生千差万别，家长的家庭教育素养也是参差不齐。有些家长的教育方法沿袭于父辈，对错与否并不知道；有些家长由于自身文化水平较低，虽然想积极配合学校，但是在教育孩子过程中无从下手；有些家长始终认为一味地惩罚可以提升孩子的学习成绩，让孩子听话；还有些家长听之任之，认为孩子长大就会懂事了等。面对这些偏颇的教育观念，我们建议教师应该主动承担起指导家长怎样做好家庭教育的责任，做好培训，但要注意以下几点：

第一，培训内容要具体实用、有针对性、系列化。培训内容一定要在充分了解家长学习需求的基础上，结合学生发展阶段特点，有针对性地设计。培训内容可阶梯递进，形成系列。例如，可以将每个学段划分不同的培训学期，制订家庭教育指导培训计划。我们以初中为例，共三年，可分为六个学期。第一学期可以重点培训家长如何指导孩子适应初中生活，帮助孩子培养良好的行为和学习习惯；第二学期侧重感恩教育和团结协作教育；第三学期侧重团结意识和奉献精神教育；第四学期侧重合作意识和社会参与意识教育；第五学期侧重梦想教育和自我管控教育；第六学期侧重自信教育和逆商教育。这样的安排考虑到学生每个学习阶段的年龄特征、心理需求和成长需求，递进式进行，螺旋式进步。

第二，培训形式上要灵活多样、有实效性、多元化。可以通过开设网络课堂、专家讲座、家长分享教育经验等方式提高家长的教育能力，还可以邀请一些家长开座谈会，开设“家庭教育指导百家讲坛”，分享自己在教育孩子方面的宝贵经验，互相交流孩子存在的问题，不断地学习借鉴。这样的活动每月不少于一次，每次活动一个主题，按照学期安排各有侧重。各类活动可以是教师直接牵头策划、组织实施，也可以由班主任牵头策划，家委会组织实施。活动规模不限，以辐射最大化为要义。根据讲座内容需要，形式上可以进行班级交叉、年级交叉，甚至校际交叉讲座交流，目的都是有效提升家长的家庭教育指导素养。此外，还可以不定期为家长推送教育类文章，让家长汲取知识。教师也要积极与家长进行沟通交流，帮助家长解惑答疑，让家长不断提高。

以参与为途径提升家长指导力

家校共育，我们认为最佳效果是教师、家长、学生“三位一体”共建成长，其关键在于让家长真正参与学生的成长过程，成为教育的主体。例如，在班级建设中就可以教师、家长、学生“三位一体”共商共建进行。我们还以初中为例。入学初期，以班主任为主导构建班级发展愿景，按照三年六个学期做好初步的班级和学生发展规划，分发给家长和学生进行讨论，反复磋商，形成可行性方案。其间，要求家长和教师大胆提出合理化建议，针对学校、班级、学生现状做好合理且切实可行的规划。结合规划，教师、学生、家长创建班规、班徽、班歌、班训、班级发展愿景等。家长结合每学期的发展规划，在家庭中做好监督。此时，家长既是家庭中孩子个体发展的监护人，也是班级发展的共建人，成为共育的主体之一，由分而治之发展为命运共同体。因为有集中的培训和指导、论坛交流等过程，共育过程中家长可以看到自己的教育效果，通过比较，利于反思，促进再提高。在此

过程中，围绕班级发展愿景，学校或者班级可以开展多种活动，例如亲子运动会、家长活动日、志愿服务日等；还可以家委会为主体策划，开展参观、访问、实践等活动。实践证明，家长多乐于为班级、学校服务，教师可以广泛开发家长资源，还可以利用家长的资源走进工厂、田园、科技中心、博物馆等，丰富学生的阅历，让他们体验生活、感受生活、创造生活。参与活动，不仅可以增添家长与孩子的亲密度，还是家长了解教师的好方式。参与的过程就是学习和提高的过程，反思、纠错、实践就是再提高的过程，家长的家庭教育能力就会逐渐提升。

总之，家校双方有共育意识是合作的前提，双方都要意识到家校共育的重要性，不能只做表面功夫，教育不是单纯的一方发力就可以取得理想效果的，家校协同机制就是要让教育形成合力。教师要发挥好教育引导者的作用，引领家长提高参与度，提升家长的家庭教育能力，鼓励家长积极参与学校活动、各类提升自我的培训活动，只有学校和家庭强强联手，共同发挥教育功能，才能更好地促进学生发展。

深度反思

阅读本部分后我收获了什么？

我还需要进一步修炼什么？

我将怎样修炼？

No. 12

辐反共振，扩大社会辐射力

静心思考

1. 什么是教师的社会辐射力？
2. 教师为什么要修炼社会辐射力？
3. 如何扩大教师的社会辐射力？

马克思说过，人是社会的产物。人生于社会，长于社会，人生就是适应社会、融入社会、体验社会，在社会中感受自我、成就自我、彰显自我、发展自我的过程。教师突破学校围墙的桎梏，发挥自己专业特长，以良好的社会形象引导、辐射社会是“教师人生”的重要一环。教师有责任和义务打破学校围墙的限制，发挥自我专业特长，以“我”为中心，整合利用社会资源，扩大教育辐射力，助力社会形成具有新时代特征的、生动活泼的教育新格局。教师的社会辐射力不是单一的，还可以是多维的；不是单向的，还会形成反射，甚至共振。辐射的效能还会作用于学校和家庭教育，促进教师专业化成长，促进学校教育教学水平的提高。

什么是教师的社会辐射力

辐射力的定义广泛地应用于物理学、化学、工程学等领域，描述“物体单位表面积在单位时间内向半球空间所有方向发射的全部波长的辐射能总量”。① 另外一种定义则根据辐射力的特征、作用等，对原有定义进行引申，指代“一事物在较广范围内产生积极影响的能力”。② 结合辐射力的原有定义，透视辐射力的引申定义，我们可以获悉辐射力的三个特征：一是发生的主体与产生的客体都具备积极特征；二是产生效应的范围广泛；三是效应发生作用的方向是多维的，并非只是作用于不断延伸的单一方向，而且呈现出以发生主体为中心、作用效力为半径的圆周范围不断扩散的趋势。③

我们在辐射力引申定义的基础上定义教师社会辐射力。教师社会辐射力是指在学校以外，对具备积极因素的受教育对象个性发展的显性和隐性积极因素产生积极影响的能力。具体是指教师影响与改变社区的个人或者群体的心理、思想与行为的能力。它不仅具有上

① 袁世全，冯涛．中国百科大辞典．北京：华夏出版社，1990：1135.

② 于根元．现代汉语新词词典．北京：北京语言学院出版社，1994：237.

③ 刘子莹，洪霞．论教师辐射力介入师生主体的产生与生效机制．福建教育学报，2017（4）.

述辐射力的三个特征，还具有多维性、广泛性、持久性。教师社会辐射力是在当前现代化信息技术发展的大背景下构建新型教育形态和新型和谐社会不可忽视的新力量，也是教师由普通教师走向卓越教师需要修炼的新能力。

教师为什么要修炼社会辐射力

基于教师层面

作为教育工作者的现代教师，应当更新理念，善于在社会的宏观背景和多元架构中思考人生、认识生命、把握自身、创新自我、实现自我，应该有自己的多元价值追求，应该关注自己的终身发展，在更为广阔的时代大舞台上去寻找自己的人生定位、去思考生命的意义、去凸显和实现人生的价值。①

第一，有助于更新教育理念。理念是行为的先导。我们知道，社会是一个不断变化的进程，教育环境不会也不能一成不变，教师的教育教学思想、行为不能一成不变，教师教育理念不能不更新。另外，互联网时代是知识爆炸的时代，学生可以从不同途径获取知识，同时具有头脑灵活、吸收新生事物快的特点。教师如果不跟上时代的节拍，故步自封、墨守成规，就会变成井底之蛙，成为新时代的文盲，旧有的教育教学思想、行为将不再具有吸引力和感染力。信息化下，现代社会的发展呈现快速、多元、多变的特点，要想更新教育理念，就要号好社会发展的"脉搏"，摒弃"两耳不闻窗外事，一心只教圣贤书"的做法，走向社会，辐射社会，在社会的场域里寻找方向。我们探寻苏霍姆林斯基、陶行知、朱永新、魏书生、李镇西等卓越的教师或者教育家的成长之路，发现他们都有走出学校、走向社会，再从"社会走来"的"亲社会"实践经历，他们的教育行为不仅发生在学校，还发生在社会。教师"走进社会"，利用自我专业知识、技能、思想力、道德力辐射社会；"亲社会"，吸收海量的社会知识、边缘知识；"懂社会"，再对照、反思在学校的教育教学行为，知彼更己，与时俱进，形成先进的教育理念，提升教师核心领导力。

第二，有助于提升教师的专业技能。每一位教师要有成为卓越教师的动力，树立成为教育专家的理想，明确成为卓越教师的目标。从新手教师发展到教育专家，要经过很多历练和修炼，每位教师都可能成为教育专家。教师开展社区教育活动，是一种"碰撞""切磋"式的历练和修炼，可以高层次提升组织教育和教学的能力、语言表达能力、组织管理能力、自我调控能力。在社区教育中，教师辐射的受众是广泛的，层次是参差的，服务的对象也更加大众化，不同类型人的需求也不尽相同。但相同的是，他们对同一类事物有着相同的爱好、兴趣和积极性。为取得更好地教育效果，对教师的专业知识、技能和道德素养要求也就更高，涉猎的范围更广，教育的内容会更深。例如，参与社区心理支援的教师，他要扩大自己的被咨询领域，如家庭关系、邻里关系、同事关系；将"多维度"的人组织在一起，语言表达上要更加专业而富有影响力，组织与调控能力务必提高。一位参与过社区咨询活动的教师坦言，为更好地开展活动，她强迫自己开启尘封多年的理论知识，学习咨询技巧，主动与陌生人交往，深入了解社会关系的多样性和复杂性，最终解决很多

---

① 胡瑞芬．现代教师应该寻求自身价值的多元实现．学周刊，2015（35）．

社会问题，成就很多家庭，成为很多咨询者的知心朋友；就是因为参与社区咨询活动的历练和提升，她通过层层选拔参加了省级心理健康教师专业技能大赛并获了奖。

第三，有助于提高自我价值。教师的地位、作用与专业特点，要求教师具有较高的专业素质、善于扮演自己的职业角色和具有良好的职业形象。教师在整个职业生涯中都在不懈的努力中实现这个目标，实现自我价值的最大化。教师的自我价值更多的不是靠自我感受体现的，而是来自社会对教师的思想道德形象、业务水平、专业技能的认可度。如果教师想成为一位优秀甚至卓越教师，就不会满足于自我价值仅体现在学校内，而应该不断挖掘自己的潜能，把自己最擅长的知识、技能，先进的思想带到社区，期望在更大范围内体现自我价值。一些教师主动参与某社区、某市或某省家庭教育讲师团，在社区传播家庭教育知识和技能；一些教师在新华书店、社区会议室等固定场所长期举办朗诵沙龙；有些学校将心理咨询室搬到社区，一室双设或多设；有些教师在社区举办“中国特色社会主义制度优越性大讲堂”；等等。他们的付出被社会认可，有一部分教师被行政主管部门、各级政府授予相应的证书或者荣誉称号；举办朗诵沙龙的教师培养了一大批优秀朗诵者，包括学生、教师、其他不同行业的朗诵爱好者，他们被社会认可为这个领域的引领者、专家，成为各级协会的主要成员或领导者；他们不再是“单位人”，而是“社会人”，拥有了新的社会角色，拥有更多的获得感和价值感。

正如教育家陶行知先生所说：“生活即教育”“社会即学校”。教育工作者，尤其是那些经验丰富，具有丰富的知识、扎实的教学基本功的教师，应该从传统教学模式中跳出来，拓宽历练和修炼路径，走进、辐射、审视社会生活，重新确立教育价值观和教育理想，早日成为“大先生”。

基于社会价值层面

第一，有助于营造“尊师重教”的社会氛围。尊师重教、崇智尚学是中华民族的优良传统。荀子曾言“国将兴，必贵师而重傅；贵师而重傅，则法度存”，韩愈曾说“举世不师，故道益离”。最近几年，国家相继出台了关于师德师风建设的若干意见，特别是在 2019 年 11 月教育部等七部委联合下发《关于加强和改进新时代师德师风建设的意见》（教师〔2019〕10 号），其主要目的是“加强和改进新时代师德师风建设，倡导全社会尊师重教”。“加强”，说明我们教师的师德水平还有不尽如人意的地方；“倡导”，说明社会尊师重教氛围还不够浓厚，不利于文明和谐社会的发展与进步。不论是“加强”还是“倡导”，都说明教师在人们心中的形象还不够完善、不够高大。教师走进社区，就有了“亲近”社会和被社会“亲近”的机会，不断地提升自己的学识、能力和修为，以良好的师德、完善的人格、高超的专业技能赢得社会的信任、认可和尊重。得到社会的广泛认同，教师的“正形象”“正能量”就会走进广大“社会人”的心中，“亲其师，信其道”将成为现实。

第二，有助于传承精神文明和人类文化。教师的影响力不仅体现在学校课堂上，还应该向社区辐射。教师通过自身的劳动，传递着人类社会物质和创造物质的知识、经验和技能，帮助社会培养训练人们进行物质生产的能力和技能，把物质生产的技术和文化凝结到“人力资本”中去，对“人力资本”进行加工、改造，实现“人力资本”的增值。使“人力资本”有着创造发展物质文明和精神文明的无限潜力，从而促进社会制度文明和人的素质发展与进步。近些年，主流媒体主办了很多深受广大观众喜欢的电视节目，如浙江卫视的“中国好声音”、北京卫视的“我是演说家”、中央电视台的“诗词大会”等，这些节目多为选拔性节目，是需要进行基础培养和训练的，追根溯源，离不开教师在社区的推动作用；还有一些节目，例如张维为博士主讲的“这就是中国”，讲述中国近现代发展历程，解读新时代中国特色社会主义制度的优越性等，振奋人心、给人力量。类似于这样的讲述还不够普遍，教师需要担负起“传承”“讲述”的任务和使命。社会文明的传播、人类的发展与进步离不开教师的社会辐射力。

第三，有助于建设生活文明。美国教育家杜威认为：“教师乃是社会生活延续的工具。”人是环境的产物，我们所生活的环境对每一个人都有着不同程度的影响，教师应该参与文明生活环境的建设。一方面，教师的社会辐射有助于为学生创造良好的社区生活环境。社区是除学校、家庭之外，学生生活、学习、交流、休闲的又一重要场所，社区的环境会对他们产生一定的影响。如果周边环境宽松、积极，学习之风浓郁，那么学生就会受到熏陶，具有良好的学习态度，养成良好的学习习惯和品质；相反，如果周边环境颓废、懒散，那么学生也很容易被不正之风影响，甚至产生厌学的情绪。《三字经》里“孟母三迁”的故事意在于此。另一方面，社区生活需要教师。就教师劳动与需要它的社会之间的关系而言，教师劳动对需要它的社会具有功能属性。人们在遇到困难或需要解决问题时，大多会先想到教师，“起名字，找老师去”“不听话，让老师管管你”“这个问题我们不敢说，请教下老师吧！”“你看看，老师都读书，我们也要读书”“老师说努力就有成功的机会，我们加油吧！”“你向那个老师学学，要坐有坐相，站有站相”等，生活中，老师总是被社会需要着和模仿着，常常被正能量的传播者召唤着。世人尊孔子为圣人，不仅尊崇圣人的单一的“道”与“术”，还有“道”与“术”融合后给世人多维度的辐射影响。教师，作为辐射的主体，也是其中的受益者。走进社区，宣扬“道”，传授“术”，是必要的。

教师主要向社会辐射什么

中国共产党第十九次全国代表大会报告《决胜全面建成小康社会 夺取新时代中国特色社会主义伟大胜利》中指出：“第一个阶段，从二〇二〇年到二〇三五年，在全面建成小康社会的基础上，再奋斗十五年，基本实现社会主义现代化。到那时，我国经济实力、科技实力将大幅跃升，跻身创新型国家前列；人民平等参与、平等发展权利得到充分保障，法治国家、法治政府、法治社会基本建成，各方面制度更加完善，国家治理体系和治理能力现代化基本实现；社会文明程度达到新的高度，国家文化软实力显著增强，中华文化影响更加广泛深入；人民生活更为宽裕，中等收入群体比例明显提高，城乡区域发展差距和居民生活水平差距显著缩小，基本公共服务均等化基本实现，全体人民共同富裕迈出坚实步伐；现代社会治理格局基本形成，社会充满活力又和谐有序；生态环境根本好转，美丽中国目标基本实现。”这些目标实现，我们每一个人都是受益者，也应该是贡献者。教师辐射的内容可以围绕上述内容来选定。具体来说，教师可以从社会的物质文明、精神文明、制度文明和人的素质发展与进步等大方向思考。例如，“践行社会主义核心价值观”“中国特色社会主义制度的优越性”“群众文化建设”“中国优秀传统文化传承”“良好家教家风建设与传承”“法制与法治”“人与环保”“家庭教育指导”“科学与生活”等。由于教师工作的特殊性，受时间、地点、专业性限制，辐射内容不宜多、不宜泛泛。将自己的专业优势与社区积极需求结合，因时而定，因地制宜，找到能够有效辐射的切入点，精准辐射并落地。

扩大教师的社会辐射力需要解决三个问题

第一，时间问题。作为中小学教师，首先要完成学校的教育教学任务，可利用时间不多。主要利用晚上、周末或者其他假期，也可以争得学校领导的支持，在工作日进行。在有些地区，教师社区的辐射功能得到了相关部门的认可，以官方名义正式聘任这些教师，教师可以公干方式请假，时间的选择会宽泛很多。

案例

湛江市家庭教育讲师团

在广东省湛江市，为加快推进家庭教育指导工作，湛江市妇联、教育局联合倡议湛江市骨干教师和部分优秀班主任作为宣讲人员深入社区进行宣讲。当地很多教师主动参与，多利用下班后和周末时间进行宣讲，由社区人员配合组织需要听课的家长，或者到一些学校给在校学生家长举办讲座。教师积极性高，社区反映也很好。开始是社区被动组织，后来因教师讲座内容得到家长认可，主动要求上课，有的还点名要听某位老师讲课。活动开展初期，存在两个主要矛盾：一是参与讲座的教师身份不明确，到社区时往往不能顺利进入；二是有时教师的活动会与学校活动相冲突，教师无法按时参与活动。于是，参与活动的教师们主动与主管部门沟通和争取，最终，湛江市妇联和湛江市教育局决定联合聘任这些教师为“湛江市家庭教育讲师团讲师”，这一举措解决了社区教育教师的“身份”问题，持证上岗，也为教师得到学校的支持提供了“上方宝剑”。当然，教师在安排类似活动时，还是要尽量先满足学校教育教学需要，“错峰”进行。据介绍，湛江市相继开展了几次对于这些讲师的培训工作，促进教师的“家庭教育指导力”提升。部分教师还被广东省家庭教育委员会聘任为“家庭教育讲师团讲师”“家庭教育指导专家”等。目前，这些教师成长为家庭教育的“巡讲”专家，活跃在学校、社区，甚至是跨区县开展活动，效果很好。为此做出突出贡献的湛江二中港城中学还被全国妇联、教育部联合推荐为“全国家庭教育创新实践基地”。

第二，场地问题。一是利用社区内已有场地。教师的辐射对象是社区，场地最好是在社区内，最常用的是社区的各类活动室。近些年，国家对社区投入比较大，一般每个街道办下的社区都有多个活动室和会议室，例如，运动类的有乒乓球室、健身房、棋牌室等，艺术类的有音乐室、舞蹈室、书法绘画室等，社科类的有图书室、党建室、调解室、心理咨询服务室等，门类多样，功能繁多；有些发达社区还有大型会议室或者多功能厅，教师都可以利用。一些大规模居住小区内大多也会配有上述功能室，只是数量会少些。这些活动室大多对外免费开放，使用时可以提前跟主管单位申请。因为教师开展的各类活动往往就是“文明社区”需要创建的活动，会得到社区的大力支持。二是利用社区内商家场地。例如，利用茶庄开展茶艺沙龙，利用书画社开展书法或者绘画指导，利用书店开展朗诵、演讲等沙龙，利用定制服装店开展旗袍的艺术论坛等，这些商家需要商业推广，需要人气，培养顾客群，教师可以利用这样的需求来实现辐射目的。这些场地往往也是免费的，而且会提供一些相应的辅助配合。三是租赁场地。在生活中，教师往往有自己的“爱好圈子”，有的还成立了工作室，也就是“多人团队”，工作室的场地开支由团队负责。四是整合资源。我们所说的社区指某一范围集中居住的居民区，还可以将范围扩大到教师所在的更大辖区，会有很多社会资源可以整合利用。图书馆、博物馆、科技馆、体育场馆以及历史文化古迹和革命纪念馆（地）等都是可以申请、协调使用的。例如，在湛江的南海舰队军史馆、湛江市湖光岩地震馆等，都是可以由市教育局或者本单位开具证明，以信函的方式申请协调安排，开展国防教育、特色文化普及等活动。事实上，社区中有很多资源都是可以对外开放使用的。此外，还有很多家长资源，他们来自各行各业，大多是乐于参加和支持社区活动的。

第三，资金问题。在开展活动过程，主要会发生场地、交通、设备设施等费用，对于一些表演类的活动，还需要服装、道具、乐器等器材类费用。活动不同，费用也不同，筹措办法是多样的。一是自筹，对于单一辐射的活动，会用到音响、投影、相关电子设备，在自有设备不能满足时需要自我添置，个别场地也需要自己解决。例如社区内露天宣讲活动、户外的诗歌创作采风活动等。二是团队筹措，辐射范围较广的活动项目，其费用相对较多，可以借助团队力量筹措。例如，戏曲进社区活动，需要舞台、道具、服装、乐器等，有时候还需要灯光。三是借助社会资本，利用社会团体、企业、民间组织拉赞助，或申请专项资金等方式来筹措。例如，在大型商场广场开展主题宣讲活动，商场和一些商家是乐于资助的。再如，国家在社区建设中会有一些专项项目推广，并配有专项资金，“创客”“儒家文化”“家风传承”等，这些项目多是由相对应的行政部门或者街道办来负责落实的，教师可以多关注、申请。

如何扩大教师的社会辐射力

我们认为“单多结合，辐反共振”是教师扩大辐射力的有效方法。单多结合，“单”是指教师以个人或者具有同质特征的一个团队为单位在同一社区或者相对固定范围内的辐射；“多”是指多人（多个团队）、多地，具有同质特征的多个团体以同一辐射目标而形成跨社区甚至是跨县区及更大范围的辐射。这里的“同质”主要指教师具有追求卓越、爱岗敬业、乐于奉献、与时俱进、乐于专研、讲究合作的精神，有专业特长且持久热爱力。辐反共振，“辐”是指以教师为主体向社区的辐射；“反”，是指根据辐射的特征，被辐射对象获得辐射能量后成为新的辐射主体产生辐射作用，其中一部分能量会反向作用于教师，增加其新能量，促进教师的能力提升；“共振”，是指教师与被辐射对象互相吸收能量，从而会产生新的更大能量，交汇、融合，互相作用、协同发展进步。

单向辐射

苏联的加里宁曾说：“教师们一方面要献出自己的东西，另一方面又要像海绵一样，从历史和现实中，从艺术和科学中，从书籍和生活中吸收一切优良的东西，然后把这些优良的东西献给学生。”随着时代的演进，教师还需要将优良的东西献给社会。一是单人单向辐射。教师可以根据自己的学科特点或者个性特长优势，以个人为主体向社区辐射。如语文老师可以举办“跟我一起读书吧！”读书会，历史老师可以举办“从孟子的成长寻找教子之道”讲座，政治老师可以举办“从抗击新型冠状病毒疫情看新时代中国特色社会主义制度的优越性”沙龙，英语老师可以举办“爱国从了解欧美国家开始”图文展，以上是文科类教师可以选择的方向和形式；理科教师的辐射是有难度的，辐射内容要尽量贴近社区生活，贴合社区的积极因素和需求点，例如在抗击新型冠状病毒疫情中，化学老师可以举办“消毒物品的科学合理使用”演示实验，生物老师可以举办“病毒在空气中传播的防控要点”纸质宣传，心理教师可以举办“与孩子沟通的艺术”讲座等；体育、艺术类老师在社区辐射中的舞台众多，需求旺盛，棋类指导、球类指导、唱歌跳舞、书法绘画等这些既有技能特质又有文明思想浸润的活动最受广大社区居民的喜爱和欢迎。二是多人单向辐射。几个志同道合的教师可以成立自己的工作室来开展活动，内容比较专一，例如“朗诵沙龙”“读书会”“名著里的人情世故”“我们一起研究孔子”“创客空间”“家庭教育论坛”“我们一起学戏曲”“让诗词‘妆’点我们的新生活——创作诗社”等。可以众人先成立工作室，逐渐形成一定规模后向社区辐射，带动更多爱好者走进工作室，参与学习。这种形式往往需要有活动发起人，牵头策划，几个或者更多人跟进和长期坚持维护、维持。在建设上，因为人数比较多，要形成工作室制度、章程，有利于规范、有序管理，实现长期发展。

案例

湛江朗诵艺术沙龙

旧时王谢堂前燕，飞入寻常百姓家。成立于 2006 年的湛江朗诵艺术沙龙，以湛江市语委办副主任、广东省普通话测试员陈劲为主席，湛江四中高级语文教师、国家级普通话测试员陈骏为秘书长，网罗了南海舰队政治处创作员王泽津（国家一级演员，副师级）、湛江师范学院新闻系主任姚远教授（广东省普通话测试员）、湛江电视台主持人徐宁等一批湛江朗诵艺术的优秀人才，多年来一直秉持着把高雅艺术送到寻常百姓生活身边的活动宗旨，通过专题讲座、朗诵会和讨论交流与众多爱好者共同分享了语言艺术的无穷魅力。

早期的沙龙活动，固定场地设在湛江市第十五小学，人员以湛江市的普通话测试员为主，形式以核心成员的朗诵示范为主，随着影响的逐渐扩大，沙龙面向社会推出了一系列精品朗诵会，如：2007 年在遂溪县大成中学推出的面向遂溪县全体中学语文老师和大成中学师生的“走进朗诵艺术的殿堂”朗诵会；2007 年参加湛江电视台举行的“纪念毛泽东诞辰”诗文朗诵会；2008 年参加市委监察局和湛江电视台联合举办的“清风林颂”朗诵会；2008 年汶川地震，受湛江市红十字会邀请，在荣基广场参加“心系汶川，情暖灾区”募捐义演；2010 年 9 月与教育学院合作共同推出的“重温经典”朗诵会；2013 年 4 月联手湛江师范学院共同举办的“共筑中国梦”朗诵会；2013 年 9 月配合“湛江国际海洋周”，推出了“首届湛江海洋周暨书城成立 10 周年”朗诵会等。

2013 年，朗诵艺术沙龙与湛江书城、艺术培训中心强强携手，每月推出两期专题活动，让爱好者能够定期参加活动，提升语言艺术素养。书城、艺术培训中心提供活动场地，湛江朗诵艺术沙龙负责活动内容的安排和人员召集，每期活动由一位沙龙骨干成员承担策划和主持任务，主持人把自己对朗诵艺术、语言艺术的理解和疑问带到活动中来，与爱好者讨论交流，也为爱好者搭建起一个展示的平台，专家现场进行点评和示范。活动具有视野开阔、形式灵活多样、专业性强等特点，获得广大爱好者的一致好评，成为湛江书城文化活动的一个品牌。

多向辐射

这里的“多”主要指“多室”“多区”的异地联动，参与的教师数量多，辐射的群体多。一是多地线下联动。在工作室单向辐射的基础上，教师还可以采取跨“室”、跨“区”联合开展活动、竞赛等，选拔、指导社区优秀选手参加上一级比赛，让被辐射对象有获得感和价值感，有助于辐射活动的持续性开展。比赛本身就是较高层次的辐射、推广。二是多地线上联动。随着 5G 网络技术的落地，各类线上视频平台使用普及，为教师提供了更广阔的交流、辐射平台，辐射将不受地域、空间的限制。听众或者观众将会更多，教师做好“主播”，就会吸引大量的“粉丝”。各类短视频、微课等因为易于转发、传播，辐射速度更快，辐射量更大。因采取直播或者录播的方式分享视频或者音频，将不受地点、时间限制，成本会大大降低，辐射效果却可大大提高。我们很多老师是不同层级的名班主任工作室主持人，在指导、提升班主任工作时，可以录制大量微课、微视频，例如以“家庭教育指导”“如何处理人际关系”“帮助孩子跨过青春期的那些坎儿”“良好习惯可以这样养成”等为主题，通过工作室公众号，借助家长力量大量转发出去。一方面让更多家长学习，另一方面家长的分享会加大教师的社会辐射力，还可以引发更多家长关注工作室公众号，扩大工作室的影响力，形成良性循环。

辐反共振

辐射产生的效能范围广泛，发生作用的方向是多维的，是辐射的两个主要特征。教师应充分发挥这两个特征的作用。若是教师做好预设性引导，效果会更好。辐射范围广了，维度多了，辐射力就会倍增。在这个辐射过程中，产生了新的“辐射主体”，可能是教师，也可能是社区人员，他们以新的兴趣点开始逐渐壮大，并产生新的力量辐射出去。例如，一些人员因为听了“古典诗词欣赏”讲座，喜欢上了诗词朗诵并成立朗诵工作室；为了更好地朗诵，会有一部分人开始研究古典诗词。这种辐射呈现出以发生主体为中心、作用效力为半径的圆周范围不断扩散，相互作用，共振再传导。辐射传导可以是显性的，但更多的是隐性的。因为隐性，才让我们感受着教师辐射力量带给社会力量的无穷大。这也就是为什么我们倡导教师要扩大社会辐射力。

案例

一个班级的禁毒教育晚会

湛江一所学校的初二（9）班，在一个大型国际广场举办了一场“爱洒青春”禁毒主题教育晚会。本场晚会上，全班52位同学以及家长、老师、社会爱心人士轮番上场，奉献了一场极富教育意义和影响力的精彩晚会。

晚会的由来：在该班级教育计划中，本学期要开展一次有意义的社区爱心教育活动，实现家庭、学校、社会爱心共建。班主任刘老师提出主导想法，经老师和家委会的多次磋商，最后决定充分利用班级资源来开展一次以禁毒教育为主题的联欢晚会。

主题的确定：经向学校领导请示，学校建议鉴于当前的禁毒形势与青少年的特点，确定了禁毒教育主题。主题以宣传教育为主，展示师生、家长的才艺为辅，培养学生的社会责任感。

班级资源优势：一是全班学生多才多艺，表演欲望和能力超强；二是有位家长是湛江市公安局禁毒教育方面专家，现场可以开设讲座；三是有家长可以联系到大型广场的活动场地，辐射面广，影响力大；四是有位家长的朋友是影像社的老板，可以免费提供影像设备；五是音乐老师同意担任节目的策划和导演；六是有几个家长从事衣帽经营，负责服装和道具；七是家委会协助上述的各类活动的落实和跟进；八是活动场地距离学校几百米，确保安全。

晚会准备：利用一个月的准备时间，经历两次彩排，最终确定了18个高质量的节目，家长和老师们分别集体准备一个节目，另请一个警官家长准备禁毒教育讲座。

晚会的效果与意义：当天晚上，本班的全体同学、全部家长、全体老师，外加一些社会观众一起观看了本次晚会，本次活动圆满结束。与会观众给予本次活动高度赞扬，政府相关部门通报表扬了该班与学校，称赞本次活动主题切合社会实际，极富教育意义；警官向现场观众宣传毒品知识，揭露贩毒分子的惯用伎俩，以及吸食毒品对个人、家庭和社会的危害，让学生更深刻地认识“珍爱生命，远离毒品”的重要意义；晚会充分展示了学生的才艺，凝聚了班级力量；本次晚会是学校、家庭、社区联动的结果。

活动启事：要学会整合家长和社区资源，调动起绝大部分的家长、社区人员参与是活动成功举办的关键。班主任要学会调动家长的积极性，充分发挥自己和家长的特长。在本次活动中，本班家长的很多举动让人感动。例如：邀请家长（戒毒所的警官）做讲座，家长二话不说就答应了，这位警官提前两个星期做课件，不停地修改，尽可能地让讲座适合初二的学生；本班的家委会全程统筹、安排、商量，牺牲了大量的休息时间，务求晚会做得完美；在晚会现场，全体家长忙前忙后，摆凳子、搬乐器、做安保，把后勤工作做得非常精细。本次活动还得到了广场运营老总的大力支持，得悉本班将会进行这样的公益活动，他减免了本次活动的绝大部分费用。

深度反思

阅读本部分后我收获了什么?

我还需要进一步修炼什么?

我将怎样修炼?

参考文献

［1］詹姆斯·M. 库泽斯，巴里·Z. 波斯纳．领导力——如何在组织中成就卓越．6 版．徐中，沈小滨，译．北京：电子工业出版社，2018.

［2］阿尔玛·哈里斯，丹尼尔·缪伊斯．教师领导力与学校发展．许联，吴合文，译．北京：北京师范大学出版社，2007.

［3］马克·郭士敦．只需倾听：与所有人都能沟通的秘密．重庆：重庆出版社，2010.

［4］海穆·基诺特．师生沟通技巧．许丽玉，许丽美，译．广州：广东世界图书出版公司，2011.

［5］马克思·范梅南．教学机智——教育智慧的意蕴．李书英，译．北京：教育科学出版社，2001.

［6］艾伦·卡特勒．领导力心理学．钱思玎，译．北京：人民邮电出版社，2017.

［7］许占权，张妙龄．教师培训理论与实践．武汉：武汉大学出版社，2019.

［8］李文送．教师的生命成长．长春：东北师范大学出版社，2016.

［9］马兰霞．提高班主任领导力．南京：江苏凤凰科学技术出版社，2015.

［10］檀传宝．德育原理．北京：北京师范大学出版社，2007.

［11］刘济良．学校德育．北京：北京师范大学出版社，2018.

［12］钟杰．这样做班主任才高效．北京：中国人民大学出

版社，2015.
[13] 上海市教育委员会教学研究室．基于问题解决：提升课程领导力的行动．上海：华东师范大学出版社，2018.
[14] 杨龙．以学习为中心的课程实施．上海：华东师范大学出版社，2018.
[15] 孙祯祥．教育信息化进程中的教师领导力．成都：电子科技大学出版社，2018.

图书在版编目（CIP）数据

从优秀到卓越：教师领导力的 12 项修炼/许占权等著. -- 北京：中国人民大学出版社，2020.12
（教师发展力丛书）
ISBN 978-7-300-28649-5

Ⅰ. ①从… Ⅱ. ①许… Ⅲ. ①师资培养 Ⅳ. ①G650

中国版本图书馆 CIP 数据核字（2020）第 188438 号

教师发展力丛书
丛书总主编　武丽志　孟繁胜
从优秀到卓越：教师领导力的 12 项修炼
许占权　王海波　李文送　冯宇红　张妙龄　著
Cong Youxiu dao Zhuoyue：Jiaoshi Lingdaoli de 12 Xiang Xiulian

出版发行	中国人民大学出版社		
社　　址	北京中关村大街 31 号	**邮政编码**	100080
电　　话	010－62511242（总编室）		010－62511770（质管部）
	010－82501766（邮购部）		010－62514148（门市部）
	010－62515195（发行公司）		010－62515275（盗版举报）
网　　址	http://www.crup.com.cn		
经　　销	新华书店		
印　　刷	北京昌联印刷有限公司		
规　　格	185 mm×260 mm　16 开本	**版　　次**	2020 年 12 月第 1 版
印　　张	12	**印　　次**	2020 年 12 月第 1 次印刷
字　　数	272 000	**定　　价**	38.00 元